Alfons Söllner · Ralf Walkenhaus (Hrsg.)

Ostprofile

Alfons Söllner · Ralf Walkenhaus (Hrsg.)

Ostprofile

*Universitätsentwicklungen
in den neuen Bundesländern*

Westdeutscher Verlag

Die Deutsche Bibliothek – CIP-Einheitsaufnahme

Ostprofile : Universitätsentwicklungen in den neuen Bundesländern /
Alfons Söllner ; Ralf Walkenhaus (Hrsg.). – Opladen ; Wiesbaden :
Westdt. Verl., 1998
   ISBN 3-531-13216-4

Der Westdeutsche Verlag ist ein Unternehmen der Bertelsmann Fachinformation GmbH.

http://www.westdeutschervlg.de

Höchste inhaltliche und technische Qualität unserer Produkte ist unser Ziel. Bei der
Produktion und Verbreitung unserer Bücher wollen wir die Umwelt schonen: Dieses
Buch ist auf säurefreiem und chlorfrei gebleichtem Papier gedruckt. Die Einschweiß-
folie besteht aus Polyäthylen und damit aus organischen Grundstoffen, die weder bei der
Herstellung noch bei der Verbrennung Schadstoffe freisetzen.

Umschlaggestaltung: Horst Dieter Bürkle, Darmstadt
Druck und buchbinderische Verarbeitung: Rosch-Buch, Scheßlitz
Printed in Germany

ISBN 3-531-13216-4

Inhaltsübersicht

Ausblick

I. „Humboldt redivivus"? - Drei Universitätsreden

II. Neugründungen - Drei Universitätsmodelle

III. Traditionen - Drei schwierige Kontinuitäten

Rückblick

Vorwort

Die in diesem Band versammelten Beiträge zur Hochschulreform entstammen etwa zur Hälfte einer Ringvorlesung, die im Akademischen Jahr 1995/96 an der Technischen Unversität Chemnitz abgehalten wurde. Die anderen Beiträge sind Reden aus jüngster Zeit oder wurden eigens für diesen Band geschrieben. Wir danken den damaligen Referenten für ihre Geduld sowie den dazugekommenen Autoren für ihre Bereitschaft, an dieser Dokumentation der ostdeutschen Hochschuldebatte mitzuwirken. Dem Rektor der Technischen Universität Chemnitz, Professor Dr. Christian von Borczyskowski danken wir für einen großzügigen Druckkostenzuschuß. Frau Regina Henkel vom Lehrstuhl für Politische Theorie und Ideengeschichte war so freundlich, die Druckformatvorlage für das Buch herzustellen.

Chemnitz, im April 1998   Alfons Söllner
                                                 Ralf Walkenhaus

Ausblick

Alfons Söllner

Gibt es ein besonderes Reformpotential in den ostdeutschen Universitäten?

I. Die Reformdebatte ist einäugig

„Kann man, wenn Studenten sich bewegen, schon wieder von einer Studentenbewegung sprechen?", fragte die Frankfurter Rundschau Ende November 1997 in einem Stimmungsbericht aus den deutschen Unversitäten. Die Antwort darauf, zugleich einen ironischen Kommentar gab ein Foto, das eine aus Pappschachteln errichtete Fassade in sich zusammenstürzen ließ, auf die feixende Kasseler Studenten das Wort „Gesellschaft" gemalt hatten.[1] Das „Streiksemester" schien auf seinen Höhepunkt zuzulaufen, aber in der Öffentlichkeit keine Spur von dem kollektiven Trauma, das die „APO" einst ausgelöst hatte. Ganz im Gegenteil: was die Medien bewegte, war offenbar eher die Angst, der Protest könnte vorzeitig in sich zusammenbrechen, gepaart mit jener Erinnerungslust, die vergangene Schrecken nostalgisch verklärt. Während die wackeren Streiter von der „sympathisierenden" Öffentlichkeit geradezu liebevoll eingehüllt wurden, zeigte sich rasch die Kehrseite solcher Fürsorglichkeit: am gefährlichsten für die Forderungen der Studenten wurde die pauschale Zustimmung, mit der opportunistische Politiker ebenso eilfertig wie routiniert reagierten.

In der Tat, wenn die Streikwelle des Wintersemesters 1997 vielleicht anfangs und der Quantität der Beteiligung nach an das legendäre Sommersemester 1968 erinnern mochte, so war weder die Plötzlichkeit noch die Heftigkeit ihres Hereinbrechens auch nur annähernd vergleichbar. Schließlich hatte das Geschehen, so könnte eine spätere Zeitgeschichtsklitterung lauten, seinen Anfang mit einer „Bildungsrede" des Bundespräsidenten genommen, der zweiten binnen eines halben Jahres, die „Die Zeit" mit geradezu revolutionärem Gestus veröffentlichen durfte: „Sprengt die Fesseln!"[2] - Das war nicht nur eine ungewohnt kämpferische Anklage des innenpolitischen „Reformstaus" auf einem Gebiet, das von der großen Politik lange vernachlässigt worden war - man denke nur an den immer wieder verschobenen „Bildungsgipfel"; das Bildungsthema erhielt auch deswegen eine so heftige und schrille Resonanz, weil in ihm heftige Dissonanzen von der Bonner

---

1   Frankfurter Rundschau, Nr. 274, 25. November 1997, S. 3.
2   Die Zeit, Nr. 46, 7. November 1997, S. 49/50.

Hinterbühne her mitschwangen; und schließlich mochte mancher Partei-
freund befürchten, daß, was vom Staatsoberhaupt nur als Doppelstrategie ex
cathedra, als Anstoß und gleichzeitig als Kanalisierung des Reformwillens
gemeint sein konnte, einen verfänglichen Auftakt zur kommenden Wahl-
kampfperiode abgeben mußte.

Daß sich von diesen Ängsten nichts bewahrheiten würde, war jedoch schon
klar, als sich die Demonstranten ordnungsgemäß in die Weihnachtspause
verabschiedeten. Das „Streiksemester" nahm insgesamt einen so wohlorga-
nisierten wie friedlichen Verlauf. Trotz scharfer Unmutsäußerungen konnte
man sich bisweilen fragen, wem der geduldige Zorn der Studenten mehr galt:
den professoralen 68ern, die die Großperspektive der Gesellschaftskritik
vermißten - oder den resignierten Landespolitikern, die um Nachsicht dafür
baten, daß sie die Entscheidungen im Bildungsressort längst an die Finanzminister hatten abtreten müssen. Folgerichtig appellierten die Protestierenden hauptsächlich an die nationalen Instanzen, an den Bundestag und die
Bundesregierung, denen damit mit böser Ironie heimgezahlt wurde, was der
Bundeswissenschaftsminister in der Öffentlichkeit seit langem feilgeboten
hatte: als der eigentliche Kern der „Standortdebatte", deren negative, wirt-
schaftspolitische wie internationale Kehrseite jetzt sichtbar wurde, erwies
sich der nationale, also ein hausgemachter Bildungsnotstand.

Zwar war damit die chronische Unterfinanzierung als eine der Hauptursachen
für die Mißstände an den deutschen Unversitäten diagnostiziert, und auch das
oft gehörte Ausweichargument, daß die Schuld auf der anderen Seite, im
umgekehrt proportionalen Anstieg der Studierendenzahlen zu suchen sei,
wollte nicht mehr überzeugen - nicht nur weil die sich öffnende Schere zwischen der Lehrausstattung und der Lernbeanspruchung der Hochschulen
bereits seit Anfang der 80er Jahre absehbar gewesen war, sondern mehr
noch, weil aus den Forschungsinstitutionen seit geraumer Zeit derselbe
Alarmruf ertönt war, die Ausgaben für Forschung und Lehre müßten endlich
dem Entwicklungsstand von Wirtschaft und Gesellschaft wieder angepaßt
werden.[3]

Doch als wirklich skandalisierbares Anschauungsmaterial stand den Demon-
strierenden schließlich nur zur Verfügung, was ihnen selber „vor Ort" an

---

3   Vgl. die Analyse des Altbundeskanzlers Helmut Schmidt: Forschen geht über alles, in:
    Die Zeit, Nr. 50, 6. Dezember 1996, S. 14/5 oder das dringliche „Manifest gegen den
    Niedergang in der Forschung", das u. a. von den Präsidenten der Deutschen For-
    schungsgemeinschaft und der Max-Plank-Gesellschaft unterzeichnet war. Die Zeit,
    Nr. 5, 24. Januar 1997, S. 33.

unhaltbaren Erfahrungen zugemutet wurde: die überfüllten Vorlesungen und
Seminare, die langen Wartezeiten für einen Praktikumsplatz, die ungenügende Ausstattung der Bibliotheken und der Labors, kurz: Studien- und Lernbedingungen, wie sie für die Massenuniversitäten normal geworden sind. Zusammen mit der schrittweisen Einfrierung der staatlichen Studienförderung
und der dadurch erzwungenen Erwerbstätigkeit vieler Studierender wurde
hier das Ursachenbündel greifbar, das für die Verlängerung der Studienzeiten
und für die Steigerung der Abbrecherquoten offensichtlich mehr verantwortlich ist als die mittlerweile sprichwörtliche „Faulheit" und pädagogische
Inkompetenz der Professoren. An dieser Stelle, in der Problemlage an den
Massenuniversitäten finden übrigens auch die regionale Konzentration der
„Streikwelle" und ihre nicht-konzentrische Ausbreitung eine Erklärung: das
Epizentrum des Protests lag an den überfüllten Universitäten des Westens
und Nordens, während es an den östlichen Universitäten weitgehend ruhig
blieb, die Ausnahme war die Bundeshauptstadt mit ihrem besonders drasti-
schen Sparkurs.

Nun, da das kurzweilige Wintersemester vorbei ist und vielleicht ein lang-
weiliges Sommersemester vor der Tür steht, werden viele der Aktivisten sich
die Frage stellen, was der Streik eigentlich bewirkt hat, außer daß die tur-
nusmäßigen Prüfungen und „Scheine" doch noch anerkannt wurden. Wenn
ein kulturrevolutionärer Aufbruch weder intendiert noch zu erwarten war,
wenn die Forderungen der Studierenden, moderat vorgetragen, wie sie waren, doch nur als finanzpolitische Rechnung präsentiert wurden - was ist von
ihnen geblieben? Hat sich der externe Reformdruck auf die Bildungs- und
Haushaltspolitiker verstärkt? Hat sich wenigstens intern, an den Universitäten
und Hochschulen selber die Bereitschaft erhöht, über eine umfassende
Selbstreform im Sinne des Bundespräsidenten nachzudenken? Solche Fragen
zu stellen, heißt weder einer verspäteten Revolutionsromantik erliegen noch
der wiederholten Ernüchterung, daß die „Streikmacht" der Studierenden nun
einmal gering war und ist. Dennoch steht ein empfindliches Stück Glaub-
würdigkeit der Demokratie auf dem Spiel. Wenn nämlich nicht einmal ein
landesweiter Streik der „Universitätsbürger" wenigstens etwas von dem
„Ruck durch die Gesellschaft" spürbar werden läßt, von dem der Bundespräsident an anderer Stelle sprach, muß man dann nicht resignieren?

Die folgende Analyse geht davon aus, daß die Bildungspolitik in Deutschland, und die Hochschulreform zumal in eine Sackgasse geraten ist. Die
Situation ist tatsächlich vertrackt: Es gibt, wie allgemein zugestanden wird,
einen manifesten Reformbedarf, es gibt von politischer Seite lautstarke Ab-
sichtserklärungen ebenso wie von professioneller Seite seit längerem eine

Menge konkreter Veränderungsvorschläge vorgelegt wurde - und doch will der allseits erkennbare gute Wille nicht so recht Gestalt annehmen, d. h. sich in entschiedenes politisches Handeln umsetzen lassen. Offenbar ist das ganze Szenario schief, in dem von oben zur Bildungsreformation aufgerufen werden muß, des „Volkes Stimme" von unten halb mürrisch, halb ironisch antwortet, aber die Reaktionen der politischen Entscheidungsträger sich darin zu erschöpfen drohen, daß aus dem geltenden Hochschulrahmengesetz ein paar Paragraphen herausgestrichen werden. Daraus aber abzuleiten, daß man nur das „politische Subjekt" der Veränderung neu zu bestimmen habe, wäre nicht bloß unzeitgemäß, sondern eine dezisionistische Verkennung der Lage, in der wir uns befinden.

Eine weitere Hypothese, unter der dieses Buch antritt, besteht darin, daß zu den Verhinderungsbedingungen der zukünftigen Hochschulreform so etwas gehört wie eine selektive Wahrnehmung, also ein einseitiger, ungenauer oder auch nur nachlässiger Blick auf die Verhältnisse. Um einen „anderen" Blick und damit einen konstruktiven Ausblick möglich zu machen, bedarf es zuallererst einer Kritik der herrschenden Wahrnehmungsmuster. Diese Muster, oder besser: die in ihnen steckenden einseitigen Urteile oder regelrechten Vorurteile sind für die Blockaden mitverantwortlich, aus denen der „Reformstau" sich zusammensetzt. Es ist nicht schwer, daraus den Umkehrschluß zu ziehen, daß die Beseitigung der Wahrnehmungsblockaden selber ein erster und wichtiger Schritt ist, um zur Handlungsfähigkeit zurückzufinden. Welches aber sind die Wahrnehmungsblockaden, woher kommen sie und was wird durch sie abgeblendet?

Ein erster Fingerzeig findet sich in dem, was vorn die nicht-konzentrische Ausbreitung der studentischen Streiks genannt wurde: wie die Proteste ihren Ausgang von den westdeutschen Massenuniversitäten nahmen, ebenso blieb die öffentliche Aufmerksamkeit, die sie erregten, selbstverständlich auf diese Verhältnisse gerichtet - mit der Folge, daß die relative Ruhe an den meisten Ost-Universitäten gar nicht bemerkt wurde, geschweige denn, daß nach der Bedeutung dieses Schweigens gefragt worden wäre. Man mag spekulieren, ob den einen oder andern der aktiven „Wessis" im Herzenskämmerlein die böse Ahnung geplagt hat, daß die studentischen „Ossis" eben immer noch nicht begriffen haben, wozu das Bürgerrecht auf Meinungs- und Demonstrationsfreiheit „verpflichtet". Doch dieses Vorurteil wird ihn - multikulturelle Sympathie hin oder her! - kaum dazu motiviert haben, sich einmal vor Ort von den „anderen" Studienbedingungen an einer der Ost-Universitäten zu überzeugen.

Der Begriff „Reformstau" ist zwar erst seit kurzem ein geflügeltes Wort, doch ist die Hochschulpolitik das herausragende Beispiel dafür, daß es die Sache seit längerem gibt. So ist es auch kein Zufall, daß die Debatte um die Hochschulreform an Dringlichkeit wieder zugenommen hat. Der reformatorische Ton in der Bildungsrede des Bundespräsidenten war keineswegs aus der Luft gegriffen, sondern macht deutlich, daß sein Berliner Büro das Ohr mehr am Puls der Zeit hat als der gesamte Bonner Regierungsapparat. Schon 1996 waren nämlich von Insidern der Hochschulpolitik regelrechte Alarmschriften vorgelegt worden: „Fünf vor zwölf an Deutschlands Universitäten", diagnostizierte der SPD-Bildungsexperte Glotz die Lage, und der Präsident der Universität Oldenburg Daxner fragte allen Ernstes: „Ist die Uni noch zu retten?"[4] Neu war indes nicht nur der Eifer, sondern auch die grundsätzliche Reichweite des Reformdiskurses. Dies wird deutlich, wenn man einen kurzen Blick auf die Geschichte der Hochschulreform in der Bundesrepublik wirft, die so etwas wie Konjunkturen aufweist, Perioden der Aktivität, der Passivität oder der Latenz.[5]

Die hohe Zeit der staatlichen Hochschulreform fällt bekanntlich nicht unmittelbar mit der Studentenrevolte zusammen, sondern mit dem, was ihr im Jahrzehnt der sozial-liberalen Koalition folgte. Gleichzeitig muß man sehen, daß das Hochschulrahmengesetz von 1976 ebenso wie der sog. „Öffnungsbeschluß" der Kultusminister von 1977 eigentlich nur die Fortsetzung und Vollendung einer Politik der Bildungsexpansion waren, die schon in den 60er Jahren eine ganze Serie von Hochschulneugründungen angestoßen hatte.[6] Hinter dieser Politik stand die starke Überzeugung von der weltverändernden Macht der Bildung, ein tief verankerter und sozial in die Breite wirkender „Bildungsglaube", den Georg Picht 1964 mit seiner Warnung vor der „Bildungskatastrophe" wachgerüttelt und Ralf Dahrendorf 1965 mit seinem Manifest: „Bildung ist Bürgerrecht" populär gemacht hatte[7]. Dieser dynamische Glaube trug zu dem explosiven Gemisch bei, aus dem die Stu-

---

4   Glotz, Peter: Im Kern verrottet? Fünf vor zwölf an Deutschlands Universitäten, Stutt-
     gart 1996; Daxner, Michael: Ist die Uni noch zu retten? Zehn Vorschläge und eine
     Vision, Reinbek 1996.

5   Vgl. Oehler, Christoph: Hochschulentwicklung in der Bundesrepublik Deutschland
     seit 1945, Frankfurt/M. 1989, sowie Turner, George: Hochschulpolitik. Bilanz der
     Reformen und Perspektiven, Asendorf 1995.

6   Raupach, Hubert/Reimann, Bruno W.: Hochschulreform durch Neugründung? Zu
     Struktur und Wandel der Universitäten Bochum, Regensburg, Bielefeld, Schriftenrei-
     he des Forschungsinstituts der Friedrich-Ebert-Stiftung, Band 102, Bonn/Bad Godes-
     berg 1975.

7   Picht, Georg: Die deutsche Bildungskatastrophe, München 1965; Dahrendorf, Ralf:
     Bildung ist Bürgerrecht, München 1965.

dentenbewegung hervorging, er kam in den Reformplänen der End-60er
Jahre verschärft zum Ausdruck[8] und er beflügelte, wenngleich in zunehmend
gebremster Form, noch die spätere Regierungszeit Helmut Schmidts, als die
Ziele von 1968 längst ad acta gelegt und auch die sozial-liberale Reform-
euphorie immer mehr Zügel angelegt bekam.

Es gehört heute zu den wirkungsmächtigsten Legenden der hochschulpolitischen Diskussion - und bisweilen auch zum guten Ton professoraler Stamm-
tische -, daß die Ursache allen Übels an den Hochschulen in zwei Entwicklungen liegt: einmal im Oktroi der „Gruppenuniversität", d. h. in einer fehl-
geleiteten Demokratisierung der universitären Entscheidungsprozesse; und
zum andern in der „Vermassung" der Hochschulen, womit die Tatsache gemeint ist, daß die Zahl der Studierenden sich zwischen den 70er Jahren und
heute beinahe verdoppelt hat. Dabei wird geflissentlich verschwiegen, was
unabdingbar zum Verständnis der jüngsten Universitätsgeschichte gehört:
einmal war die Majorität der Professorenschaft in allen wissenschaftsrelevan-
ten Entscheidungen schon 1975 durch ein Urteil des Bundesverfassungsge-
richts wieder gesichert; und zum andern wuchs sich die steigende Studierneigung nur deswegen zum Problem aus, weil diese quantitative Entwicklung
zugelassen wurde auf der Basis der politischen Entscheidung, die personelle
wie sachliche Hochschulausstattung in etwa auf dem Niveau der frühen 80er
Jahre einzufrieren.[9]

„Untertunnelung des Studentenberges" - es ist schwerlich ein Zufall, daß eine
Politik, die zuerst falsche Prognosen aufstellte und sie später nicht mehr
korrigieren konnte oder wollte, in den 80er Jahren mit dieser unmenschlichen
Metapher gerechtfertigt wurde. Jedenfalls ist das fundamentale und überdies
progressive Mißverhältnis zwischen Zielen und Mitteln des Universitätsstu-
diums eine der großen Hypotheken von eineinhalb Jahrzehnten christdemo-
kratisch dominierter Hochschulpolitik geworden, die zwangsläufig in ein
Mißverhältnis zwischen Quantität und Qualität der Hochschulbildung um-
schlagen mußte. Hinzufügen muß man allerdings, daß die 80er Jahre insgesamt eher eine Periode der hochschulpolitischen Stagnation und Entschei-
dungslosigkeit waren, nicht zuletzt weil sich sozialdemokratisch und christ-

---

8   Vgl. z. B. Bundesassistentenkonferenz: Kreuznacher Hochschulkonzept. Reformziele
    der Bundesassistentenkonferenz, Bonn 1968; Habermas, Jürgen (Hrsg.): Protestbewe-
    gung und Hochschulreform, Frankfurt/M. 1970.
9   Die genauen Zahlen gibt: Geschäftstelle des Wissenschaftsrates, Eckdaten und Kenn-
    zahlen zur Lage der Hochschulen, Stand 1996, Köln 1996; vgl. auch Neusel, Ay-
    la/Teichler, Ulrich: Hochschulentwicklung seit den siebziger Jahren. Kontinuitäten -
    Umbrüche - Dynamik?, Frankfurt/M. 1994.

lich regierte Länder gegenseitig blockierten. Die Haltung von Bund und
Ländern in der Bildungspolitik als defensiv zu beurteilen, darf jedoch nicht
dazu führen, die großen Anstrengungen zu verkennen, die von der Rektoren-
bzw. der Kultusministerkonferenz in die Strukturierung der Studiengänge
investiert wurden. Diese sog. „Studienreform"[10] war eine notwendige Reaktion sowohl auf die steigenden Studentenzahlen wie auf die innere Ausdifferenzierung der Wissenschaften, auch wenn die Kehrseite darin bestand, daß
die Kultusbürokratien über die Genehmigung der neuen Studien- und Prüfungsordnungen nun auch einen gewissen Zugriff auf die Inhalte der Lehre
erhielten.

Was aber geschah im Übergang zu den 90er Jahren? Wir haben uns daran
gewöhnt, daß die die deutsch-deutsche Einigung nicht nur eine „unerhörte
Begebenheit" war[11], sondern daß dieses Ereignis, weil es in der Tat durch
eine weltpolitische Zäsur allergrößten Ausmaßes allererst ermöglicht wurde,
auch innenpolitisch alle Uhren anders gestellt hat. So zutreffend diese Neu-
perspektivierung für viele Bereiche in Gesellschaft und Staat auch ist, so
wenig darf man übersehen, daß es in anderen, bisweilen auch innerhalb derselben Bereiche eine hohe Kontinuität über das Jahr 1989 hinweg gibt. Allzu
häufig waren zwar die gesellschaftlichen Herausforderungen neu, aber die
Antworten auf sie kamen aus einem alten Repertoire bürokratischen und
politischen Handelns. Kontinuität und Wandel im Gefolge von 1989 auszulo-
ten und in ein genaues Verhältnis zueinander zu bringen - das dürfte in Zukunft eine der großen Aufgaben der deutschen Zeitgeschichtsforschung sein.
Auch von der Hochschulpolitik läßt sich sagen, daß sie mehr oder weniger
holprig über das Jahr 1989 hinwegführt und daß sich viele ihrer Neuerungen
aus einer Art von Reparatur- und Kompensationshaltung gegenüber den
Versäumnissen der 80er Jahre ergeben.

Mit dieser Gedankenfigur läßt sich ziemlich zwanglos erklären, was man die
betriebswirtschaftliche Wende der Hochschulreformdebatte in den 90er Jahren nennen könnte. Wie immer man zur flächenbezogenen Definition der
Studienplätze und zu den Daten der Kapazitätsberechnung steht - das pro-
blematischste Erbe war und ist die wachsende Schere zwischen den steigenden Studierendenzahlen und der stagnierenden Finanz- bzw. Personalausstattung der Hochschulen, also das Problem der Massenuniversität. Was für die

---

10 Schreiterer, Ulrich: Politische Steuerung des Hochschulsystems. Programm und Wirk-
    lichkeit der staatlichen Studienreform 1975-1986, Frankfurt/M./New York 1989.
11 Lepenies, Wolf: Folgen einer unerhörten Begebenheit. Die Deutschen nach der Verei-
    nigung, Berlin 1992.

extremen Formen des betriebswirtschaftlichen Denkmodells anfangs offensichtlich war, daß nämlich die modernen Controlling-Methoden für die Ei-
genart des „Unternehmens Universität" noch nicht hinreichend sensibilisiert
waren[12], läßt sich heute als Einwand nicht mehr aufrechterhalten. Beispielhaft sei hier auf das Buch des Betriebswirtschaftlers und ehemaligen Vizepräsidenten der Hochschulrektorenkonferenz Karl Alewell verwiesen[13], das
die betriebswirtschaftliche „Revolution" durch die Erinnerung an den Selbst-
verwaltungsgedanken abmilderte - mit dem Ergebnis einer doppelten Re-
formstrategie: wenn einerseits die Selbststeuerungskräfte der Universität von
unten her in Gang gesetzt („Subsidiaritätsprinzip") und andererseits die Entscheidungskompetenzen der Leitungsorgane gestärkt und ihre Kontrollmög-
lichkeiten verbessert würden („Professionalisierung des Managements"),
dann könnte, so Alewell, der moderne „Riesendampfer Universität" durch
Skylla und Charybdis, durch das ansteigende Studentengebirge und die Un-
tiefen der Bildungshaushalte wohlbehalten hindurchgesteuert werden.

Ob sich diese Hoffnung bewahrheitet oder nicht - die betriebswirtschaftliche
Wende der Hochschuldebatte hat die traditionelle Vorstellung der Universität
einschneidend verändert: aus einer (häufig schlecht) selbstverwalteten Korporation wurde ein modernisierungsbedürftiger „Wissensproduktions-
betrieb", den es zu evaluieren und zu rationalisieren gilt. Insofern man dabei
in vielfältiger Weise fündig geworden ist, hat diese Denkrichtung wichtige
Anstöße gegeben.[14] Tatsächlich ist zu erwarten, daß die daraus abgeleiteten
Maßnahmen - von der Verbesserung der Entscheidungsverfahren bis zur
Einführung des Globalhaushalts, von der Durchleuchtung der Universitätsverwaltung bis zur Evaluation der Lehre usf. - für die Hochschulen von Nutzen sein werden, besonders wenn sie gebündelt werden.[15] Dennoch darf
nicht vergessen werden, worauf das betriebswirtschaftliche Denkmodell
letztlich immer zielt: auf die technische Optimierung einer Organisation, die
mit knappen Mitteln den größtmöglichen Ertrag zu erwirtschaften hat. Und in
genau diesem Sinn - und zusätzlich verstärkt durch die Verstetigung der

---

12 Vgl. z. B. Seidenschwarz, Barbara: Entwicklung eines Controlling-Konzepts für
    öffentliche Institutionen, dargestellt am Beispiel einer Universität, München 1992.
13 Alewell, Karl: Autonomie mit Augenmaß. Vorschläge für eine Stärkung der Eigen-
    verantwortung der Hochschulen, Göttingen 1993.
14 Eine reflektierte Zusammenfassung gibt Rosigkeit, Andreas: Reformdefizite der
    deutschen Hochschule. Zum Dilemma der staatlichen Universität im Spannungsfeld
    zwischen normativer Theorie und politischer Realität, Frankfurt/M. u. a. 1995.
15 Statt vieler anderer Ergebnisse sei stellvertretend auf die Publikationen des Centrums
    für Hochschulentwicklung hingewiesen, z. B. Müller-Böling, Detlev (Hrsg.): Quali-
    tätssicherung in den Hochschulen, Gütersloh 1995.

staatlichen Finanzkrise seit Mitte der 90er Jahre - ist diese Reformdebatte nicht nur begrenzt, sondern auch eine Fortsetzung der Hochschulpolitik aus den 80er Jahren, die deren Prämissen teilt und damit ihre Ergebnisse höchstens modifizieren kann.

Deutet sich in der jüngsten Reformdebatte eine Trendwende an, die diese Begrenzungen zu überwinden verspricht? In der Tat gibt es so etwas wie einen begrüßenswerten synthetischen Effekt in der neuen hochschulpolitischen Diskussion, der die von der Politik vorgegebenen Modebegriffe wie „Informationsrevolution" oder „Wissensgesellschaft" auf eine solidere Basis zu stellen beginnt. So kann es sich weder Daxner noch Glotz leisten, den utopischen Blick nach vorne zu richten, ohne ein Modell für die Erschließung neuer, nicht-staatlicher Finanzierungsquellen vorzulegen - während der eine von sozial gestaffelten Studiengebühren ausgeht, setzt der andere auf die Idee einer spezifischen „Bildungssteuer" für die zukünftigen Akademiker.[16] Umgekehrt knüpfen beide an die Tradition der Humboldtschen Universitätsidee an und halten deren klassische Prinzipien auch unter den Bedingungen der sich verbreiternden akademischen Bildung sowohl für renovierbedürftig als auch für renovierungsfähig: Transdisziplinarität, innere Ausdifferenzierung des Studiums, verstärkte Öffnung gegenüber der Gesellschaft - so lauten einige der Stichworte. Und schließlich wird erkennbar, daß auch die institutionellen Veränderungen, die die gegebenen Grundstrukturen lediglich modifizieren sollen, in erster Linie der Beförderung von zwei Gesichtspunkten dienen sollen: der Vernetzung und der Internationalisierung des wissenschaftlichen Wissens.

Und dennoch gibt es auch in dieser neuen, durch synthetische Absichten getragenen Literatur bislang so etwas wie eine fundamentale Wahrnehmungslücke. Sie geht in dieselbe Richtung wie das vorn monierte Aufmerksamkeitsdefizit der Studentenproteste, muß jedoch als schwerwiegender beurteilt werden, weil hier schließlich professionelle Hochschulreformer zu Wort kommen, von denen man Überblick und historische Urteilskraft erwarten muß. Auch der jüngste Hochschulreformdiskurs geht wie selbstverständlich von den Erfahrungen an den westlichen Massenuniversitäten aus, die Situationsanalyse bleibt ausschließlich auf diese Verhältnisse beschränkt, die dadurch auch auf die Zukunftsvorstellungen Einfluß gewinnen. So unglaublich es auch klingen mag: Die Ost-Universitäten kommen im gegenwärtigen Reformdiskurs kaum vor, sie spielen jedenfalls als eigenständige Größe keine

---

16 Glotz, Peter: Im Kern verrottet?, a. a. O., S.93ff.; Daxner, Michael: Ist die Uni noch zu retten?, a. a. O., S. 201ff.

Rolle. Wie ist das Paradox möglich, daß in einem angestrengten Ideenwettbewerb über eine zukünftige Gesamtreform der deutschen Unversitäten eine soeben abgeschlossene Realreform nicht mehr auftaucht? Was verbirgt sich hinter dieser Ungleichzeitigkeit des Bewußtseins - oder besser: hinter einer gewollten Entkoppelung beinahe gleichzeitiger Prozesse, weil der plötzliche Ausfall des Kurzzeitgedächtnisses doch eine unwahrscheinliche Erklärung ist?

II. Anpassung oder Reform? - Die Perspektivierung der „wissenschaftlichen Vereinigung"

Die Frage stellt sich umso dringlicher, als bekanntlich von den vielen Simultanbühnen, auf denen sich das Drama der deutsch-deutschen Einigung abspielte, die Hochschulen einen der spektakulärsten Schauplätze abgaben. Zwar gehörten die Hochschulen keineswegs zu den Vorreitern des revolutionären Umbruchs in der DDR, auch haben sie sich in den entscheidenden Monaten eher bedeckt gehalten, doch zeigten sich die Folgen der „Wende" umso dramatischer, nachdem die staatliche Einheit hergestellt war. Ein zweiter Umstand läßt die genannte Amnesie in der Hochschuldebatte beinahe als sacrificium intellectus erscheinen: Keines der Gesellschaftsfelder, die im Vereinigungsprozeß politisch und bürokratisch gleichsam umgepflügt werden mußten, wurde so schnell und bislang so gründlich „nachgearbeitet", wenn man darunter die zeitgeschichtliche Erforschung und wissenschaftliche Deutung des Geschehens versteht. Dem Eindruck, als ob sich hinter den Stirnen der Vereinigungsarbeiter der Forscherfleiß bereits regte, als der Schweiß der „wissenschaftlichen Vereinigung" noch gar nicht getrocknet war, muß ein Politikwissenschaftler selbstkritisch hinzufügen, daß die Sozialwissenschaften ja auch das Stück Renomee zurückzugewinnen hatten, das sie verloren hatten, weil sie vom bevorstehenden Zusammenbruch des kommuninistischen Imperiums so wenig geahnt hatten.

Im folgenden wird auf diese Literatur ein kursorischer Blick geworfen - mit dem kritischen Ziel, aus der „Vereinigungskrise"[17] möglicherweise andere Schlußfolgerungen zu ziehen als bisher üblich. Im Vordergrund steht dabei weder das theoretische Interesse an der methodischen Validität noch das zeithistorische an der Zuverlässigkeit der vorgelegten Analysen, vielmehr soll gefragt werden, welche gedanklichen Brücken in ihnen geschlagen wer-

---

17 Diesen instruktiven Begriff gebraucht Jürgen Kocka in der Einleitung zu ders.: Mayntz, Renate (Hrsg.): Wissenschaft und Wiedervereinigung. Disziplinen im Umbruch, Berlin 1998, S. 9.

den, um den Blick in die Zukunft zu richten. Welchen Beitrag leistet die
wissenschaftliche Rekonstruktion der Osthochschulen im deutschen Einigungsprozeß dafür, daß die Hochschulreform in ganz Deutschland
„vorstellbarer" wird? Ist diese Rekonstruktion, die notwendig eine Perspektivierung und nachträgliche Deutung des Geschehens einschließt, als eine
Unterstützung oder eher als ein Hindernis anzusehen, wenn es darum geht,
den vorn beklagten „Reformstau" aufzulösen? Wie stellt sich der Umbau der
ostdeutschen Universitäten in der Bewußtseinslage der Gegenwart überhaupt
dar?

Eine solche gegenwartshermeneutische Fragestellung, wie man es nennen
könnte, ist in unserem Fall keineswegs deplaziert. Die Analysen stammen
nämlich in so gut wie allen Fällen von Autoren und Autorinnen, die in dieser
oder jener Weise, oft direkt und an maßgeblicher Stelle in den Umbau des
ostdeutschen Wissenschaftssystems involviert waren. Sie sind in auffälliger
Weise in den Jahren 1994 und 1995 konzentriert und treten mit dem Gestus
auf, daß der Umbau nunmehr abgeschlossen sei. Es liegt in dieser Literatur
also so etwas wie eine Identität von Akteurs- und Analytikerperspektive vor,
auch wenn sie reflexiv gebrochen und zeitlich leicht verschoben erscheint.
Und daraus wiederum folgt für uns die Chance, durch das Nachvollziehen
dieser Reflexion den Erfahrungs- und Empiriegehalt dieser Analysen sowohl
kritisch zu überprüfen als auch ihre Ergebnisse von neuem in das Kontinuum
zurückfließen zu lassen, aus dem sie letztlich geschöpft sind: in das Reservoir
verbindlichen Entscheidens und kollektiven Handelns, in unserem Fall in die
gesamtdeutsche Hochschulreform.

Wenn man diesen Befund so aseptisch in die sozialwissenschaftliche Metho-
densprache gepackt hat, ist man bereits stutzig geworden. Denn offensichtlich waren im Prozeß der deutschen Einigung die Handlungschancen nicht
nur verschieden verteilt, sondern es gab ein von Beteiligten wie Unbeteilig-
ten bemerktes strukturelles Einflußgefälle. Kein Satz findet sich in der Literatur zur „wissenschaftlichen Vereinigung" häufiger zitiert als die Formulierung von der „fundamentalen Asymmetrie zwischen einer erfolgreichen und
einer gescheiterten Gesellschaftsform", die der über die DDR hinaus bekannte Linguist und jetzige Vizepräsident der Berlin-Brandenburgischen Akademie der Wissenschaften, Manfred Bierwisch zu einem vergleichsweise frühen Zeitpunkt prägte.[18] Und nimmt man das zweit-erfolgreichste geflügelte

---

18 Bierwisch, Manfred: Konflikte der Erneuerung: Die Universitäten der ehemaligen
     DDR, in: Arnold, Heinz Ludwig/Meyer-Gosau, Frauke (Hrsg.): Abwicklung der
     DDR, Göttingen 1992, S. 41/2.

Wort hinzu, das dem damaligen Vorsitzenden des Wissenschaftsrats und jetzigen Präsidenten derselben Akademie, Dieter Simon zugeschrieben wird: „Wie im Westen, so auf Erden!", so hat man eine grobe Beschreibung jenes von Westen nach Osten schiefen Machtgefälles vor Augen, das den Einigungsprozeß nicht nur in der Wissenschaft prägte, aber hier besonders markig zum Ausdruck gebracht wurde.

Es ist also nicht erstaunlich, daß die genannte Asymmetrie in der Literatur über den Umbau der ostdeutschen Universitäten eine gewisse Rolle spielt. Erstaunlich aber ist, welche Rolle dies ist - und um sie herauszufinden, muß man sich von jedem vulgärsoziologischen Reduktionismus freihalten und statt dessen auf die feinen, die Untertöne in einem menschlich so schwierigen wie politisch folgenreichen Konfliktgeschehen achten. Dazu gehört z. B., daß die ironische Version der für die „wissenschaftliche Vereinigung" konstitutiven Asymmetrieerfahrung vom obersten westdeutschen „Evaluierer" stammt und die tragische von einem erfolgreich evaluierten Wissenschaftler der abgewickelten ostdeutschen Akademie der Wissenschaften. Lenkt man aber den Blick von der frühen „Abwicklungsphase" auf das vorläufige Ende der Geschichte, so dürfte es nicht weniger signifikant sein, daß Dieter Simon heute, mit eher verzweifelter Ironie, die wenigen konstruktiven Reste zusammensucht, die aus dem Vereinigungsprozeß in eine Strukturreform der deutschen Universitäten hinübergerettet werden könnten, während Manfred Bierwisch nunmehr stoisch konstatiert, daß „die Bilanz ziemlich eindeutig ein moderater Gewinn von deutlich konservativem Charakter" ist - „konservativ in dem Sinn, daß der Erhalt des bestehenden Kanons der Bundesrepublik das dominierende Moment darstellt, und zwar in den alten *und* den neuen Ländern."[19]

Tatsächlich findet in den wissenschaftlichen Bilanzierungen des Umbaus der Universitäten keine platte Konfrontation zwischen der „Westsicht" und einer „Ostsicht" der Dinge statt, aber die Differenzen erschöpfen sich auch nicht in verschiedenen Einzelwertungen und Sensibilitäten, die die enormen Differenzen in der sozialen und politischen Betroffenheit lediglich widerspiegeln. Statt dessen wird man entdecken, daß die eigentlich bohrende, weil neue Zwietracht sähende Erfahrung eine von Anfang an wirksame Einseitigkeit des Reformwillens war. Daß diese Einseitigkeit in den nachträglichen Re-

---

19 Simon, Dieter: Lehren aus der Zeitgeschichte der Wissenschaft, in: Kocka, Jürgen/Mayntz, Renate (Hrsg.): Wissenschaft und Wiedervereinigung, a. a. O., bes. S. 522/3; Bierwisch, Manfred: Wissenschaften im Vereinigungsprozeß - Versuch einer Bilanz, in: ebd., S. 505.

konstruktionen entweder gar nicht oder nur affirmativ vorkommt, rechtfertigt
sogar das Verdikt der Einäugigkeit. Während vom westlichen Wissenschaftssystem ein grundstürzender Umbau des ostdeutschen Universitätssystems
gefordert und mit Hilfe der erstarkenden Landesregierungen alsbald auch
vollstreckt wurde, zeigte sich im Westen selbst nichts von einer vergleichba-
ren Selbstreflexion, ja der Verdacht scheint im Nachhinein nicht unbegrün-
det, daß die Konzentration der Reformanstrengungen auf den Osten - vom
beträchtlichen Finanztransfer ganz zu schweigen - letztendlich zu einer Ver-
härtung des wissenschaftlichen Gesamtsystems geführt hat, also in eine Restauration.

Dabei stand am Anfang dieser Geschichte durchaus eine ebenso starke wie
gemeinsame Überzeugung - und keineswegs nur das verfassungsrechtliche
Diktat des „Beitritts", das den Ausschluß eines „dritten Weges" auch für die
Universitäten bedeutete. Für diesen Ausgangspunkt, der weniger eine Verhandlungssache als eine Handlungsbasis abgab, war die Tatsache bedeutsam,
daß der im Herbst 1989 an den Universitäten schwach ausgebildete Verände-
rungsimpuls mittels der DDR-Interimsregierung de Maizière zur eigenstän-
digen Entfaltung gekommen war. Jetzt gesellte sich zur Negation der ersten
Stunde sogar eine zweite Überzeugung, in der die Aktivisten von 1989 mit
den hinzukommenden westlichen Reformern zunehmend einig waren - zusammen so etwas wie die doppelte Negation der „wissenschaftlichen Vereinigung: Als von Grund auf reformbedürftig wurde nicht nur der aktuelle
Zustand des DDR-Wissenschaftssystems mitsamt seinen historischen Voraussetzungen beurteilt, hinzu kam die Skepsis, ob die in der Wende mobili-
sierten systemkritischen Kräfte gerade an den Hochschulen für eine wirklich
durchgreifende Selbstreform ausgereicht hätten.

Diese Voraussetzungen müssen als getrennte herausgestellt werden, weil nur
auf dieser Basis das zentrale Zweckbündnis der „wissenschaftlichen Vereinigung" ganz verständlich wird: Beiden, Ost- wie Westreformern ging es um
eine grundlegende Modernisierung der Ostuniversitäten, verschieden aber
war sowohl die Erfahrungs- wie die Legitimationsbasis: Während die einen
aus einem geschlossenen in ein offenes Hochschulsystem strebten und sich,
am deutlichsten greifbar bei den aktiven Assistenten und Studenten im
Herbst 1989, auf eine demokratische Legitimation „von unten" beriefen,
agierten die anderen teils unter den Präjudizien des Einigungsvertrages, teils
als Emissäre, in jedem Fall aber als Repräsentanten des bundesrepublikanischen Wissenschaftssystems; sie betrieben eine Anpassung der ostdeutschen
Wissenschaft „von oben", die die westlichen Verhältnisse - sei es aus Überzeugung oder nur der Knappheit von Zeit und Mitteln gehorchend - zur

Norm erhob. Natürlich darf man in diesem Kalkül die neuen Landesregierungen und die dazugehörigen Wissenschaftsbürokratien nicht vergessen, schließlich wurden sie schnell zur wichtigsten Handlungsmacht und waren durch demokratische Wahlen legitimiert, doch läßt sich in deren Entscheidungen, vielleicht in sich abschwächender Form, die Alternative: „Verwestlichung von oben" versus „Neugestaltung des Gesamtsystems" immer noch wiederfinden.

Zwar ergeben sich die Kurven dieser teils erlittenen, teils gestalteten Geschichte offensichlich daraus, daß das Geschehen von Anfang an politisch hoch determiniert war, doch nicht minder interessant ist das Schicksal der Deutungen, die das Geschehen begleitet haben. An ihnen läßt sich möglicherweise sogar noch besser als an den Fakten studieren, wie aus den Gemeinsamkeiten der Ausgangslage die Verwicklungen des Prozesses und schließlich die Verwerfungen im Ergebnis entstehen konnten. So ist für die Ausgangslage von größter Signifikanz und wahrhaftig eine historische Tat z. B. die Gründung der Zeitschrift: „Hochschule Ost".[20] An der Diskussionskultur und der dichten Dokumentationsarbeit dieses einmaligen, nicht nur für die Leipziger Szene repräsentativen Organs läßt sich exemplarisch ablesen, wie Aufklärungsimpuls und demokratischer Erneuerungswille parallel gehen - das Programm zielte darauf, „dem schwierigen Transformationsprozeß des ostdeutschen *wie gesamtdeutschen* Hochschul- und Wissenschaftssystems jene informierte, kritische Öffentlichkeit zu verschaffen, die als Handlungskorrektiv für notwendige Entscheidungen unverzichtbar ist".[21]

Nicht weniger interessant aber ist zu beobachten, wie in den weiteren Nummern der kontinuierlich herausgegebenen Zeitschrift teils Enttäuschungserfahrungen, teils ernüchterte Einsichten in den Umbauprozeß zum Ausdruck gebracht werden. Ein immer wieder hervorgehobener „wunder Punkt", gleichzeitig ein kulturkritischer Katalysator des Ost-West-Dialogs ist dabei die Frage, ob sich im nunmehr forcierten Umbauprozeß nicht so etwas abzeichnet wie ein negativer Rückkoppelungseffekt im innerdeutschen Reformgeschehen: „Umbau im Osten und Konservierung im Westen"?, heißt z. B. im Februar 1992 die Fragestellung einer Anhörung zur Novellierung des Hochschulrahmengesetzes.[22] Ein ähnlich ambivalentes Motiv könnte man auch in der Tatsache wirken sehen, daß in den späteren Nummern der

---

20 Diese Zeitschrift erscheint ab Dezember 1991 und wird vom Arbeitskreis: „Hochschulpolitische Öffentlichkeit" herausgegeben.
21 Hochschule Ost, Heft 1, S. 9, meine Hervorhebung.
22 Ebd., Heft 3.

Zeitschrift die Retrospektive auf die „heroische Phase" der Wende zum
Schwerpunkt wird, dokumentarische und nostalgische Absicht scheinen sich
dabei die Waage zu halten. Gleichzeitig wird intensiv aus dem „Innenleben"
des Erneuerungsprozesses berichtet: von den Widerständen gegen die personelle „Abwicklung" und ihrer Überwindung, von den Schwierigkeiten bei
der rechtlichen Verfassung des Hochschullebens und von Konflikten, die
daraus entstanden, daß die rasch erstarkenden Kultusbürokratien den langsa-
meren Hochschulen die neue Autonomie noch nicht zutrauten, während die
Hochschulen dieselbe Autonomie als Existenzbeweis für ihr Selbstbewußtsein doch so bitter nötig hatten usf.

Auf das hier bereitliegende „Material" für eine Analyse des Umbaus der
ostdeutschen Universitäten wird hier nur exemplarisch und zu dem Zweck
verwiesen, die Selektionswirkung in Erinnerung zu rufen, die in jeder Perspektivierung eines komplexen Geschehens unvermeidlich steckt. Während
dieses „alternative" Material nicht zu einer durchsetzungsfähigen Perspektivierung geformt wird und sich daher in der Entwicklung immer mehr ver-
flüchtigt, sind andere Materialien und die dazugehörigen Deutungen sehr viel
erfolgreicher. Am relevantesten für die tatsächlich durchgesetzte Perspektivierung des Umbaus wurden dann die Analysen und „Erfahrungsberichte"
westdeutscher Gast-, Vertretungs-, Gründungs- und sonstiger Auftragspro-
fessoren, wie sie in den frühen 90er Jahren massenhaft in den Universitäten
der mittlerweile so genannten „neuen Bundesländer" tätig wurden. Diese
Berichte, zahlreich wie sie sind[23], konstituieren so etwas wie ein eigenes
Genre der „wissenschaftlichen Einigung", das nicht nur durch eine eigentümliche Form der Dokumentation, sondern auch durch eine ganz bestimmte
Formierung der Wahrnehmung charakterisiert ist. Ja, vielleicht kann man mit
einiger Übertreibung sagen, daß gerade die seriösen Bilanzen, die bislang
vorgelegt wurden, nicht weniger sind, aber auch nicht mehr als Verallgemei-
nerungen und Extrapolationen dieses Genres.[24]

So vielschichtig das darin gezeichnete Bild auch sein mag - es liegt diesen
Analysen westdeutscher Professoren über die ostdeutsche Universitätsent-

---

23 Beispielhaft sei verwiesen auf Muszynski, Bernhard (Hrsg.): Wissenschaftstransfer in
    Deutschland, Opladen 1993.
24 Ich beziehe mich, wiederum exemplarisch, auf zwei Bücher: Mayntz, Renate (Hrsg.):
    Aufbruch und Reform von oben. Ostdeutsche Universitäten im Trans-
    formationsprozeß, Frankfurt/M. 1994; Schluchter, Wolfgang: Neubeginn durch Anpas-
    sung? Studien zum ostdeutschen Übergang, Frankfurt/M. 1996.

wicklung, greifbar besonders in den resümierenden Passagen[25], eine Art Generalthese zugrunde, die etwa folgendermaßen lautet: Der Umbau des ostdeutschen Universitätssystems, dessen Notwendigkeit von niemandem ernsthaft bestritten wurde, hatte die Einpassung in das westdeutsche Wissenschaftssystem zum erklärten und primären Ziel. Dies setzte einerseits den Abbau der aus der DDR überkommenen Strukturen voraus und konnte andererseits nur durch die Übertragung der bundesrepublikanischen Institutionen realisiert werden, nicht zuletzt weil die Hochschulen die Kraft zur Selbstreform nicht aufbrachten. Dieser Institutionentransfer und der parallele Personalumbau waren das Werk einer Vielzahl von Einflußgrößen und Entscheidungsgremien, federführend waren aber westdeutsche Hochschuleliten in Kooperation mit den erstarkenden ostdeutschen Landesregierungen. Das dabei zur Geltung gebrachte Machtgefälle zwischen West und Ost hatte zwar hohe menschliche Kosten und ist insofern zu bedauern, doch gab es angesichts des Modernisierungsrückstands der DDR-Wissenschaft auf der einen und des von der Politik vorgegebenen Handlungs- und Zeitdrucks auf der anderen Seite keine realistische Alternative.

Ich habe diese Perspektivierung des ostdeutschen Hochschulumbaus gewissermaßen freihändig formuliert, nicht um sie einer methodologischen oder historischen Kritik auszusetzen - das wäre so pauschal gar nicht möglich -, sondern um ihre konstitutiven Elemente idealtypisch, d. h. so scharf wie möglich herauszuarbeiten. Tatsächlich bestehen diese Elemente aus einer Reihe von Urteilen, die alle mehr oder weniger darin übereinkommen, daß einem grundstürzenden Reformprojekt rückblickend scharfe Grenzen gezogen werden: begrenzt war das Ziel, nämlich Anpassung an das Westsystem; begrenzt war die Reichweite der Reform, nämlich auf den institutionellen und personellen Umbau der Hochschulen; begrenzt waren selbstverständlich die finanziellen und personellen Ressourcen des Umbaus; und vor allem begrenzt war der Zeithorizont, in dem die Anpassung zu geschehen hatte usf. Faßt man diese Urteile zusammen, so ergibt sich daraus ziemlich präzise das Bild einer radikalen Teilreform mit konservativer Gesamtbilanz, umso mehr als die Analysen keinen Zweifel daran lassen, daß der Umbau erfolgreich verlief und im wesentlichen abgeschlossen ist.

Verlängert man diese Perspektivierung einmal probehalber in die Gegenwart, so muß es an den Hochschulen des Ostens genauso düster aussehen wie an

---

25 Solche Passagen sind bei Mayntz, Renate: Aufbruch und Reform von oben, a. a. O., Kap. XII, bes. S. 303ff.; bei Schluchter, Wolfgang: Neubeginn durch Anpassung, a. a. O., bes. S. 86, S. 37/8 und S. 146/7.

denen des Westens. Jedenfalls erhält man den Eindruck, daß bei einer Umwendung dieses Blickes in die Zukunft die Idee einer Gesamtreform des bundesrepublikanischen Hochschulsystems nur ziemlich verquält zum Vorschein kommt. Eine beispielhafte, weil Tatsachen- und Werturteile durchaus unterscheidende Formulierung ist die von Wolfgang Schluchter anläßlich der 300-Jahrfeier der Universität Halle-Wittenberg im Jahre 1994:

„Ich sagte: Der Umbau der ostdeutschen Hochschulen, der nach der Herstellung der äußeren Einheit eingeleitet wurde, sei institutionell und auch personell weitgehend abgeschlossen. [...] Auch im Wissenschafts- und Hochschulbereich wurden die westdeutschen Institutionen auf Ostdeutschland übertragen. Zu einer Synthese aus Ost und West kam es nicht. [...] Daß auch die westdeutsche Universität zu diesen reformbedürftigen Institutionen gehörte, vergaß man vorübergehend. Das mag man beklagen. Ich behaupte aber, daß es zu ihrer Übernahme nach der (freiwilligen) Aufgabe der Eigenstaatlichkeit keine Alternative gab. Es war auch nicht möglich, sie gleichsam während der Übertragung, die ja kompliziert genug verlief, zu reformieren. Übertragung und Reform in einem, das war einfach zuviel. Dafür waren die Fristen zu kurz, die Finanzspielräume zu eng, die Erneuerung des Lehrkörpers bei radikaler Reduktion der Stellenzahl zu belasten. Erst allmählich können wir Atem holen und wieder nach Spielräumen für weitergreifende Reformen fragen, nun aber nach Reformen in Ost und West."[26]

Die Formulierung zeigt auch, daß in den westdeutschen Analysen des ostdeutschen Universitätsumbaus keineswegs so etwas wie ein vorgängiger Wertkonservatismus zur Anwendung kommt, aus dem dann der Strukturkonservatismus nur folgen würde. Ganz im Gegenteil, die in der ostdeutschen Wissenschaftstransformation engagiert gewesenen Autoren sind in der Regel von einer Idealisierung der westdeutschen Universitäten weit entfernt und lassen keinen Zweifel an ihrer Reformbedürftigkeit. Und so kommt es zu der paradoxen Konstellation, daß eine Bilanz, gerade weil sie realistisch ist, an den Voraussetzungen des „Reformstaus" mitzubauen scheint, die sie überwinden helfen will. Diese Paradoxie wird noch schärfer, wenn man der Formulierung von Schluchter die Bilanz entgegenstellt, die etwa zur gleichen Zeit von Gertraude Buck-Bechler auf einem Kolloquium in Potsdam gezogen wurde. Von dieser exponierten Vertreterin der ostdeutschen Hochschulforschung wurde hier programmatisch die folgende Unterscheidung des Begriffs Hochschulreform vorgeschlagen:

„Zum einen ist sie Teil des gesellschaftlichen Transformationsprozesses Ostdeutschlands und als dieser integrale Bestandteil auch mit einem klaren Ziel ausgestattet. Es geht darum, eine neue Gesellschaftsordnung aufzubauen mit Freiheit, Demokratie und sozialer Marktwirtschaft nach westdeutschem Vorbild. [...] Zum andern - und das möchte ich

---

26 Schluchter, Wolfgang: a. a. O., S. 146/7.

gerne besonders unterstreichen - ist Hochschulerneuerung aber auch ein Modernisie-rungsprozeß; er kennzeichnet die Reformfähigkeit und -willigkeit der Institution Hoch-schule. Sie ist stets aufs Neue herausgefordert, mit ihren Bildungskonzepten zwischen sich verändernden individuellen Bedürfnissen und Lebenszielen einerseits und sich ver-ändernden wissenschaftlichen Ansprüchen, gesellschaftlichen Entwicklungserfordernis-sen und ökonomischer Ressourcenverteilung anderernseits zu vermitteln. Insofern ist Modernisierung - auch innerhalb von Transformationsprozessen - ein Suchprozeß, für den es keinen Meisterplan gibt. *Es ist nicht von vorneherein klar, daß das westdeutsche Bild der Hochschule das zu Übernehmende ist;* aber es sollte allen Beteiligten klar sein, daß das zu Entwickelnde den neuen Herausforderungen besser entsprechen muß als bisherige Strukturen."[27]

Es wurde vorn gesagt, daß die differenten Perspektiven auf den ostdeutschen Hochschulumbau selten direkt zum Ausdruck kommen, daß man also auf die Untertöne im Ost-West-Dialog zu achten habe. Wenn es hier eine reflexive Brechung gibt, so ist sie offenbar auf Anleihen aus einer ironischen Haltung angewiesen, die ihrerseits einigermaßen gebrochen zu sein scheint. So wird man den Tatbestand, daß eine östliche Bilanzierung des Hochschulumbaus sich einen offeneren Blick auf die Notwendigkeit der Gesamtreform leistet als die westliche, noch in einer deutsch-deutschen Komödie unterbringen, während derselbe Tatbestand bereits in eine Farce gehört, wenn man sieht, daß die Bemühung um die „Dialektik" von Anpassung und Reform schon in den zitierten Bilanzen um die Mitte des Jahrzehnts keine Rolle mehr spielt. Einer wirklichen Tragödie aber käme es gleich, wenn der reformatorische Geist tatsächlich zum Erliegen käme und die Anpassung der neuen Bundes-länder langfristig nur die Restauration des Gesamtsystems befördert hätte. Diese Gefahr wird nur zu bannen sein, wenn die ostdeutschen Hochschulen ihr Licht nicht länger unter den Scheffel stellen.

III. Auf der Suche nach den „Ostprofilen"

Der hier vorgelegte Band möchte einen Beitrag dazu leisten, das Szenario der Hochschuldebatte richtigzustellen und die Gesamtreform „greifbarer" zu machen. Erkenntnisleitend dafür ist aber nicht so sehr eine kompakte Re-formidee oder eine regelrechte Handlungsstrategie, sondern der „weichere" Begriff des „Reformpotentials", der mehr auf Voraussetzungen und Mög-lichkeitsbedingungen, auf zaghafte Ansätze und versteckte Realitäten achtet als auf plakative Programme und Strategien. Das Anschauungsfeld, auf dem

---

27 Buck-Bechler, Gertraude/Jahn, Heidrun (Hrsg.): Hochschulerneuerung in den neuen Bundesländern. Bilanz nach vier Jahren, Weinheim 1994, S. 59, meine Hervorhe-bung.

diese „Potentiale" - der Plural ist besser als der Singular - identifiziert und dokumentiert werden sollen, ist auf der einen Seite begrenzt: es handelt sich um die Universitäten der neuen Bundesländer. Der Titel „Ostprofile" soll auf der anderen Seite besagen, daß sich in den östlichen Bundesländern beinahe ein Jahrzehnt nach der sogenannten Wende eine eigenständige Universitäts- landschaft abzeichnet, die nicht nur eine separate Betrachtung verdient, son- dern sich auch für die Demonstration von Reformversuchen eignet.

Die Idee zu dem Projekt stammt von einer Ringvorlesung gleichen Titels, die im akademischen Jahr 1995/96 an der Technischen Universität Chemnitz abgehalten wurde. Die Absicht war damals, nicht untypisch für die Auf- bruchsstimmung an den ostdeutschen Universitäten, eine vom Kuratorium angestoßene, vom Rektorat in die Selbstverwaltungsgremien getragene und von der Mehrzahl der Professoren positiv aufgenommene Gesamtevaluati- on[28] dadurch zu befördern, daß der Entwicklungsstand unserer kleinen Technischen Universität mit anderen Ideen und Entwicklungen konfrontiert wurde. In einem ersten Zyklus wurden die ursprünglichen und noch nicht vollständig entfalteten „Universitätskonzepte" - so der Untertitel der Ring- vorlesung - vorgestellt, die den drei Neugründungen in den östlichen Bundes- ländern zugrunde lagen. Es bestand die berechtigte Hoffnung, daß dies von den amtierenden Gründungsrektoren bzw. -beauftragten in besonders kompe- tenter Weise geschehen würde, weil sie ja mit der Umsetzung dieser Konzep- te direkt betraut waren. In einem zweiten Zyklus sollte der Blick geweitet werden, indem sowohl die allgemeinere Reformdebatte der „neuen" Bundes- republik aufgegriffen als auch der Vergleich mit der Gründerphase der „alten" Bundesrepublik, also mit den Universitätsgründungen der 60er und 70er Jahre angestellt wurde. Den Abschluß bildete ein historischer Rückblick auf die Umbrüche der deutschen Universität im 20. Jahrhundert. Die ertrag- reichsten von diesen Vorträgen werden in diesem Band dokumentiert.

War schon die damalige Konzeption der Ringvorlesung nicht auf Vollstän- digkeit, sondern auf eine repräsentative Auswahl angelegt, so ist seitdem noch offensichtlicher geworden, daß die „Universitätsentwicklungen" auch in den neuen Bundesländern nicht über einen einzigen Leisten geschlagen wer- den können - auch der Untertitel des Bandes ist mit Bedacht im Plural gehal- ten. Die konkrete Gestalt der verschiedenen Universitäten und Hochschulen, die aus dem zentralistisch gelenkten und und eher spezialistischen Hoch-

---

28 Diese Anstrengungen mündeten in einen Projektantrag, mit dem sich die TU Chem- nitz an der Ausschreibung der Volkswagen-Stiftung: „Leistungsfähigkeit durch Ei- genverantwortung" beteiligte und der leider ohne Begründung abgelehnt wurde.

schulsystem der DDR hervorgegangen sind, resultiert heute aus einer Mehrzahl von Einflüssen. Wenn die stärkste dieser Prägekräfte, zugleich die vor-
dergründigste natürlich im kürzlich erfolgten Transfer der westdeutschen
Institutionen und Leitbilder besteht, so zeigen mittlerweile auch andere Impulse eine differenzierende Wirkung. Die wichtigsten von ihnen sind drei:
verschämte Reste der DDR-Tradition, soweit sie überhaupt so genannt werden; die wissenschaftspolitischen Direktiven der jeweiligen Landesregierungen, die verstärkt unter das Damoklesschwert der Haushaltskürzungen geraten sind; und die hochschulautonomen Kräfte, die die wiedergewonnenen
Freiheiten gegen die semi-autoritären Tendenzen der Wissenschaftsbürokra-
tie zu verteidigen wissen.

Um dieser fortschreitenden Ausdifferenzierung Rechnung zu tragen, wurden
in den Band weitere Texte aus der unmittelbaren Gegenwart der ostdeutschen
Hochschulszene aufgenommen, teilweise stammen sie von prominenten
Sprechern der ostdeutschen Reformdebatte. Dabei ist es Zufall, aber nicht
ohne kulturpolitische Symbolik, daß zwei von den drei Reden am Anfang des
Bandes „akademische Festreden" sind, wie sie im Osten heute noch zum
Ritual der feierlichen Immatrikulation gehören, und daß sie zeitlich mit dem
Beginn des „Streiksemesters" im Westen zusammenfielen. Nicht Zufall ist es
hingegen, daß innerhalb der in Augenschein genommenen Universitätslandschaft das Scheinwerferlicht vor allem auf den Freistaat Sachsen und das
Land Brandenburg gerichtet wird, bilden sie doch aus mehreren Gründen
eine repräsentative Konstellation: einmal ist in diesen Ländern die parteipoli-
tische Alternative zwischen christdemokratischer und sozialdemokratischer
Bildungspolitik in ihrer ostdeutschen Variante am deutlichsten ausgeprägt;
zweitens weist Sachsen in historischer Perspektive die größte und Brandenburg (Berlin natürlich abgezogen) die geringste Hochschuldichte in Ostdeutschland auf; dies schlägt drittens in eine für die Gegenwart aufschlußreiche Ungleichzeitigkeit um, weil Sachsen folgerichtig über die meisten Traditionsuniversitäten und Brandenburg über die Mehrzahl der Neugründungen
verfügt.

Insofern Mecklenburg-Vorpommern und Sachsen-Anhalt also ganz fehlen
und Thüringen stiefmütterlich behandelt wird, ist das Bild der ostdeutschen
Hochschullandschaft, wie es sich im Band widerspiegelt, nicht nur lücken-
haft, sondern auch disparat und vieldeutig: So steht einerseits eine kleine,
aber auf ihre Weise traditionsbewußte Technische Universität (Chemnitz)
neben einer ebenfalls kleinen Neugründung mit einem programmatischen
Reformkonzept der Technikwissenschaften (Cottbus) - vernachlässigt werden
damit größere, aber auch traditionellere Institutionen (wie die Technische

Universität Dresden). In den Vordergrund treten andererseits die Entwick-
lungsniveaus verschieden ausgerichteter geisteswissenschaftlicher Institutionen, wobei die Leipziger Universität für eine große und lange kulturwissen-
schaftliche Tradition steht, die heute jedoch durch eine knapp etablierte
(Frankfurt/Oder) bzw. eine noch ganz am Anfang stehende Neugründung
(Erfurt) scharfe Konkurrenz ebenfalls kulturwissenschaftlicher Art erhält.
Schließlich wird in mehrfacher Weise Bezug genommen auf die Humboldt-
Universität zu Berlin, auf ihren Mythos und ihre Realität, die sich dadurch
ein weiteres Mal - historisch wie aktuell, im Bösen wie im Guten - als eine
einmalige Institution erweist.

Wenn also die Bestandsaufnahme des vorliegenden Bandes nur in beschränk-
tem Maße repräsentativ ist - macht dann ein generalisierender Blick überhaupt Sinn, der gemeinsame, ähnliche, aber eben auch differente Eigenschaften zu einem Gesamtbild zusammenfügen muß? Läuft die Bezeichnung
„Ostprofile" nicht auf eine verfälschende Fiktion hinaus, zumal hier die
Wertung hinzugefügt ist, daß sich in dieser wissensgeographischen Entität
ein besonderes Reformpotential versteckt hält? In der Tat ist damit die
Gretchenfrage an eine strategisch umgedrehte Ost-West-Perspektivierung der
gegenwärtigen Hochschuldebatte gestellt, und jedes voreilige „Ja" scheint so
illusionär wie gefährlich, weil bekanntlich die enttäuschten Erwartungen, im
Privatleben wie in der Politik, die stärksten Gedankenblockaden aufrichten.
Es sollen daher abschließend lediglich sechs Faktoren aufgelistet werden,
mehr Trends als Tatsachen, die man dafür anführen kann, daß die Startbedin-
gungen für eine durchgreifende Reform an den ostdeutschen Universitäten
gut, jedenfalls besser sind als an den meisten Massenuniversitäten des Westens. Daß die Blickrichtung Sinn macht, kann man einer soeben erschiene-
nen „flächendeckenden" Darstellung des ostdeutschen Hochschulsystems
entnehmen, der ersten ihrer Art, die ebenfalls unter dem Leitmotiv der Erneuerung steht und daher den ausstehenden Realitätstest mit empirischen
Mitteln befördern könnte.[29]

Diese Faktoren sind, soweit sie man sie von den Hochschulen selber, sozusagen als „Eigenleistung" zur Reform fordern muß: 1. eine fortwirkende Aufbruchsstimmung; 2. die „Kleinheit" der Institutionen; 3. die Durchmischung
des Lehrpersonals; 4. neuartige Elemente der Selbstverwaltung; 5. Facetten
einer neuen Wissenskultur; 6. die Frage der Traditionsverstrebung. Würden
sie wirkungsmächtig werden, in effektive Verbindung zueinander treten und

---

29 Buck-Bechler, Gertraude u. a. (Hrsg.): Hochschulen in den neuen Ländern der Bun-
    desrepublik Deutschland. Ein Handbuch zur Hochschulerneuerung, Weinheim 1997.

sich gegenseitig verstärken, dann müßte Gestalt annehmen, was man in der Sprache der Sozialwissenschaften eine „nachhaltige Universitätsreform" nennen könnte. Um sie freilich zu „implementieren", wie ein anderer Terminus lautet, bedarf es einer Reihe weiterer Maßnahmen, die nur mehr teilweise auf das Konto der Hochschulen gehen können: Erforderlich sind die Darstellung des Problemdrucks in der Öffentlichkeit, die Überzeugung der politischen Entscheidungsträger, etwa der Länderparlamente, und nicht zuletzt die Bereitstellung der hinreichenden Macht- und Finanzmittel durch den Staat, schließlich wird unter den deutschen Bedingungen selbst eine radikale „Losbindung" (Peter Glotz) der Universitäten die öffentliche Hand nicht aus der Verantwortung entlassen können. Alles zusammen aber wird nur „funktionieren", wenn die Reform getragen ist von einer positiven und verbindlichen Zukunftsvision.

1. Wie immer man den Umbau der ostdeutschen Universitäten im nachhinein analysiert und bewertet - offensichtlich war er nicht nur von einer starken Handlungsmotivation getragen, sondern hat auch eine Aufbruchsstimmung geweckt, die noch in der gegenwärtigen Phase intensiv nachwirkt. Das wird jeder bestätigen, selbst wenn er erst in der Mitte der 90er Jahre die Arbeit an einer ostdeutschen Universität aufgenommen hat, als die finanzpolitischen Restriktionen sich abzuzeichnen begannen. Die „Gründereuphorie", die keineswegs nur die Neugründungen beflügelte, ist zwar nüchterner, aber auch realistischer geworden. Immer noch möchte man den genius loci des akademischen „Wilden Ostens" beschwören, wäre da nicht das Mißverständnis, daß dieser Geist irgend genial oder anheimelnd wirkte, wo er doch häufig das genaue Gegenteil ist: wenn importiert, dann häufig second hand, wenn einheimisch, dann bisweilen übertüncht - in jedem Fall aber handelt es sich um ein mixtum compositum, um einen heterogen zusammengesetzten und also auch widersprüchlichen Kollektivgeist, der dennoch erstaunlich gemeinschaftsstiftend ist. Und gerade darin - im schwer faßbaren Gemisch aus Aufbaulust, Improvisationszwang und der Verzweiflung über mal zu viel, mal zu wenig Bürokratie - steckt ein unverhofftes Erneuerungspotential, wenn man so will: die späte und nicht-intendierte Nebenfolge einer allzu raschen und effektiven Einigungspolitik.

2. Zu den günstigen Voraussetzungen der Reform zählt zweifelsohne die „Kleinheit" der meisten ostdeutschen Universitäten. Wie immer dies begründet ist: ob durch ein „elitäres" Programm wie bei den Neugründungen, durch den erzwungenen oder selbstverschuldeten Provinzialismus der Städte oder eine unattraktive studentische Subkultur - im Vergleich mit den Massenverwahranstalten des Westens sind die Lehr- und Lernbedingungen in den al-

lermeisten Fällen geradezu idyllisch, was sich in handfesten Betreuungsrelationen ausdrücken läßt. Darauf ist eigens hinzuweisen, nicht um das Glück dieses spezifischen Ost-West-Gefälles zu „verraten" und damit auch aufs Spiel zu setzen, sondern um die Kontinuität einer wirklich bewahrenswerten DDR-Tradition zu verstehen und zu schätzen: den hohen Stellenwert sorgfältiger, d. h. gut betreuter Lehre. Ein anderer, eher reformstrategisch interessanter Aspekt ist, was Max Weber den „Vorteil der kleinen Zahl" nannte. Man muß jedoch kein Soziologe sein, um zu wissen, daß der Erhalt wie die Veränderung von Institutionen desto leichter zu bewerkstelligen ist, je begrenzter der Kreis der Entscheidenden ist. Ist auch die Zahl der Betroffenen klein, dann herrscht entweder das Konsensprinzip der direkten Demokratie oder aber, was wahrscheinlicher ist, die Hierarchien sind wenigstens direkt sichtbar, in jedem Fall aber bleiben gerade durchgreifende Veränderungen an einen gewissen Überredungszwang gebunden. Diese Ambivalenzen wird im Auge behalten müssen, wer es großartig findet, daß im Osten nicht die „Gruppenuniversität", sondern, zumindest habituell, die „Ordinarienuniversität" wiedereingeführt wurde.

3. Das leitet zwanglos zu den Vorsprüngen in institutioneller und organisatorischer Hinsicht über, wie sie in den meisten ostdeutschen Hochschulgesetzen auch rechtlich fixiert worden sind. In diesen beinahe noch taufrischen Statuten ist manches von dem bereits festgeschrieben, was vorn die betriebswirtschaftliche Umdefinition der traditionellen Selbstverwaltung genannt wurde. Dazu gehören vergleichsweise starke Rektorate und Dekane, die mit relativ langen Amtszeiten und großen Kompetenzen gegenüber Senat bzw. Fakultätsrat ausgestattet sind. Dazu gehört auch ein vergleichsweise dichtes Rechenschaftswesen einschließlich der Pflicht zur Lehrberichterstattung. Wenn diese Kompetenzen genutzt werden, kann im ohnehin überschaubaren Gremiengeflecht ein hohes Maß an Kooperation, Verbindlichkeit und Transparenz erreicht werden. Hinzu kommt, daß die akademischen Einheiten in der Regel Fakultäten alten Stils sind, also die Fächer und Institute, sofern sie überhaupt schon gegründet sind, in größere Einheiten zurückgebunden bleiben. Und schließlich darf man nicht vergessen, daß das gesamte innere Organisationsnetz sowohl akademischer wie verwaltungstechnischer Art - von der Bibliotheks- bis zur Zwischenprüfungsordnung - gerade erst neu gesponnen wurde. Es besteht also - im Sinne von Karl Alewell - die Chance, eine moderate Professionalisierung des „universitären Entscheidungshandelns" aus gegebenen Verhältnissen erwachsen zu lassen, wofür der

sensibelste Punkt die „Schnittstelle" zwischen Rektorat und Fakultäten sein dürfte.[30]

4. Die Frage der „Durchmischung" des Lehrkörpers ist natürlich ein weites Feld, weil sie sich überall etwas anders darstellt. Was die Genese der jetzigen akademischen Personalstruktur betrifft, so herrscht Einigkeit in zwei Punkten: einmal waren für die personelle „Abwicklung" die sogenannten Bedarfkündigungen durchgreifender und quantitativ maßgeblicher als die „politischen Säuberungen"; zum andern ist am Resultat offensichtlich, daß der Anteil der aus dem Westen importierten Professoren in den ideologisch „empfindlichen" Fächern sehr viel höher ist - in neuen Disziplinen wie der Politikwissenschaft tendiert er gegen 100 Prozent -, während sich diese Proportion beinahe umgedreht darstellt in den technischen und medizinischen Disziplinen, nicht ganz so hoch scheint der Anteil aus der DDR übernommener Professoren in den Naturwissenschaften zu sein. Während also die Chance, daß die personelle Durchschüttelung auch in einer gedanklichen Auflockerung des Lehrkörpers resultiert, verschieden verteilt ist, ist gleichwohl ein anderer Effekt deutlich spürbar, der möglicherweise ebenfalls eine nichtintendierte, aber positive Nebenfolge der „wissenschaftlichen Vereinigung" ist: die Abschwächung der disziplinären Bindung, sozusagen die Überich-Entlastung der wissenschaftlichen Arbeit. Allerorten im Osten, hauptsächlich dort natürlich, wo es gefördert wird, zeigt sich ein erstaunliches Interesse an über- und transdisziplinärer Perspektivierung von Forschung und Lehre, das in einzelnen Glücksfällen sogar die von C. P. Snow beklagten Grenzen zwischen den „zwei Kulturen", zwischen Natur- und Geisteswissenschaften zu überspringen wagt.

5. Damit ist das schwierigste Terrain einer wissenschaftlichen Neuprofilierung und damit der Reformdebatte insgesamt erreicht. Ich möchte es kenntlich machen durch ein längeres Zitat aus der angestrengten „Profildiskussion", der sich die Technische Universität Chemnitz[31] im akademischen Jahr 1995/96 unterzogen hat. Ich bin sicher, daß in den vergangenen zwei, drei Jahren in den Rektoraten der neuen Bundesländer Dutzende solcher „Papiere" geschrieben und in den akademischen Gremien mit großem Ernst diskutiert worden sind und immer noch werden - würde man sie sammeln und auswerten, dann könnte man „in vitro" studieren, daß es an den ostdeutschen Universitäten tatsächlich gibt, was der Bundespräsident fordert:

---

30 Zum Gesamtkomplex vgl. Wolff, Klaus-Dieter (Hrsg.): Qualitätskonzepte einer Universität. Differenzierung, Effektivierung und Vernetzung, München 1995.
31 Bis 1997 Technische Universität Chemnitz-Zwickau (= TUCZ).

einen Aufbruch in der Wissenschaft. Zum Verständnis der Chemnitzer „Profildiskussion" ist hinzuzufügen, daß der ausführliche organisationstechnische Teil fortgelassen und nur der programmatische Ausschnitt zitiert wird, der die allgemeinen Ziele der Profilsuche definiert. Unterschlagen werden darf auch nicht, daß die konstruktive Profildebatte im Herbst 1996 ziemlich abrupt umschlug in einen destruktiven Streit über den neuen sächsischen „Hochschulentwicklungsplan", in dem die Umverteilung der Haushaltskürzungen allzu drohend durchschimmerte.

„I. Ausgangspunkt

[...]
Wenn wir derzeit an der TUCZ die Bemühungen um unser zukünfiges Profil forcieren, so können wir an bereits vorliegende Ergebnisse anknüpfen: Erinnert sei an die allgemeine Professorenbefragung und an die Darstellung der sieben Fakultäten, die die Dekane vor dem Kuratorium gaben; erinnerungswürdig sind auch die Überlegungen, die eine interfakultative Arbeitsgruppe vor einem Jahr unter dem Titel: „Leistungsfähigkeit durch Eigenverantwortung" angestellt hat. In all diesen Fällen wurde ein ganz bestimmtes Modell zugrundegelegt, wurde eine selbstreflexive „Methode" der Profilbildung erprobt. Damals wie heute kann es nicht darum gehen, der TUCZ ein Programm von oben vorzugeben oder gar von außen aufzuoktroyieren. Das Ziel besteht vielmehr darin, einen Prozeß der Selbstreflexion von unten her in Gang zu setzen: ausgehend von der Idee autonomer Forschung und Lehre, gilt es, die Instituts- und Fakultätsgremien dafür zu nutzen: 1. um vorhandene Schwerpunkte zu identifizieren und trennschärfer herauszuarbeiten; 2. den fachinternen bzw. fakultätsübergreifenden Kontext zu verdeutlichen und nach neuen Verknüpfungsmöglichkeiten abzutasten; 3. den Blick nach außen zu wenden, d. h. den gesellschaftlichen, politischen und internationalen Horizont ins Auge zu fassen, dessen rasche Veränderung zur Neudefinition von universitärer Bildung und Ausbildung auffordert.

II. Die drei Globalziele

[...]

1.Interdisziplinarität

Hier geht es um die Überzeugung, daß sich Forschung und Lehre zwar immer um einen Kern herum organisieren, daß sie in einer „Disziplin" gleichsam kristallisiert sind - das bedeutet gegenständliche wie methodische Grenzziehung gegenüber anderen Wissensgebieten. Gleichzeitig ist dieser Kern weder dinglich noch statisch zu verstehen, sondern gleicht eher einem Kraftzentrum, das in ständiger Wechselbeziehung mit anderen Subdisziplinen, Fächern und Fächergruppen steht. Wenn man sich heute in der Wissenschaft das konventionelle Verhältnis von Zentrum und Peripherie nicht überhaupt umgestülpt vorstellen will, wird man wenigstens annehmen können, daß es die beweglichen Ränder sind, an denen das „neue" Wissen entsteht. Interdisziplinarität heißt also zunächst, sich verstärkt für diese polyvalenten Ränder zu interessieren und von hier aus sowohl nach innen wie nach außen, sowohl in die Vergangenheit wie in die Zukunft zu schauen - in der bestimmten Absicht, nach neuen Sachkonstellationen und neuen methodischen Verknüpfungen des Wissens zu suchen.

Es ist ziemlich offensichtlich, wo die genuin interdisziplinären Chancen der TUCZ konzentriert sein könnten, nimmt man das gegebene Fakultätenensemble nur als Entwicklungsprogramm: nicht nur in der wechselseitigen Annäherung und Durchdringung der technischen und der naturwissenschaftlich-mathematischen Fakultäten, was längst im Gange ist, sondern in der Einbeziehung der wirtschafts- und gesellschaftstheoretischen wie der philosophischen Fächer in diesen Prozeß. Darin steckt ein ebenso großes Risiko, weil die historische Ausdifferenzierung der Wissenschaften einerseits unumkehrbar scheint und andererseits in Frage gestellt werden muß. Doch wird die notwendige Bodenhaftung erhalten bleiben, solange die Sachlogik der Forschung und die innere Abstimmung der Curricula durch den Anspruch auf Interdisziplinarität nicht außer Kraft gesetzt werden: Interdisziplinarität setzt solide Disziplinarität voraus! Von den drei neuen Großparadigmen, die der DFG-Präsident aus der großflächigen Veränderungen der heutigen Wissenschaftslandschaft entspringen sieht: „life science", „Kulturwissenschaften" und informationelle Revolution[32], sind für die TUCZ vor allem die beiden letzten von Bedeutung. Sie könnten uns als Stichworte dienen, um zu einem originellen Zukunftsprofil zu gelangen.

2. Internationalisierung

Hier geht es um die Auslotung und die weitere Perspektivierung der Akzentverschiebungen, wie sie sich derzeit am unbezweifelbaren und unaufhaltsamen Trend zur Internationalisierung der Wissenschaften bemerkbar machen. Drei solcher Akzentverschiebungen, die das nationale Selbstverständnis der Wissenschaftsproduktion nachhaltig verändern, wird man vielleicht unterscheiden können: 1. strahlt die internationale Verstrebung des Wissens, die in der Forschung selbstverständlich geworden ist, heute verstärkt auch auf den Bereich der Lehre aus; 2. wird die Dynamik der internationalen Vernetzung des Wissens, die immer auch eine internationale Wissenskonkurrenz zur Folge hatte, heute in gewissem Sinne gebremst durch die steigende Sensibilität für nationalkulturelle Unterschiede und kulturspezifische Konditionen („interkulturelle" Brechung der Internationalisierung); 3. hat sich die bipolare Ausrichtung der wissenschaftlichen Kraftfelder, die sich aus dem Ost-West-Konflikt ergab, aufgelöst und ist ersetzt worden durch eine wissenschaftliche Globalkultur, die zwar polyzentrisch sein mag, sich aber im ehemals kommunistischen Mittel- und Osteuropa vorläufig noch am westlichen Modell zu orientieren scheint („nachholende Verwestlichung").

Für die TUCZ wird es darauf ankommen, sich in diesem komplexer gewordenen internationalen Beziehungsgefüge einen Platz zu sichern, der die gegebenen geographischen und wissenskulturellen Eigenheiten bündelt und im Sinne einer wissenschaftlichen „Standortoptimierung" nutzt. Dazu werden neben der Verstärkung der Forschungskontakte, die als konventionelle Aufgabe für jede einzelne Professur bestehen bleibt, vor allem folgende Maßnahmen gehören: 1. müssen exemplarische modulare Studiengängen eingerichtet werden (vor allem in den technischen Fächern?), die helfen werden, den Studentenaustausch im europäischen Kontext reibungsloser zu gestalten („European Credit Transfer

---

32　Frühwald, Wolfgang: Altlasten des Geistes, in: „Die Zeit" Nr.19, 3.Mai 1996, sowie: Palimpsest der Bildung. Kulturwissenschaft statt Geisteswissenschaft, in: FAZ, 15. Mai. 1996.

System"); 2. sind neben den generellen Sprachkompetenzen auch die fachsprachlichen Kompetenzen international weiterzuentwickeln, wofür die verschiedenen europäischen Programme einen guten Einstieg bieten; 3. ist der Gedanke der „Ost-West-Drehscheibe" zu konkretisieren, um aus der ostmitteleuropäischen Grenzlage heraus ein gezieltes Kommunikationsnetz zu entwerfen (vor allem nach Polen und Tschechien?). Insgesamt wird zu fragen sein, ob die zu erwartenden Evaluationen im Hochschulbereich nicht auf solche (qualitativen) Ziele auszurichten sind - statt daß sie sich lediglich in (quantitativen) Lehrbefragungen erschöpfen!

3. Regionalisierung

Die damit verbundenen Zielprojektionen bilden nicht nur den notwendigen Gegenpol zum Zielbündel der Internationalisierung, sondern werden in naher Zukunft an tatsächliche Überlebensfragen der TUCZ rühren. Wie unsere Forschung und Lehre zu den wenigen wirklich vitalen Entwicklungsfaktoren in einer Region zu gehören scheinen, deren wirtschaftliche Zukunft keineswegs gesichert ist, so wird es von spürbaren Impulsen, also von konkreten Nützlichkeitsbeweisen für die engere Region abhängen, ob die finanziellen Kürzungszumutungen und die bislang nur gerüchteweise greifbaren Umstrukturierungspläne der sächsischen Hochschullandschaft sich in erträglichen Grenzen halten werden. Die Profilsuche ist also hier zwangsläufig mit der Frage verknüpft, wie die TUCZ sich von den benachbarten Universitäten und Fachhochschulen unterscheidet, ob sie etwas zu bieten hat, was die landesinternen Konkurrenten nicht „können". Nicht zuletzt geht es dabei um die erfolgreiche Anwerbung von Studenten, also um einen Wettbewerb um junge Menschen, der nur über die Effizienz und Qualität der Ausbildung zu bestehen sein wird - und eben nicht über billige Wohnheimplätze und die kurzfristig kaum veränderbare kulturelle Lebensqualität der Stadt.

Um eine erfolgreiche Verankerung der TUCZ in der Region zu erreichen, ist die erste Voraussetzung, daß die Universität sich selber als der entscheidende Kulturfaktor der Stadt propagiert und von Bürgern wie Politikern auch so wahrgenommen wird. Eines der effektivsten Medien, um diese Imagepflege in die Wege zu leiten, dürfte 1. der gezielte Ausbau des gesamten Bereichs der wissenschaftlichen Weiterbildung sein: Dazu gehören Technologietransfer sowie Forschungs- und Entwicklungsberatung, die von den technischen Fakultäten in Verbund mit der Wirtschaftswissenschaft ausgehen und vor allem auf die kleinen und mittleren Unternehmen ausgerichtet sein müssen. Dazu gehört 2. die Reorganisation der Weiter- und Fortbildung der sächsischen Lehrer, die auf den Umbruch des primären und sekundären Bildungsbereichs abgestellt werden muß und die analogen Nützlichkeitsbeweis für die Philosophische Fakultät zu erbringen hat. 3. sind konzertierte Aktivitäten, so etwas wie „Regionalverbundprojekte" zu entwickeln, die neue überregionale Wirtschafts- und Kultureinheiten vorstellbar machen oder alte revitalisieren helfen und dabei auch die nationalen Grenzen souverän überschreiten (z. B. einen westsächsisch-bayrischen und/oder einen südsächsisch-böhmischen Raum eröffnen)."[33]

6. Es gibt in der deutschen Universitätstradition bekanntlich eine Reflexionsfigur, die selber längst eine Tradition gestiftet hat und die, angesichts der

---

33 Technische Universität Chemnitz-Zwickau, Überlegungen des Rektorats zur Organisation der Profilbildung, Mai 1996.

realen Geschichte dieser Institution, bestensfalls ein ambivalenter Indikator für ihre Reformfähigkeit ist. Gemeint ist der „Mythos Humboldt", wie Mitchell Ash es in diesem Band nennt, bzw. die Berufung auf die „Idee der Universität", die im 20. Jahrhundert besonders Karl Jaspers reaktualisiert hat.[34] Ist die Wiederkehr dieser vieldeutigen Denkfigur, die in der Tat in der ostdeutschen Universitätsszene häufig anzutreffen ist und deren Intensität den Vergleich mit der Situation nach 1945 erlaubt, nichts als ein Krisensymptom oder gar das Selbstvergewisserungsritual einer ständischen Gelehrtenformation, die sich gegen Veränderung sperrt? Auch hier muß man die Stationen unterscheiden, die die Entwicklung seit 1989 durchlaufen hat: Zielte der Ruf: „Humboldt redivivus" zunächst natürlich auf die Ablösung von der zentralistisch gesteuerten Wissenschaftsorganisation der DDR, so wird er in der eigentlichen Transformationsphase zur Begleitmusik, die einen starken Dämpfer sowohl in der Konfrontation mit den westdeutschen Realitäten als auch in den starken Durchgriffen der Landesregierungen erhält.

Gleichwohl scheint heute von der berühmten Humboldtschen Trias - (philosophische) Einheit der Wissenschaften, (organisatorische) Einheit von Forschung und Lehre, (kulturelle) Einheit von Lehrenden und Lernenden - mehr übrig zu sein als eine Schimäre, unter der eine gegenläufige Entwicklung sich nach wenig greifbaren Gesetzen vollzieht. Wenn nämlich der konstruktive Sinn der Wiederkehr dieses Mythos immer schon darin bestand, wenigstens die radikalen Veränderungen zu ermessen, denen die universitäre Wissenschaft seit dem frühen 19. Jahrhundert unterworfen war und heute von neuem ist[35], so gibt es dafür in den neuen Bundesländern ein feineres Gespür als anderswo. Und würde der mentale Überschuß des rapiden Umstrukturierungsprozesses sich langfristig in nichts anderem materialisieren als im Wissen um die Existenz dieses scharfen historischen Gefälles, in dem die deutsch-deutsche Einigung nur eine kleinere Klippe darstellt, so wäre auch dies ein willkommener Stachel im Fleisch der notwendigen Reformen. Ihre Meßlatte kann sich ruhig am Humboldtschen Horizont orientieren, weil er in dem sicheren Wissen bestand, daß eine institutionelle Reform der Universität nur „nachhaltig" sein kann, wenn sie von einer neuen Idee von Wissenschaft getragen wird. Der Leser der nachfolgenden Beiträge muß selber entscheiden, wie hoch die dargestellten „Ostprofile" an diese Meßlatte heranreichen.

---

34 Jaspers, Karl: Die Idee der Universität, Berlin und Heidelberg 1946. Ein Traktat gleichen Titels war bereits 1923 erschienen.

35 Vgl. dazu vom Bruch, Rüdiger: Langsamer Abschied von Humboldt? Etappen deutscher Universitätsgeschichte im 20. Jahrhundert, in: Forschung und Lehre 12 (1995), S. 667ff.

I.
„Humboldt redivivus"?
Drei Universitätsreden

Jürgen Mittelstraß

Forschung und Lehre - oder die Modernität Humboldts und die Chancen einer Reform in den Ost-Universitäten[1]

Eine feierliche Immatrikulation ist ein erhabener Moment - für diejenigen, die ihr Studium beginnen, und für diejenige Institution, die sie aufnimmt. Noch immer ist die Universität definiert über Forschung in disziplinärer Vielfalt und über die Gemeinschaft der Lehrenden und Lernenden, auch wenn auf dem Hintergrund der modernen Wissenschaftsentwicklung der Forschungsauftrag der Universitäten gelegentlich gegenüber den Ansprüchen der außeruniversitären Forschung und den Anmutungen der auf wirtschaftliche Aspekte fixierten Hochschulpolitik in den Hintergrund zu treten scheint und es für eine wirkliche Gemeinschaft der Lehrenden und Lernenden in unseren immer größer werdenden Hochschulen eng geworden ist. Forschung und Lehre, die Einheit von Forschung und Lehre oder besser: Lehre aus Forschung - das ist auch heute noch die Formel, die das Wesen einer Universität, auch in schwieriger gewordenen Verhältnissen, ausmacht; und ihren so definierten Auftrag erhält sie Jahr für Jahr aufs Neue mit der Immatrikulation neuer Universitätsbürger, junger Menschen, die in der Einheit von Forschung und Lehre ihre Ausbildung suchen. Eben deshalb ist dieser Tag ein großer Tag - für Sie, die Sie ihr Studium beginnen, und für die Technische Universität Chemnitz, deren universitärer Auftrag sich auf diese Weise erneuert.

Doch dieser Tag sollte auch dazu genutzt werden, über den universitären Auftrag und seine Chancen und Gefährdungen nachzudenken. Anlaß dafür ist genug, denn wieder einmal scheint es in der Universitätsdebatte in Deutschland um Leben und Tod zu gehen. So ist das Nachdenken über die deutsche Universität seit kurzem um zwei spektakulär aufgemachte Analysen reicher geworden: „Ist die Uni noch zu retten?" (1996) von Michael Daxner, dem Präsidenten der Universität Oldenburg, und „Im Kern verrottet? Fünf vor zwölf an Deutschlands Universitäten" (1996) von Peter Glotz, dem Bildungsexperten der SPD und Gründungsrektor der Universität Erfurt. Abgesang der deutschen Universität oder viel Lärm um Nichts? So schnell gehen schließlich ehrwürdige Institutionen, vor allem im Bildungssektor, nicht unter. Was sollte auch an ihre Stelle treten? Oder handelt es sich um den

---

1 Rede bei der Immatrikulationsfeier der Technischen Universität Chemnitz, 15. Oktober 1997.

Ausdruck einer Krise, die nunmehr auch die sie Analysierenden erfaßt? Wo Prometheus fehlt, bleibt viel Platz für Kassandra. Schließlich ist Wilhelm v. Humboldt, der Prometheus des deutschen Universitätssystems, seit 160 Jahren tot, und ein neuer Humboldt ist nicht in Sicht, auch nicht unter den Klagenden und Prophezeienden. Eine mißliche Situation.

Daß das deutsche Hochschulsystem in einer Krise steckt, pfeifen mittlerweile selbst die Spatzen von den Dächern, und zwar vor allem von den Universitätsdächern. Im Westen lauter, im Osten leiser. Immerhin hat man im Osten gerade das westdeutsche System übernommen; und wer läßt sich schon gerne eine Akquisition und einen neuen, auf Zukunft setzenden Anfang z. B. durch den Hinweis auf die mangelhafte Qualität des Angeschafften vermiesen? Spatzen gelten als die Krachmacher und Flegel ihrer Art, aber auch als offene und ehrliche Kerle. Aus der Spatzenperspektive im Folgenden fünf (zugegebenermaßen nicht mehr ganz taufrische) Thesen zur Krise selbst, zur sicheren Art, noch tiefer in sie hineinzugeraten, und zur möglichen Art, aus ihr herauszufinden.[2] Dabei soll auch von einem mittlerweile selbst in die Jahre gekommenen hochschulpolitischen Experiment des Westens, der Reformuniversität Konstanz, und von den besonderen Bedingungen und möglichen Reformchancen des Ostens die Rede sein. Institutioneller Optimismus ist, selbst wenn die Analyse bedrohlich ausfällt, angesagt - nicht nur, weil wir hier eine feierliche Immatrikulation begehen, sondern weil die Universität - davon bin ich fest überzeugt - die Zukunft der modernen Welt ist.

These 1:

Die Krise, in der sich das deutsche Universitätssystem derzeit befindet, ist nicht nur eine vorübergehende Ausbaukrise, sondern eine tiefgehende Struktur- und Modernisierungskrise. In ihr steht weniger eine ehrwürdige Bildungseinrichtung als vielmehr die Schule der Moderne insgesamt infrage.

Ohne Zweifel, das deutsche Universitätssystem steckt in einer tiefen Struktur- und Modernisierungskrise. Für diese Krise gibt es äußere und innere Gründe. Zu den äußeren Gründen zählen Überlast, Unterfinanzierung und Überregulierung, zu den inneren Gründen institutionelle Orientierungslosigkeit und strukturelle Reformunfähigkeit. In der deutschen Universität ist heute der Notstand Normalität, die institutionelle Zukunft dunkel, der verän-

---

2 Vgl. zum Folgenden die detaillierteren Analysen in Mittelstraß, Jürgen: Die unzeitgemäße Universität, Frankfurt/M. 1994.

dernde Wille schwach. Wer das - von innen oder von außen - anders sieht, macht sich etwas vor. Und auch die neue Geschäftigkeit, die sich in Hochschulrektorenkonferenzen und Wissenschaftsministerien in universitären Dingen, einschließlich der von viel Selbstlob begleiteten kleinen Novellierung des Hochschulrahmengesetzes, ausbreitet, verdunkelt mehr als sie erhellt, geschweige denn verändert. Es wird an der einen Schraube, z. B. Lehre, gedreht oder der anderen, z. B. Studiengebühren, im Prinzipiellen bleibt alles gleich. Das heißt: Das deutsche Universitätssystem, hier zunächst einmal das der alten Länder, hat längst seinen Frieden mit der eigenen Unzulänglichkeit gemacht, die zwar als störend, aber nicht als existenzgefährdend angesehen wird.

Konkreter: Die deutsche Universität ist aus einer Humboldtschen Idylle, die sich in den Formeln Einheit von Forschung und Lehre, Bildung durch Wissenschaft und Forschen in Einsamkeit und Freiheit beschreiben ließ, in das schwere Wetter eines Ausbildungssystems geraten, das in aufgezwungener und eigener Maßlosigkeit alles, was sich einmal mit ihrer (idealistischen) Idee verband, zu verschlingen droht und in dem ein Denken in Quantitäten und Wirtschaftlichkeiten alle Maßstäbe, auch die strukturellen, besetzt. Dabei hat die in mancher Hinsicht imaginäre *Bildungs*katastrophe der 60er Jahre über die gutgemeinten Anstrengungen zu ihrer Beseitigung (Öffnungsbeschluß, Anhebung der Abiturientenzahlen, Ausbau) in den Universitäten der alten Länder längst zu einer sehr realen *Ausbildungs*katastrophe geführt. Die Kluft zwischen wachsenden Aufgaben und vorhandenen Ressourcen wird immer größer, die Ohnmacht althergebrachter universitärer Selbstverwaltungsformen angesichts dringender Managementerfordernisse immer bedrohlicher, die Asymmetrien zwischen Lehrbelastung und Forschungsgebot werden immer augenscheinlicher, die rhetorischen Rituale, die diese Entwicklung begleiten, kommentieren, verschleiern und beschönigen, immer unerträglicher. Die Universität gerät immer tiefer in eine institutionelle und Modernisierungskrise. Und diese betrifft nicht nur die Universität selbst, sondern auch die moderne Gesellschaft. Schließlich ist die Universität die eigentliche Schule der Moderne, weil sie deren (wissenschaftlichen) Nachwuchs ausbildet.

In dieser Situation wird heute in der deutschen Hochschuldiskussion hartnäckig an einer Scheinlösung, nämlich an einer *neuen Ordnung von Lehre und Forschung*, gebastelt. Während das besondere hochschulpolitische und wissenschaftliche Augenmerk in den Universitäten bislang auf einer Förderung der Forschung, damit mittelbar auch der Lehre, lag, konzentrieren sich die Veränderungsbemühungen heute auf eine Intensivierung und Ausweitung der Lehre, und zwar zu Lasten der universitären Forschung. Auf der (immer erfolgreichen) Suche nach Dummen, die die eigenen institutionellen und finanziellen Versäumnisse unkenntlich machen könnten, haben Politik und Gesellschaft die faulen Professoren entdeckt. Die gibt es wahrlich - wer wollte das bestreiten? -, wie auch an anderen Stellen unseres gesellschaftlichen Systems Faulheit keine unbekannte menschliche Eigenschaft ist. Doch in der gegenwärtigen hochschulpolitischen Diskussion schiebt sich mit der Entdeckung der Faulheit (der Professoren) und der Langsamkeit (der Studenten) nur ein neues Feigenblatt vor die hochschulpolitische Blöße.

Dabei ist ein bewußtes Umsteuern auf Lehrqualifikationen und Lehrquantitäten im Universitätsbereich, zumal wenn es sich den durchsichtigen Motiven eines Ablenkens von strukturellen Versäumnissen verdankt, gefährlich. Es trifft, wenn es zu Lasten der Forschungsqualifikationen und der Forschungsleistung gehen sollte - und eben dies deutet sich an -, die Universitäten ins wissenschaftliche Herz. Denn Universitäten sind *wissenschaftliche* Hochschulen, deren Qualität von der Qualität ihrer Wissenschaftler abhängt. Die wiederum bemißt sich nach wie vor nach Forschungsleistungen. Ohne ausgewiesene Forschungsleistung ist der Wissenschaftler kein Wissenschaftler - und in der Lehre vom Studienrat nicht zu unterscheiden. Diesen wiederum zur Hoffnung der Universität zu erklären, wäre kurzsichtig und destruktiv. Wer im Universitätssystem an der Ordnung von Forschung und Lehre zugunsten der Lehre dreht, dreht eben nicht nur an der idealistischen Idee der Universität, er dreht auch an der Wirklichkeit einer wissenschaftlichen Hochschule. Oder anders ausgedrückt: Eine neue Ordnung von Lehre und Forschung, wenn man sie denn wirklich wollen sollte, hilft der Universität nicht aus ihrer strukturellen Krise heraus; eher führt sie diese noch tiefer in diese Krise hinein.

Es kommt noch etwas hinzu: Eine neue Ordnung von Lehre und Forschung soll nicht nur zu einer (durchaus wünschenswerten) Verbesserung der Lehre führen, sondern darüber hinaus zum Gliederungsprinzip der Universität werden. Nach dem sogenannten „4 + 3-Modell" wird das Studium in einen praxis- und berufsnah ausbildenden Teil und einen im engeren Sinne wissenschaftlichen Teil, das Promotionsstudium, zerlegt. Dabei dient der erste Teil der Standardausbildung unterhalb des bisherigen wissenschaftlichen Niveaus, der zweite Teil der Ausbildung des wissenschaftlichen Nachwuchses für Wissenschaft und Gesellschaft. Zwangsläufige Folge (trotz aller Beschwichtigungsversuche) ist, daß das Universitätssystem in seinen bisherigen Studienformen verschult wird. Die Universität zieht das in Deutschland sehr erfolgreiche und leistungsfähige Fachhochschulsystem, nämlich eine berufs-

und praxisnahe Ausbildung in streng normierten Studiengängen, in sich hinein und sich selbst in die wissenschaftliche Doktorandenausbildung zurück. Das aber bedeutet: Nicht das Studium würde geteilt, wie es die Konstrukteure dieses Modells wollen, sondern die Universität. In ihrem einen Teil, einem verschulten und weitgehend entwissenschaftlichten allgemeinen Studienteil, wäre sie Fachhochschule, in ihrem anderen Teil Gelehrtenkolleg.

Damit entpuppt sich die angestrengte neue Ordnung von Lehre und Forschung als ein *Fachhochschulmodell der Universität*. Dessen Realisierung aber wäre nicht die bessere Universität, sondern das Ende der Universität. Diese verlöre mit der Entwissenschaftlichung und Verschulung desjenigen Studiums, das bisher ihre Normalität darstellte, ihren wissenschaftlichen Charakter, dem es entsprach, daß der Hochschullehrer als *Wissenschaftler*, nicht als Studienrat im Hochschuldienst lehrte. Die (Humboldtsche) Vorstellung, daß die Einheit von Forschung und Lehre das Wesen einer wissenschaftlichen Hochschule ausmachen müsse, hätte sich endgültig von der Normalität der Universität verabschiedet. Die Universität ginge vor ihrer eigenen strukturellen Reformunfähigkeit und einer nur noch in Ausbildungskategorien denkenden Hochschulpolitik in die Knie. Den Großteil ihrer Aufgaben erledigte sie als Fachhochschule, einen feinen kleinen Restteil als Gelehrtenkolleg.

Kann das wirklich gewollt sein? Ist das die neue gesellschaftliche Rolle der Universität? Ich warne vor einer Situation oder dem Hineinreden in eine Situation, in der dieses Modell wirklich würde. Die Lösung der institutionellen Misere - und diese ist ja nicht eingeredet, sondern im Hochschulalltag allgegenwärtig - muß eine andere sein. Sie liegt in der Realisierung dieses Modells nicht *in* der Universität, sondern dort, wo es ohnehin schon realisiert ist, nämlich in der Fachhochschule. Worauf es denn auch ankommt, ist nicht die Hineinnahme der Fachhochschule in die Universität, sondern die Auslagerung größerer Teile der Universitätsausbildung in die Fachhochschule. Und hier empfehle ich seit langem, sogar noch einen Schritt weiterzugehen: Erforderlich ist nicht nur (aus Entlastungsgründen) der *Ausbau* der Fachhochschulen, sondern die Etablierung der Fachhochschulen als *Regelhochschulen*. Eben diese Rolle, nämlich Regelhochschule zu sein, hat die Universitäten unter den Bedingungen von Massenhochschulen in ihrem wissenschaftlichen Charakter an den Rand des Zusammenbruchs geführt; man sollte sie ihnen über die Verschulung und Entwissenschaftlichung ihrer Studiengänge nicht aufs neue und nunmehr auf niedrigerem wissenschaftlichen Niveau wieder andienen. Tatsächlich müßte es wieder die primäre Aufgabe der Universität in ihrer ganzen institutionellen Wirklichkeit sein, den wissenschaftlichen Nachwuchs auszubilden - nicht nur für die Hochschulen selbst, sondern für alle gesellschaftlichen Bereiche, in denen die Ausbildung, keineswegs beschränkt auf den Doktorandenbereich, eine *wissenschaftliche* sein muß. Und das bedeutet eben nach wie vor Organisation der Lehre in enger Verbindung mit der Forschung.

These 2:

Die richtige Antwort auf die derzeitige Universitätsmisere ist ein differenziertes Hochschulsystem, in dem sich die Universitäten in Forschung und Lehre wieder auf ihre wissenschaftlichen Aufgaben besinnen können. Dazu sind unter anderem auch wieder ein strenger gefaßter Wissenschaftsbegriff und ein strenger gefaßter Forschungsbegriff vonnöten.

Der Ergänzung des Universitätssystems durch ein leistungsfähiges Fachhochschulsystem müssen weitere strukturelle Differenzierungen folgen. Damit meine ich nicht in sich selbst immer weiter differenzierte Hochschulen - diese Form der Differenzierung trägt nur zur weiteren Unübersichtlichkeit und strukturellen Unordnung bei -, sondern ein in sich klarer *differenziertes Hochschulsystem*. Derzeit ist die allgemeine Hochschultendenz eher gegenläufig. So werden in einer Situation, in der das Abitur den Regelabschluß im Sekundarbereich bildet, alle weiteren Ausbildungsformen nach oben gezogen. Kommen sie dort in Form eines differenzierten Hochschulsystems nicht an, droht eine Nivellierung des ganzen Systems nach unten. In einem differenzierten Hochschulsystem, dessen Hauptsäulen Universität und Fachhochschule sind, müssen sich dann ferner auch die Universitäten als wieder im engeren Sinne wissenschaftliche Hochschulen in ihrer disziplinären und leistungsmäßigen Profilbildung stärker voneinander unterscheiden.

Die Vorstellung einer „vollständigen Universität", die lange die deutsche Universitätsgeschichte bestimmte und auch heute noch in manchen Ausbauplänen spukt, ist angesichts der modernen Wissenschaftsentwicklung nicht nur illusionär, sie befördert auch die strukturelle Erosion und das Phänomen der Massenuniversität „von innen". Forschung, aus der heraus sich Universitäten nicht etwa schwächer, sondern, auch gegenüber den außeruniversitären Forschungseinrichtungen, wieder stärker definieren müssen, sucht nicht Vollständigkeit derjenigen disziplinären Verhältnisse, in denen sie sich bewegt, sondern flexible Strukturen, die in den Disziplinen, nicht in ihrer bloßen Anhäufung, realisiert werden müssen. Die Zukunft der Forschung sind noch immer die Universitäten, wenn diese nur wollen und eine offizielle

Forschungspolitik wie die deutsche mit ihrer besonderen Liebe zur außeruniversitären Forschung dem nicht blind entgegensteuert.

Daß die Zukunft der Forschung vor allem die Universitäten sind, auch und gerade weil sie den wissenschaftlichen Nachwuchs ausbilden, ist übrigens auch aus einem anderen Grunde nicht selbstverständlich. Denn unter den Bedingungen von Massenuniversitäten ist nicht nur Humboldt für die Lehre ein Mythos geworden, auch Forschung droht unter der wundersamen Vermehrung der Lehrenden, die auch Forscher sein wollen, zum Mythos zu werden. Nicht allein in dem Sinne, daß Forschung auch dort beschworen wird, wo sie in Wahrheit nicht ist, sondern so, daß Forschung, wo alle zu forschen vorgeben, ihre Maßstäbe verliert. Gilt doch häufig schon als Forschung, wenn ein Chemiker nur ein Reagenzglas in die Hand nimmt, ein Historiker ein Buch nach Hause trägt, ein Jurist in einem Kommentar eine abweichende Meinung notiert, ein Philosoph Platon zitiert und Wissenschaftlergruppen Damenabsätze auf ihre Gesundheitsverträglichkeit hin vermessen. Auf der Universität sind eben alle Wissenschaftler Forscher, auch die traurigen Gestalten unter ihnen. Und in eben dieser Form könnte das Elend der Lehre auch das Elend der Forschung werden.

Anders ausgedrückt: Es geht nicht an, daß alles Wissenschaft und Forschung ist, was die Universität in oft falsch verstandener wissenschaftssystematischer Liberalität dazu erklärt. Es geht nicht an, daß die institutionelle Ordnung der Disziplinen und Fächer statt einem (wenigstens als Idee noch festzuhaltenden) System der Wissenschaft den Neigungen und Abneigungen von Hochschullehrern folgt. Es geht nicht an, daß sich um jeden Professor neue, meist exotische, aber natürlich auch prüfungsrelevante Fachlichkeiten legen. Und es geht nicht an, daß aus den Lehrverpflichtungen eines Hochschullehrers automatisch die Bereitstellung von Forschungsmitteln folgt. Das heißt, auch Grundausstattungsmittel für die Forschung sollten in Zukunft in den Wettbewerb um Forschungsmittel einbezogen werden. Nur dann lassen sich jenseits der Illusion und des falschen Scheins, jeder Hochschullehrer sei auch ein guter Hochschulforscher, wirkliche, profilbildende Forschungsschwerpunkte schaffen. Mit der abenteuerlichen Idee einer institutionellen Trennung von Lehrprofessuren und Forschungsprofessuren hat das übrigens nichts zu tun, sehr wohl aber mit dem Erfordernis eines wieder strenger gefaßten Wissenschafts- und Forschungsbegriffs. Wird diesem Erfordernis nicht Rechnung getragen, befördern die Universitäten selbst jene (mit einem Fachhochschulmodell der Universitäten gegebene) Erosion in institutionellen Dingen, der sie zum Opfer fallen könnten.

These 3:

Die neuen Länder haben mit dem Wissenschaftssystem der alten Länder nicht nur dessen Stärken, allem voran Wissenschaftsfreiheit, sondern auch dessen Schwächen, zu denen eine strukturelle Reformunfähigkeit gehört, übernommen. Die Aufgabe, in wissenschaftssystematisch reflektierten Strukturen zu denken, bleibt (bis heute) unerledigt.

Was für den Westen eine gewohnte Krisenwahrnehmung ist, ist für den Osten neu, zudem etwas, das im Vergleich zu den Übeln der Vergangenheit, das kleinere Übel ist. Schließlich bedeutete die Übernahme des Wissenschaftssystems der alten Länder - und nichts anderes war das Resultat der herkulischen Arbeit des Wissenschaftsrates, der Hochschulstrukturkommissionen der neuen Länder und der Gründungsausschüsse der Hochschulen im Osten - ein neues, freies, d. h. dem alten Ideal der Freiheit von Forschung und Lehre verpflichtetes, Wissenschaftssystem. Was zählen da schon die Krisensymptome im Übernommenen? Außerdem läßt sich - so die richtige Wahrnehmung - mit Krisen im Universitätssystem nur auf der Basis eines „freien" Wissenschaftssystems fertig werden, und dieses wollte zunächst übernommen, nicht gleich selbst in Frage gestellt sein.

Und doch birgt diese Entwicklung eine Enttäuschung, zumindest für den Westen. So hatte der Wissenschaftsrat 1990 in den seiner Evaluierungsarbeit vorausgeschickten „Perspektiven für Wissenschaft und Forschung auf dem Weg zur deutschen Einheit" konstatiert, es könne nicht einfach darum gehen, das bundesdeutsche Wissenschaftssystem auf die DDR zu übertragen. Vielmehr biete der Prozeß der Vereinigung „auch der Bundesrepublik Deutschland die Chance, selbstkritisch zu prüfen, inwieweit Teile ihres Bildungs- und Forschungssystems der Neuordnung bedürfen".[3] Diese Prüfung ist nicht erfolgt, geschweige denn, daß Elemente einer Neuordnung für den Osten wie für den Westen Deutschlands erkennbar sind. Eher ist das Gegenteil der Fall. Gegebene, ihrerseits längst reformbedürftige Strukturen des (westdeutschen) Systems wurden durch Transfer in die neuen Länder zusätzlich gestärkt bzw. konserviert.

Mußte das sein? Waren die Erwartungen des Wissenschaftsrates zu hoch? Konnten sie durch die von ihm selbst angestoßene Entwicklung nur ent-

---

3 Perspektiven für Wissenschaft und Forschung auf dem Weg zur deutschen Einheit. Zwölf Empfehlungen (1990), in: Wissenschaftsrat, Empfehlungen und Stellungnahmen 1990, Köln 1991, S. 10.

täuscht werden? In zumindest einer Weise, allerdings wohl auch nur in dieser Weise, war diese Entwicklung unvermeidlich: Die Wissenschaftsstruktur der ehemaligen DDR, charakterisiert durch die institutionelle Konzentration der Forschung in Akademieinstituten, die zudem noch fast alle ihren institutionellen Sitz in Berlin hatten, war mit der Auflösung eines zentralistischen Staates und der Bildung einer föderativen Struktur nicht mehr aufrechtzuerhalten. Weniger einsichtig ist, daß die Auflösung einer derartigen Struktur mit der Reorganisation der Hochschulen nicht abgestimmt wurde. Dem guten Willen des Wissenschaftsrates, auch die Hochschulforschung in die Evaluierungen einzubeziehen und insofern einen Wissenschaftsgesamtplan vorzulegen, stellte schon die bürokratische Erfindung dreier Gremien - des Evaluationsausschusses für die außeruniversitäre Forschung, des Strukturausschusses für die Hochschulforschung und der Koordinationskommission für die Zusammenführung und Harmonisierung beider Ausschußarbeiten - ein Bein. Wer so teilt, verhindert die Wahrnehmung des Ganzen und damit des Gesamtwohls, das allerdings bei diesem schwierigen Geschäft zwischen Wissenschaft, Wissenschaftsadministration, Politik und Wissenschaftsrat wohl ohnehin keine Chance gehabt hätte. Dafür sorgten alsbald schon die Ressortinteressen der ostdeutschen Länderwissenschaftsminister.[4] Immerhin war der Wissenschaftsrat in diesem Versagen konsequent: die Koordinationskommission ist nie zusammengetreten. Die Hochschulstrukturkommissionen der Länder (auch die in Sachsen) standen damit vor einer Aufgabe, die sie nicht lösen konnten; zu viel war z. B. auf Seiten der außeruniversitären Forschung mit den (in dieser Weise zwischen universitärem und außeruniversitärem Wissenschaftssystem nicht abgestimmten) Empfehlungen des Wissenschaftsrates institutionell schon festgelegt.

Formal wurden dabei die Ziele einer Reorganisation des Wissenschaftssystems der ehemaligen DDR unter dem Gesichtspunkt der Freiheit von Forschung und Lehre erreicht: Plurale Wissenschaftsverhältnisse in der in den alten Bundesländern üblichen Weise sind überall etabliert, die Autonomie der Forschung ist in den im Westen üblichen Formen wiederhergestellt, die Einheit von Forschung und Lehre bildet den (zumindest programmatisch bestätigten) Kern der universitären Entwicklung. Damit ist viel erreicht, und doch - unter dem Gesichtspunkt einer gesuchten und dringend erforderlichen Erneuerung, die nicht nur die Etablierung des Alten ist - wenig gewonnen. So blieb vor allem die Chance einer institutionellen Reform im universitären wie

---

4   Vgl. zu dem gesamten Vorgang Simon, Dieter: Die Quintessenz. Der Wissenschaftsrat in den neuen Bundesländern. Eine vorwärtsgewandte Rückschau, in: Aus Politik und Zeitgeschichte, B 51/92, S. 29 - 36.

außeruniversitären Wissenschaftssystem, die nach Hoffnung des Wissenschaftsrates und vieler Wissenschaftler auch nach Westen gehen sollte, ungenutzt. Die Gefahr liegt nahe, daß über einem derartigen Versäumnis die alten Strukturen im Osten wie im Westen wieder fest werden bzw. sich gemeinsam in die zuvor dargestellte Fehlentwicklung einfügen.

Auch in anderer Weise rekapitulierte der Osten die wissenschaftspolitischen Sünden des Westens. So folgt dem föderalen System die Regionalisierung auf dem Fuße. Wissenschaftspolitik z. B. in Form der Hochschulplanung hört vor der eigenen (Länder-)Tür auf, eine länderübergreifende Abstimmung hat es nicht gegeben und gibt es nicht. Als Beispiel nenne ich gerne Berlin und Potsdam. Mit Potsdam ist in einem universitären Ballungsgebiet (Freie Universität, Humboldt-Universität, Technische Universität Berlin) eine vierte Universität entstanden, neben zwei weiteren neuen brandenburgischen Universitäten, die (aus finanziellen Gründen) nicht leben und (aus politischen Gründen) nicht sterben können. Sarkastisch notiert Dieter Simon, der ehemalige Vorsitzende des Wissenschaftsrates: „Universitätsgründer sprossen reichlich aus dem westlichen Boden. Daß, wer Universitäten gründen will, nachdenken und nicht nur rechnen können muß, blieb beiseite. Daß, wer plant, auch rechnen können muß, ebenso."[5]

Zum unseligen Regionalisierungsprinzip, das ein Einfall von Schulmännern und Bildungspolitikern, kein Bedürfnis der Wissenschaft ist, tritt ein Autarkieprinzip - die Universität als staatliches Repräsentationsobjekt. Politischer Ehrgeiz und akademischer Stallgeruch überlagern institutionelle Erfordernisse. Eine Abstimmung über Ländergrenzen hinweg wäre dringend, findet aber nicht statt. Nur so ist z. B. zu erklären, daß es jetzt in Potsdam eine vierte Universitätschemie gibt (in einer nicht gerade als zentraler Chemiestandort bekannten Region) und eine weitere gut ausgestattete Romanistik neben einer an drei Berliner Universitäten seit langem kräftig ausgebauten Romanistik. Die Wege der deutschen Hochschulpolitik sind in vielerlei Hinsicht dunkel; daß sie an der jeweiligen Ländergrenze enden, die Hochschulwelt aus der jeweils länderspezifischen Perspektive dort einfach aufhört, ist ein Ärgernis - allerdings wiederum ein auch in den alten Bundesländern höchst vertrautes. Mit anderen Worten: Auch dieses Beispiel zeigt, daß wir auch in Universitäts- und Wissenschaftsdingen im Osten nur den Westen wiederfinden - mit seiner Stärke, sprich Wissenschaftsfreiheit, und mit seiner Schwäche, sprich Reformunfähigkeit, der Unfähigkeit insbesondere, in wissenschaftssystema-

---

5 Simon, Dieter: Westliche Theorie - Östliche Realität. Drei Szenen aus der deutsch/deutschen Wissenschaft, in: Transit 6 (1995), S. 161.

tisch reflektierten Strukturen zu denken, zu planen und zu arbeiten. Dabei wäre dies die wohl dringendste Aufgabe angesichts der Krisensymptome im deutschen Wissenschafts- und Hochschulsystem.

These 4:

Die Universität Konstanz ist institutioneller Ausdruck einer wissenschaftssystematisch und wissenschaftspolitisch reflektierten Hochschulreform. Sie könnte als Exempel gegen die Vermutung einer strukturellen Reformunfähigkeit der deutschen Universitäten und für die weitere Entwicklung der Universitäten in den neuen Ländern dienen.

In einer schwierigen Situation helfen manchmal gute Beispiele weiter. Das gilt auch für den Wissenschafts- und Hochschulbereich. So ist eine realisierte Reform allemal besser (und überzeugender) als eine beschworene Reform, selbst wenn sie schon eine Weile zurückliegt, selbst in die Jahre gekommen und in ihrer Entwicklung nicht immer den eigenen Prinzipien treugeblieben ist. Ich spreche von der Universität Konstanz, ihrer Gründungskonzeption und einer mit ihr tatsächlich erfolgten Reform.

Die Gründung der Universität Konstanz im Jahre 1966 stand unter zwei Zielen: dem erklärten und in einer Denkschrift der Landesregierung (1963) formulierten Willen, „die Erwartungen Humboldts vom Tun der Universität zu verwirklichen und wirksam werden zu lassen"[6], und der wissenschaftssystematisch gestützten und im Bericht des Gründungsausschusses (1965) zum Ausdruck gebrachten Absicht, eine Universitätsreform über eine Wissenschaftsreform in Gang zu setzen.[7] Das erste Ziel mutet auf den ersten Blick reichlich konservativ an, das zweite zweifellos fortschrittlich. Tatsächlich bildet den Ausgangspunkt der Konstanzer Gründung der Humboldtsche Grundsatz *Bildung durch Wissenschaft*. In seiner Feststellung, daß dieser Grundsatz durch zwei parallele Entwicklungen Schaden erlitten habe, nimmt der Gründungsbericht zugleich eine frühere Argumentation des Wissen-

---

6 Denkschrift über die Errichtung von wissenschaftlichen Hochschulen in Baden-Württemberg, 3. Landtag von Baden-Württemberg, Beilage 2990 vom 25. April 1963, S. 5815.

7 Vgl. dazu im einzelnen Mittelstraß, Jürgen: Universitätsreform als Wissenschaftsreform, in: Jauß, Hans R./Nesselhauf, Hans (Hrsg.): Gebremste Reform. Ein Kapitel deutscher Hochschulgeschichte. Universität Konstanz 1966 - 1976, Konstanz 1977, S. 1 - 15; ferner in Mittelstraß, Jürgen: Die unzeitgemäße Universität (Anm. 1), S. 175 - 195.

schaftsrates[8] in modifizierter Weise auf: „Einerseits haben die wachsenden Ansprüche der Ausbildung spezialisierter Fachkräfte und das damit verbundene quantitative Wachstum der Universität dazu geführt, daß sich in vielen Fächern die Ausbildung allmählich von der Forschung löste, andererseits unterlag seit der Berliner Gründung die Entwicklung der Wissenschaft selbst einer erheblichen Wandlung. Für die Universität wurde vor allem der Prozeß folgenschwer, in dem sich mit der methodischen Ausprägung und Verselbständigung der Geisteswissenschaften, mit der fortschreitenden Spezialisierung der Naturwissenschaften und der Ausbildung ihrer experimentellen und mathematischen Verfahren, schließlich mit dem Aufkommen und Vordringen der neuen Wissenschaften von Wirtschaft und Gesellschaft der systematische Begriff von der Einheit der Wissenschaft lockerte, der das innere Gefüge der Universität im Sinne Humboldts bestimmt hatte."[9] Das heißt: Die Entkoppelung der Ausbildung von der Forschung und die methodische Verselbständigung der einzelnen Wissenschaftsbereiche werden nicht mehr einem philosophisch ausgewiesenen und nur noch historisch zu vergegenwärtigenden System der Wissenschaft gegenübergestellt. Vielmehr bleibt mit dem Begriff der *Einheit der Wissenschaft* das Erfordernis wissenschaftstheoretischer Reflexionen im institutionellen Rahmen der Universität ausdrücklich gewahrt. Diese Einheit der Wissenschaft soll nicht länger spekulativ, sondern institutionell für die Universität zurückgewonnen werden.

Das Ziel dieser wissenschaftssystematisch vermittelten Reformidee ist es, Formen zu finden, „in denen die Wissenschaft als Forschung wieder in ihr Zentrum rückt und in denen zugleich die Wandlungen in der Methodik und im Gefüge der Wissenschaften zum Ausdruck kommen"[10]. In der Verbindung mit dem Grundsatz, Lehre aus der Forschung heraus zu entwickeln, bedeutet dies, daß der Konstanzer Beitrag zur Reform der Universität bewußt den Vorstellungen Humboldts verpflichtet bleibt. Nur soll dabei ein romantisches (und naives) Vertrauen in eine „an sich" vernünftige Selbstbestimmung der Wissenschaft durch eine methodisch aufgeklärte Kritik wissenschaftlicher Verhältnisse und die Institutionalisierung dieser Kritik im Rahmen einer Selbstreflexion der Wissenschaften nach Methoden und Zielen ersetzt werden. Tatsächlich ist denn auch Konstanz wohl die einzige Universität unter den Neugründungen der 60er und 70er Jahre, deren Gründungsbericht von

---

8 Anregungen des Wissenschaftsrates zur Gestalt neuer Hochschulen. Verabschiedet von der Vollversammlung des Wissenschaftsrates am 10. Februar und 26. Mai 1962, Bonn 1962, S. 9.
9 Die Universität Konstanz. Bericht des Gründungsausschusses, Konstanz 1965, S. 9f.
10 Ebd., S. 11.

wissenschaftstheoretischen Kontroversen zeugt und daraus auch keinen Hehl macht. Der Soziologe Dahrendorf, selbst Mitglied des Gründungsausschusses, hat die Debatten in diesem Ausschuß prägnant als „institutionelle Diskussion wissenschaftstheoretischer Fragen" bezeichnet.[11]

Mit ihrer Theorie der Universität, der gemäß Wissenschaft als Forschung in das universitäre Zentrum rücken und Lehre aus der Forschung heraus entwickelt werden soll, folgt die Konstanzer Reformgründung der Absicht, nicht zu den *Institutionen* Humboldts, aber zu dessen *Zielen* zurückzukehren (Bildung durch Wissenschaft). Dahrendorfs spätere Formel dafür ist die Vollendung der Humboldtschen Universität durch ihre Widerlegung.[12] Dies bedeutete neben der Befolgung der Gründungsmaxime Humboldts, nämlich der geeigneten „Wahl der in Thätigkeit zu setzenden Männer"[13], die, auf den Gründungsausschuß selbst bezogen, ungemein glücklich ausgefallen war, vor allem eine Reform der *strukturellen* Verhältnisse. Daraus aber wurde, in den Worten des Gründungsrektors Gerhard Hess, „das erste Universitätskonzept, das in der Bundesrepublik eine Hochschule einheitlich nach neuen Prinzipien zu ordnen versucht: zweckmäßige organisatorische Einheiten unter Aufhebung der Institutsstruktur, Verknüpfung von Selbstverwaltung und Wirtschaftsverwaltung in einem präsidialen System, Zentralisierung der Haushaltmittel (auch für die Forschung), zentrale Bibliothek, Mitwirkung aller Personengruppen, Kollegialprinzip im Lehrkörper, der die (promovierten) Assistenten mit einschließt, Lehre aus der Forschung entwickelt, Lehre in Gruppen mit variablen didaktischen Formen, Transparenz der Studiengänge, Prüfungsvorschriften und Prüfungen mit der Konsequenz rationelleren Zeitaufwands, Orientierung der Universität an den Erwartungen der Gesellschaft, Kontaktstudium"[14]. Der unverkennbar zentralistischen Organisation, die dieses Konzept in seinen organisatorischen Teilen, z. B. mit der starken Stellung des Senats, darstellt, korrespondieren hier in bewußter Weise mehrere Organisationsebenen, deren Einrichtung eine Hierarchisierung der strukturellen Verhältnisse bedeutet. Zentralismus sollte dadurch vor einer

---

11 Dahrendorf, Ralf: Konstanz, „der süße Anachronismus". Eine persönliche Notiz zum 10. Geburtstag der Universität Konstanz, in: Konstanzer Blätter für Hochschulfragen 50/51 (1976), S. 16.

12 Ebd., S. 14.

13 Humboldt, Wilhem von: Über die innere und äußere Organisation der höheren wissenschaftlichen Anstalten in Berlin (1810), in ders.: Gesammelte Schriften, Bd. X, Berlin 1903, S. 254.

14 Hess, Gerhard: Die Gründung der Universität Konstanz. Wissenschaft und hochschulpolitische Voraussetzungen einer Reformhochschule, in: Konstanzer Blätter für Hochschulfragen 50/51 (1976), S. 11.

(ihm eigentümlichen) Verselbständigung in eigenen Organisationsstrukturen geschützt werden. Diesem Ziel dient neben den zentralen Ausschüssen für Forschung und Lehre insbesondere die Beibehaltung der Fakultätsstruktur.

Konstanz ist die erste Universität gewesen, die die *Institute* auflöste und *Fachbereiche* als Basisinstitutionen einrichtete, zugleich aber an der übergeordneten Struktur der Fakultäten festhielt. Das könnte auf den ersten Blick wie ein Stehenbleiben auf halbem Wege erscheinen. Tatsächlich war diese Doppelstruktur gewollt, und zwar mit guten Gründen. Sie sollte, wie es der Gründungsbericht ausdrückt, jener „Neigung zur Verselbständigung und Absonderung"[15] entgegenwirken, die eine Partikularisierung der Fächer und Disziplinen auch im Rahmen einer Fachbereichsstruktur „naturwüchsig" erzeugt.

Hinter einer derartigen Struktur steht damit sowohl die wissenschaftspolitische Frage, wie man die Durchsetzung von Reform- und Entwicklungszielen und die Abstimmung der partikularen Fachinteressen mit einer gemeinsamen Universitätskonzeption sichern kann, als auch die wissenschaftssystematische Frage, wie *autonom* einzelne Disziplinen oder Fächer überhaupt sein können. Die Beantwortung der ersten Frage durch die Einrichtung des Senats und dreier Fakultäten sollte zugleich die institutionellen Voraussetzungen dafür schaffen, daß das in der älteren Institutsstruktur verankerte Autonomieverständnis der Fächer durch ein variables Einbringen interdisziplinärer Kompetenzen und fachübergreifender Perspektiven balanciert wurde.

Soweit die in Teilen realisierte Idee der Universität Konstanz. Die Gegenwart sieht ein wenig anders aus. So hat die Entwicklung der Universität gezeigt, daß eine wissenschaftssystematisch und wissenschaftspolitisch begründete Doppelstruktur von Fachbereich und Fakultät nur eine geringe Chance hat, sich gegen einen unaufgeklärten Zeitgeist, auch in der Wissenschaft selbst, zu behaupten. Aus den ursprünglich drei Fakultäten sind heute durch „Zellteilung" neun geworden; die Doppelstruktur von Fakultät und Fachbereich ist in den meisten Fällen einer Monostruktur von Ein-Fach-Fakultäten gewichen. Ironischerweise ist so in Konstanz das Institutsprinzip als Ein-Fach-Fakultätsprinzip wiedergekehrt. Die Gründe dafür liegen nicht in irgendwelchen wissenschaftssystematischen, sondern in eher zufälligen und sehr menschlichen Verhältnissen. Die hochschulpolitische Philosophie einzelner Fächer lautet mittlerweile auch in Konstanz (in der Sprache des Institutsdirektors): jeder ist für sich selbst zuständig und sein eigener Herr bzw.

---

15 Ebd., S. 48.

die Universität beginnt erst an den Grenzen der eigenen (fachlichen) Auto-
nomievorstellungen.

Und dennoch darf Konstanz mit der Auflösung der üblichen Institutsstruktur,
der Verbindung von Selbstverwaltung und Wirtschaftsverwaltung in einem
präsidialen System, der Zentralisierung der Haushaltsmittel (auch für die
Forschung), der Bildung von inneruniversitären Verfügungspools (vor allem
wiederum für die Forschung), einer zentralen Bibliothek und dem befolgten
Prinzip, Lehre aus der Forschung zu entwickeln, alles in allem als eine ge-
glückte Reform angesehen werden. Das haben die alten Länder seit langem
geflissentlich vergessen und die neuen Länder, weil ihnen dies auf den üblichen wissenschaftspolitischen Wegen nicht entgegentrat, übersehen. Mit den
alten Strukturen kamen auch die alten Mentalitäten; für das Exempel Konstanz, im Guten (einer geglückten Reform) wie im Bösen (einer steckenge-
bliebenen Reform), ist da kein Platz.

Das aber muß auf Dauer nicht so bleiben. Unter Zeitdruck - und unter einem
solchen stand die Reorganisation des Wissenschaftssystems in den neuen
Ländern - liegt das Vertraute, Übliche näher als das Unübliche, Neue. Doch
das muß ja nicht so bleiben. Die Universitäten der neuen Länder und die in
ihnen Tätigen haben eine großartige Aufbauleistung vollbracht. Warum soll
diese Leistungsfähigkeit in Zukunft im einmal Geleisteten ruhen und nicht
nach neuen Ufern Ausschau halten? Konstanz - mit seinen realisierten und
nicht-realisierten, wissenschaftssystematisch und wissenschaftspolitisch reflektierten Intentionen und Strukturen - könnte ein solches Ufer sein. In diesem Zusammenhang noch einmal kurz zurück zu den Ausgangsthesen - wiederum mit einer (abschließenden) These.

These 5:

*Konstitutiv für die Universität als wissenschaftliche Hochschule ist die Ein-
heit von Forschung und Lehre in dem Sinne, daß der Grundsatz Lehre aus
Forschung uneingeschränkt gilt. Nur in der Befolgung dieses Grundsatzes
bleibt die Universität auch in der Lehre ihrem wissenschaftlichen Wesen
verbunden.*

Der für Konstanz maßgebliche Grundsatz Lehre aus Forschung macht den
Kern einer wissenschaftlichen Hochschule im dargestellten Sinne aus. Löst
sich das Lehren und Lernen vom Forschungsprozeß oder bleibt es nur noch
als Erinnerung an vergangenes eigenes Lernen mit diesem verbunden, ver-

liert auch die Bezeichung „wissenschaftlich" ihren Sinn, unterscheidet sich ein universitäres Lehren und Lernen nicht mehr von anderen, nicht-wissenschaftlichen Lehr- und Lernprozessen. Daß diese Einsicht nicht selbstverständlich ist bzw. zur selbstverständlichen Grundlage von Wissenschaft und Wissenschaftspolitik gehört, hat der Hinweis auf ein Fachhochschulmodell der Universität gezeigt.

Dabei soll nicht übersehen werden, daß die Anwendung des Grundsatzes Lehre aus Forschung auf die Fragen der Organisation von (universitärer) Bildung und Ausbildung zu einem Ergebnis führt, das dem (wissenschaftspolitischen) Zeitgeist, der auf Praxis- und Berufsnähe auch des universitären Studiums dringt, direkt zuwiderzulaufen scheint und zugleich eine eigentümliche Dialektik der Begriffe Bildung und Ausbildung, jedenfalls in einem universitären Zusammenhang, deutlich macht. Fast ließe sich dies wiederum in einer These formulieren: Je näher die Universität ihrem wissenschaftlichen Ausbildungsauftrag bleibt, desto ferner muß sie der Einlösung unmittelbar berufs- und praxisbezogener Ansprüche stehen, desto mehr „bildet" sie (im üblichen Verständnis von Bildung, das gerade eine Grenze gegenüber dem Sinn von Ausbildung zu ziehen sucht).

Das klingt paradox, macht aber deutlich, daß (1) Bildung und Ausbildung keine Gegensätze bedeuten müssen, und daß es (2) im Falle des universitären Lernens gerade nicht der Bildungsaspekt im üblichen Sinne ist, der die Vermittlung mit Praxis und Beruf schwierig macht, sondern der Ausbildungsaspekt selbst (wenn Ausbildung hier wissenschaftliche Ausbildung besagt). Mit anderen Worten: Die Universität bildet, indem sie (auf ihre Weise) ausbildet; und die Art und Weise ihres ausbildenden Tuns macht deutlich, daß es im Unterschied zur Fachhochschulausbildung, die nach den hier vorgetragenen Überlegungen zur Regelausbildung im Hochschulbereich werden sollte, keine kurzgeschlossenen Wege zwischen der universitären Ausbildung im engeren, nämlich wissenschaftlichen Sinne und der Arbeitswelt gibt.

Das liegt, noch einmal, nicht an einem Gegensatz von Bildung und Ausbildung, sondern an der Forschungsorientierung einer wissenschaftlichen Ausbildung. Daß diese wiederum nicht ohne Nutzen, auch im Sinne des Übergangs von der Universität in die Arbeitswelt, ist, macht dann im übrigen allein schon der Umstand deutlich, daß wir in einer Welt leben, die immer mehr zum Produkt des wissenschaftlichen Verstandes wird. Die Dynamik der Forschung spiegelt sich auch in der Dynamik unserer Lebenswelt. Diese ist eine wissenschaftsgestützte Lebenswelt, und die Gesellschaft, die sie bevölkert, hoffentlich weniger eine Informations- als eine *Wissensgesellschaft*.

Deren Schule wiederum ist, jedenfalls im engeren, die Grundlagen einer Wissensgesellschaft betreffenden Sinne, die Universität. Darum aber auch trotz des vermeintlichen Paradoxes in den Begriffen (universitärer) Bildung und Ausbildung: Keine schlechten Karten für eine wissenschaftliche, d. h. eine universitäre Ausbildung!

Unabhängig davon bleibt die Frage nach der Reformfähigkeit unserer Universitäten, damit auch der Zukunft der Universitäten, auf der wissenschafts- und hochschulpolitischen Tagesordnung. Die Universitäten stecken, wie zu Beginn beschrieben, in einer tiefen Struktur- und Modernisierungskrise, die nicht dadurch geringer wird, daß man sie nicht oder nur sehr oberflächlich bemerkt. Außerdem ist die Medizin, die hier von den Bildungsexperten und der Bildungspolitik verschrieben wird, um den Universitäten aus dieser Krise herauszuhelfen, nicht nur bitter, sondern womöglich tödlich (jedenfalls für den wissenschaftlichen Charakter von Lehre und Studium). Also ist wieder einmal Selbsthilfe angezeigt. Diese ist nicht ohne Aussicht, wie das Beispiel Konstanz zeigen sollte, aber (noch) ohne einen festen Willen, der sie wirksam machen könnte. Zudem werden wir wohl noch eine Weile ohne einen neuen Humboldt auskommen müssen (auch Konstanz ist kein Humboldt redivivus). Doch das sollte nicht schrecken; schon gar nicht die Universitäten in den neuen Ländern, die ohnehin mitten in einer Entwicklung stecken und eigentlich, gut beraten, die ein oder andere westliche Eierschale ruhig abwerfen sollten. In diesem Sinne, auch für die Technische Universität Chemnitz, Glück auf!

Hans Joachim Meyer

Universitäten und Universitätsreform[1]

Auf den ersten Blick scheint die Idee überraschend, ausgerechnet bei einer Immatrikulationsfeier über Universitätsreform zu sprechen. Welcher Geschäftsmann wirbt mit der Ankündigung, bei ihm sei gerade Inventur oder gar Revision? Soll es eine Art Vorwarnung an diejenigen sein, die sich auf das Unternehmen Universität neu eingelassen haben? Ist es eine Bitte um prospektive Generalabsolution für alle Enttäuschungen, die die Universität jenen bereiten wird, die, wie es in der Schülerszene in Goethes Faust heißt, da kommen „mit allem guten Mut, / Leidlichem Geld und frischem Blut"? Vielleicht ist das Thema aber auch eine erste argumentative Einstimmung der neu Geworbenen auf künftige Feldschlachten für die Reform oder in der Reform. Also gleichsam der Versuch einer Rekrutierung frischer Fußtruppen für unausweichliche Auseinandersetzungen - innerhalb der Universität, mehr aber noch in der Gesellschaft, vor allem aber mit der Politik und gegen die Politik. Da macht sich ein Minister als Vortragender vielleicht ganz gut. Und wenn er sich auf spiegelglattem Parkett den Hals bricht - um so besser.

Denkt man freilich über das Thema tiefer nach und fragt sich, worin das Wesen der Universität besteht, so findet man bald, daß vieles von dem, was uns vordergründig vor Augen tritt, wenn wir von der gegenwärtigen Debatte über Universitäten lesen, den Kern von Universität nicht treffen kann. Sicher könnten wir aus Gesetzen und Satzungen vieles zusammentragen, was an Elementen für eine Definition der Universität wichtig erscheint. Aber das meiste sind Aussagen über eine Institution und eine Struktur, die mit dem, was junge Menschen dazu bringt, an eine Universität zu gehen, und manche dazu veranlaßt, dort lebenslänglich zu bleiben, allenfalls oberflächlich etwas zu tun hat.

Die meisten, das wollen wir doch jedenfalls gemeinsam hoffen, treibt Neugier oder doch jedenfalls der Wunsch, mehr zu wissen als man jetzt weiß, dazu, an eine Universität zu gehen. Es ist - anders gesagt - die innere Bereitschaft, sich selbst durch Einsicht und Erfahrung zu verändern. Und da heute, wie jeder seit früher Kindheit weiß, Wissen und Wissenschaft sich ständig verändern oder sich sogar in vielem vorwärts bewegen, ist es nur zwingend,

---

1 Rede bei der Immatrikulationsfeier der Humboldt-Universität zu Berlin, 22. Oktober 1997.

auch an diesem Veränderungs- und Bewegungsprozeß selbst teilzuhaben. Es kann also nicht allein darum gehen, mehr zu wissen als jetzt; es ist vor allem notwendig, die Fähigkeit auszuprägen, sich immer wieder mit neuem Wissen auseinanderzusetzen. Schließlich hätte sich sonst auch die Anstrengung um die eigene Veränderung im Studium kaum gelohnt und das Ergebnis wäre bald nur noch die Hälfte wert. Wenn aber die Wissenschaften, die den Kern und das Wesen der Universität ausmachen, in ständigem Wandel sind, muß sich auch die Universität ständig wandeln und erneuern. Ein griffiges Wort für erneuernden Wandel ist Reform. So könnte man, nach dem Vorbild der Kirche, die Universität als eine Institution charakterisieren, die eine semper reformanda ist, die sich also ständig erneuern muß.

Nun muß in der Wissenschaft nichts so sehr Mißtrauen erregen, wie die rasche und glatte Erklärung. Und sicher haben sich nicht wenige unter Ihnen schon gedacht: Da geht der Philologe mit dem Vortragenden durch, wenn er meint, mit Wortspielen und semantischen Tricks der Tücke des Problems zu entkommen. In der Tat drängen sich zwei Einwände gegen diese Gedankenführung auf. Zunächst die Analogie mit der Kirche als semper reformanda, also einer Gemeinschaft, die sich ständig erneuern muß. Denn das lehrt die Geschichte der Kirche nun weiß Gott: Wie schwierig und mühsam jede Erneuerung ist. Und daß die Erneuerung gelingen und mißlingen kann, ja, manchmal sogar beides zugleich. Der zweite Einwand ergibt sich aus einer generellen Erfahrung des intellektuellen und insbesondere des akademischen Disputs: Eine Argumentation kann noch so schlüssig und noch so zwingend sein, ein ehrlicher und unvoreingenommener Blick auf die Wirklichkeit zeigt oft, daß die Argumentation ein Loch hat, weil eine bestimmte Dimension von Wirklichkeit nicht vorkommt. Und die Tatsache, daß dieser fehlenden Dimension nicht durch ein Argument im vorgegebenen Denkgebäude entsprochen werden kann, ist kein Argument gegen die Wirklichkeit. Um noch einmal aus der Schülerszene im Faust zu zitieren:

> „Mit Worten läßt sich trefflich streiten,
> Mit Worten ein System bereiten,
> An Worte läßt sich trefflich glauben,
> Von einem Wort läßt sich kein Jota rauben."

Brecht läßt seinen Galilei auf den Vorwurf seiner akademischen Gegner, die von ihm festgestellten Jupitertrabanten seien in der antiken Philosophie nicht vorgesehen, antworten:

„Glaube an die Autorität des Aristoteles ist eine Sache, Fakten, die mit Händen zu greifen sind, eine andere. Sie sagen, nach dem Aristoteles gibt es dort oben Kristallschalen, und so können gewisse Bewegungen nicht stattfinden, weil die Gestirne die Schalen durchstoßen müßten. Aber wie, wenn sie diese Bewegungen konstatieren könnten? Vielleicht sagt Ihnen das, daß es diese Kristallschalen gar nicht gibt? Meine Herren, ich ersuche sie in aller Demut, Ihren Augen zu trauen."

Wer seinen Augen und Ohren traut, und das tun wir wohl alle, bedarf in der Tat keiner theoretischen Herleitung für die Entdeckung, daß die Universitätsreform heute ein zentrales Thema der öffentlichen Auseinandersetzung ist, ohne sich damit schon gleich auf einen bestimmten Begriff von Universität einzulassen. Oder, um es mit einem Bild aus Brechts Galilei zu sagen, um die Notwendigkeit von Reform festzustellen, bedürfen wir keines Fernrohrs. Freilich macht diese Tatsache allein das Thema der Universitätsreform nicht zum Gegenstand des allgemeinen Interesses. Und wenn es ein Gegenstand des allgemeinen Interesses wäre, dann hieße dies noch lange nicht, daß es auch jeden einzelnen interessiert, auch nicht zwingend jene, die sich zu einem Universitätsstudium entschließen. Denn das Motiv für ein Studium ist das Interesse an einer bestimmten Wissenschaft, der Biologie also oder der Theologie, der Physik oder der Germanistik, der Jurisprudenz oder der Philosophie, sei es an dem besonderen Erkenntnisinteresse dieser Wissenschaft, sei es als Voraussetzung für einen interessanten Beruf, was sich im übrigen nicht ausschließt und in beiden Fallen ehrenwert ist. Aber heißt es auch Interesse an der Universität? Jedenfalls wird schwerlich jemand studieren wollen, um die Universität zu reformieren.

Damit scheinen wir wieder am Ausgang unserer Überlegungen und bei der Anfangsfrage angelangt; Warum spricht man bei einer Immatrikulationsfeier über „Universitätsreform"? Immerhin hoffe ich, Sie durch meine Gedankenspirale zwischen dem Wandel als zum Wesen der Universität gehörig und der aktuellen Reformnotwendigkeit als einem Element der Wirklichkeit, die uns alle in der Gesellschaft und künftig Sie insbesondere in der Universität umgibt, auf ein Plateau gelockt zu haben, auf dem wir uns jedenfalls ein wenig umschauen sollten. Freilich mag man das für ein nicht ganz uneigennütziges Angebot halten. Denn als jemand, der sich in der hochschulpolitischen Reformdebatte seit 1990 engagiert, kann ich als ein Neutraler in diesem Geschäft nicht agieren. Gleichwohl ist es jedenfalls mein Vorsatz, hier nicht für eine bestimmte Position zu werben, sondern mit der gebotenen kritischen Distanz das Problemfeld ein wenig zu beleuchten.

Sie haben sich dazu entschlossen, an jener Universität zu studieren, die Wilhelm von Humboldt begründet hat. Mit dieser Gründung vollzog er zugleich den entscheidenden Schritt zur modernen deutschen Universität. Das bestreitet wohl niemand. Die Frage aber, die seit langem gestellt wird, lautet: Sind wir am Ende dieses Weges? Ist, wie kürzlich verkündet wurde, die Humboldtsche Universität tot? Um dies zu entscheiden, muß man sich zunächst fragen, worin sich denn die Humboldtsche Universitätsidee von anderen Bildungskonzepten seiner Zeit unterscheidet.

Das ist erstens die frühere Universitätstradition überwindende Einsicht, daß Wissenschaft kein abgeschlossenes System bildet, sondern, modern formuliert, einen ergebnisoffenen Prozeß darstellt, mit ihren Fragen also nie jenen Punkt erreicht, der das Ende allen Forschens bedeutet. Mit dieser Einsicht hat Humboldt eine auch heute noch gültige Wahrheit formuliert. Das ist zweitens die vor allem gegen das Konzept berufsorientierter Spezialhochschulen gerichtete Überzeugung, daß die Wissenschaften eine dynamische Einheit bilden, so daß für Humboldt eine Universität nicht nur die Gemeinschaft der Lehrenden und Lernenden, sondern vor allem das Universum der Wissenschaften als Chance wechselseitiger Anregung und Durchdringung bedeutete. Und das ist schließlich drittens die Einheit von Lehre und Forschung, die sich zwingend aus dem ständigen Voranschreiten der Wissenschaft ergibt. Wer sich auf etwas einläßt, das sich unaufhörlich erneuert, muß Teilhaber dieser ständigen Erneuerung werden. Wer diese drei Grundelementen der Humboldtschen Universitätsidee betrachtet, wird Mühe haben nachzuweisen, daß sie sich überlebt hätten.

Das bedeutet freilich nicht, ein neues Nachdenken sei darum überflüssig. Daß die Philosophische Fakultät, die von Humboldt als Integrationsort und Wissenschaftsgarant der anderen akademischen Disziplinen gedacht war, heute kaum noch existiert und jedenfalls ihre zentrale Rolle an andere Fachgebiete, die sie im Verlauf der Geschichte als Leitwissenschaft ablösten, hat abgeben müssen, dürfte wohl unstreitig sein. Sehr viel gewichtiger sind die Einwände gegen die Art von Studium, die sich für Humboldt aus der Einheit von Lehre und Forschung ergab, nämlich als eine zweckfreie und ungezwungene bildende Geselligkeit von Lehrenden und Lernenden. Und es ist sicherlich nicht unberechtigt anzunehmen, daß in dieser bildenden Geselligkeit im Humboldtschen Sinn Begriffe wie Studienordnung und Zwischenprüfung keinen Platz gehabt hätten. Tatsächlich konzentriert sich die Auseinandersetzung meist auch auf die Frage, was die Humboldtsche bildende Geselligkeit oder, wie wir heute sagen, das Prinzip der Bildung durch Wissenschaft in unserer Zeit praktisch bedeutet. Hier sehe ich drei Felder der Auseinandersetzung.

Erstens den Konflikt zwischen der Wissenschaft als stetig voranschreitender Entwicklung und der Aufgabe der Universität, auf einen Beruf vorzubereiten. Daß hier eine erhebliche Spannung besteht, kann niemand ernsthaft bestreiten, denn was Berufsbefähigung heißt, muß notwendigerweise in einem Programm erfaßt werden, ist also etwas Abgeschlossenes und Systematisches. Mit der Erkenntnis, daß die Wissenschaft niemals fertig ist, kann das nur schwer in Einklang gebracht werden. Andererseits ist es eine unausweichliche praktische Notwendigkeit, das Studium in einer überschaubaren Zeit zu Ende zu bringen.

Nicht minder zwingend ist die Einsicht, daß der Wunsch, nach dem Studium außerhalb der Universität beruflich tätig zu sein, nur Aussicht auf Erfolg hat, wenn in bezug auf die Befähigung zu diesem Beruf bestimmte belastbare Erwartungen gehegt werden können. Wer zum Arzt geht oder einen Lehrer anstellt, darf wissen und muß wissen, worauf er sich einläßt. Das war zu Humboldts Zeiten nicht anders. Die übergroße Zahl jener, die damals und seitdem in Deutschland studiert haben, war anschließend außerhalb der Universität in einem Beruf tätig - als Arzt, Richter, Lehrer oder Pfarrer, um die zu Humboldts Zeiten wichtigsten akademischen Berufe zu nennen. Diese Tatsache hebt den Konflikt zwischen der Unbegrenztheit der wissenschaftlichen Erkenntnis und der Unausweichlichkeit, bestimmte berufliche Voraussetzungen zu definieren, d. h. in einem System von Anforderungen zu begrenzen, nicht auf. Ein Argument für oder gegen die Humboldtsche Universität vermag ich hier nicht zu entdecken, denn das Problem begleitet die Humboldtsche Universität von Anfang an.

Wenn ich allerdings bedenke, daß früher für nicht wenige Berufe der Staat die Mühe der Definition der Berufsbefähigung übernahm und in Gestalt der Staatsexamina die Fakultäten der Sorge enthob, sich abschließend und verbindlich über die Anforderungen der Berufsfähigkeit zu einigen, und wenn ich ferner mit meiner Beobachtung recht haben sollte, daß die erbitterte Ablehnung jedes Ansinnens von Berufsbefähigung insbesondere in jenen akademischen Disziplinen erblüht, die früher getrost darauf vertrauen konnten, daß die überwiegende Mehrheit ihrer Studenten über Staatsexamina als Lehrer in den Gymnasien landete, nämlich in den Geisteswissenschaften, dann drängt sich doch wohl die Frage auf, ob es hier eigentlich gar nicht um die Lebenskraft der Humboldtschen Universitätsidee geht, sondern vielmehr um die Handlungsfähigkeit der akademischen Selbstverwaltung. Ich will der Frage nicht weiter nachgehen, so sehr mich das lockt, aber ich will doch berücksichtigen, daß der Hauptadressat meiner Ausführungen neu immatrikulierte Studenten sind und nicht ihre künftigen Lehrer.

Einen Punkt muß ich aber bei dieser Gelegenheit in der professoralen Unsitte eines Exkurses doch gleich erledigen: Und das ist die Legende, die akademische Selbstverwaltung sei originärer Bestandteil der Humboldtschen Universitätsidee. Wer sich je die Mühe gemacht hat, der Gründungsgeschichte dieser Universität in den Schriften Wilhelm v. Humboldts nachzugehen, weiß, daß dies nicht stimmt, sondern allenfalls ein schönes und in der Auseinandersetzung mit ungebildeten Politikern vielleicht ganz nützliches Märchen ist; es war Schleiermacher, der die akademischen Rechte aus der älteren deutschen Universitätstradition in die Berliner Gründung einbrachte. Und das Scheitern des ersten Rektors dieser Universität, des berühmten Johann Gottlieb Fichte, war eine traurige Bestätigung der Humboldtschen Skepsis in bezug auf die Fähigkeit von Professoren, sich selbst zu regieren. Dennoch ist und bleibt die akademische Autonomie ein unverzichtbares Gut, aber etwas mehr historische Nüchternheit mag uns helfen, sachgemäßer damit umzugehen.

Wenden wir uns schließlich dem dritten Feld der Auseinandersetzung über die Gültigkeit des auf Humboldt zurückgehenden Grundsatzes von der Einheit von Lehre und Forschung zu - dem Phänomen der Massenuniversität. Es ist ja offenkundig, daß überquellende Hörsäle und Seminare im schreienden Gegensatz zum Ideal der bildenden Geselligkeit im Humboldtschen Sinne stehen. Und so ist denn auch die Frage, ob die Massenuniversität nicht ganz unvermeidlich die Humboldtsche Idee beerdigt, zum Kernthema des Streits über die Hochschulreform geworden. Der Streit ist notwendig, aber damit er fruchtbar wird, sollte man doch die Streitpunkte sorgfältig auseinanderhalten.

Der erste Punkt ist, daß heute ein sehr viel größerer Prozentsatz einer Altersgruppe studieren will und studieren muß. Eine große Zahl von Studenten liegt also im Interesse vieler einzelner und der ganzen Gesellschaft. Nach den Dimensionen der ursprünglichen Humboldtschen Universität zu rufen, wäre absurd. Die Notwendigkeit einer großen Zahl von Menschen mit Hochschulbildung ist aber wiederum kein Argument gegen den unverzichtbaren Leistungsanspruch der Universität an ihre Studienbewerber und Studierenden. Wer nicht bereit ist, den Leistungsanspruch der Universität zu akzeptieren, ist an der Universität fehl am Platze - als Lernender und als Lehrender.

Der zweite Punkt, der sich aus dem ersten Punkt zwingend ergibt, ist allerdings, daß das große individuelle und gesellschaftliche Interesse an der Universität wiederum ein hohes Maß von finanziellen Leistungen erfordert; zu dieser Priorität müssen sich jedoch die Wahlbürger und Steuerzahler im Widerstreit der unterschiedlichen und durchaus ebenfalls berechtigten Anliegen ganz ausdrücklich entschließen. Da Geld bekanntlich nicht beliebig vermehrt werden kann, läuft dies auf ein Abwägen und auf eine Abstufung der verschiedenen öffentlichen Anliegen hinaus. Bei allem unvermeidlichen Konflikt sind sich Wissenschaft und Wissenschaftspolitik sicher darin einig, daß gegenwärtig in Deutschland Wissenschaft und Hochschule nicht jenen Rang einnehmen, der ihnen zukommt, ja, den sie für die Zukunftsfähigkeit unserer Gesellschaft fordern müssen. Heißt dies nun aber, daß die Forderung nach einer klaren Gliederung und zeitlichen Begrenzung der Studien nur Ausdruck finanziellen Mangels oder gar kapitalistischer Knauserei ist? Hätten wir nur genug Geld, wäre dann auch all das Gerede über Studienreform zu Ende?

Wer so denkt und redet, scheint mir auf dem Stand der Wissenschaften zu Humboldts Zeiten verharren zu wollen. Was zu jener Zeit in der Wissenschaft als akademische Disziplin vorhanden war, hat inzwischen eine damals unvorstellbare Entwicklung und eine gründliche Umgestaltung erfahren. Die meisten der heutigen Wissenschaften waren erst im Keim angelegt, man denke nur an die Natur- und Technikwissenschaften, oder allenfalls im damaligen Denken potentiell enthalten, wie die Sozialwissenschaften. Wilhelm v. Humboldt selbst steht an den Anfängen der modernen Linguistik. Die Komplexität moderner Wissenschaft erlaubt auch dem besten Abiturienten nicht, sich sein Studiengebiet gleichsam beim zwanglosen Wandeln und im informellen und eher zufälligen Gespräch zu erschließen. Solche Illusionen zu nähren, halte ich für unverantwortlich.

Der eigentliche Grund eines geordneten Studienganges besteht ja gerade darin, die Komplexität von Wissenschaft auf eine durchdachte und verantwortbare Weise zu entfalten und so schrittweise die Freiheit wissenschaftlichen Arbeitens real zu ermöglichen. Die Einheit von Lehre und Forschung ist das Ideal und das Ziel des Studiums, aber sie kann heute nicht mehr am Beginn des Studiums stehen. Wer diese Notwendigkeit moderner Wissenschaft und modernem Studiums ignoriert oder leugnet, verletzt die Würde der Wissenschaft und beschädigt ihren Anspruch in der Gesellschaft. Ich verstehe das Motiv, den Grundsatz der Wissenschaftsfreiheit auch für das Studium wahren zu wollen. Und in der Tat ist das authentische Erlebnis von Wissenschaft mit der Erfahrung der Wissenschaftsfreiheit notwendig verbunden. Wer aber mit dem Begriff der Forschung allzu unbedenklich umgeht, bringt sich in den Geruch der Scharlatanerie, nicht zuletzt im Kreis der Wissenschaften selbst.

Die Komplexität der modernen Wissenschaft ist für mich der wichtigste Tatbestand, der zu einem Überdenken der Humboldtschen Universitätsidee

zwingt. Nicht eigentlich zum Überdenken ihrer Grundsätze, denn das hier in
Rede stehende Prinzip der Einheit von Lehre und Forschung ist unverzichtbar, wohl aber der Art, wie das daraus folgende Ideal der Bildung durch
Wissenschaft heute sinnvoll verwirklicht und gestaltet werden kann. Freilich
sind damit die Probleme der modernen Massenuniversität nicht vom Tisch.
Denn wenn auch die Notwendigkeit durchdachter Studiengestaltung im wesentlichen in der Komplexität heutiger Wissenschaft begründet liegt, so darf
doch andererseits die heutige Finanznot der Hochschulen nicht durch den
Verweis auf diesen Umstand wegerklärt werden. Es wäre auch nicht redlich
im Blick auf Humboldt. Denn das war ja das Gegenstück seiner Skepsis im
Bezug auf die Leistungsfähigkeit akademischer Autonomie - daß er nämlich
die kulturstaatliche Verpflichtung postulierte, für auskömmliche Rahmenbedingungen der Universität zu sorgen.

Freilich eignet sich diese kulturstaatliche Verpflichtung für den heutigen
Meinungsstreit nur wenig. Denn für ganz Preußen sah Humboldt nur zwei
Universitäten vor, und überdies umfaßte für ihn die kulturstaatliche Verpflichtung weder die Gebührenfreiheit noch den Lebensunterhalt der Studenten. Und der Staat, an den Humboldt dachte, war ein liberaler Vater Staat,
von dem er hoffte, er würde sich um möglichst wenig kümmern und dieses
wenige in aufgeklärter Einsicht, aber ohne große Debatte entscheiden. Er
dachte nicht an eine freiheitliche Demokratie, die nur über den öffentlichen
Streit zur Entscheidung findet und die ihre Bürger für die zentrale Agentur
zur Lösung gesellschaftlicher Probleme halten. In dieser Debatte finden heute
Wissenschaft und Hochschulen zu geringe Aufmerksamkeit. Letztlich ist dies
auch der eigentliche Ansatzpunkt für unsere gegenwärtige Hochschuldebatte.
Müssen wir deshalb von der Humboldtschen Universität Abschied nehmen,
weil sie in dieser öffentlichen Auseinandersetzung nicht bestehen kann?

Wer Auswege aus den Problemen unserer Gegenwart sucht, blickt häufig zu
den Vereinigten Staaten von Amerika. Das geschieht auch in unserer Hochschulreformdebatte. Und wer wollte bestreiten, daß amerikanische Universitäten, genauer gesagt: die amerikanischen research universities erfolgreich
sind und daher als Vorbild und Modell in Frage kommen. Wer allerdings die
Diskussion der letzten Monate über die Novellierung des Hochschulrahmengesetzes verfolgt hat, mußte den Eindruck gewinnen, es genüge das - angeblich existierende - angloamerikanische Graduierungssystem des Bachelor und
des Master einzuführen und alle Not hätte ein Ende. Und wenn man gar so
manche Empfehlung hört, deutsche Universitäten sollten sich wie amerikanische Universitäten finanzieren, müssen einem doch arge Zweifel kommen,
ob die Leute kennen, wovon sie reden. Freimütig gesagt, wurde ich an eine

Geschichte aus der Spätphase des wilhelminischen Kaiserreiches erinnert. Um dem leeren Gehabe Wilhelms II. ein wenig abzuhelfen, gab ihm einmal ein Gelehrter den Rat, er möge sich doch an seinem Hof um friderizianischen Geist bemühen. Dabei dachte der Gelehrte an Friedrich den Großen als Philosophen von Sanssouci im freimütigen Gespräch mit großen Denkern seiner Zeit. Wilhelm II. jedoch glaubte dem Rat dadurch folgen zu können, daß er seine Lakaien in friderizianische Uniformen steckte. Ein wenig mehr Mühe werden wir uns schon geben müssen, wenn wir herausfinden wollen, ob und wie uns der Blick in die USA voranbringt.

Was in der gegenwärtigen Debatte so gut wie keine Rolle spielt, ist der Einfluß der Humboldtschen Universitätsidee auf die Herausbildung der amerikanischen research universities. Dabei genügen nur wenige Gespräche mit amerikanischen Universitätsrepräsentanten, um das zu erfahren. Offenbar haben jene Beamten und Wirtschaftsfunktionäre, die allen Ernstes die Absicht hatten oder immer noch haben, den Ph. D., den Doctor of Philosophy, nach Deutschland zu importieren, solche Gespräche nie geführt. Und ihre Bildung reicht eh' nicht dafür aus zu wissen, daß dieser amerikanische Forschungsgrad nach dem Vorbild des Humboldtschen Dr. phil. geschaffen wurde. Ich will nicht so kühn sein, die amerikanische Forschungsuniversität als eine Realisierungsvariante der Humboldtschen Universitätsidee zu charakterisieren. Aber vor falschen Gegenüberstellungen zwischen den beiden Universitätsarten sollten wir uns hüten.

Freilich gibt es drei bedeutsame Unterschiede. Das ist erstens die Universitätsverfassung. Die amerikanische Universität ist unabhängig, aber sie ist keine sich selbst verwaltende akademische Korporation. Die Effizienz dieser Verfassung ist bewunderungswürdig, aber wer das Board einer amerikanischen Universität im politikgläubigen und ideologieseligen Deutschland kopieren will, möge sagen, wie er die Universität vor politischem und ideologischem Mißbrauch zu schützen gedenkt.

Zweitens hat die amerikanische Universität als historischen Ausgangspunkt und als Grundlage der eigentlichen Fachstudien das Collegesystem. Das amerikanische College vereinigt höchst wirkungsvoll die eher allgemeinbildende Orientierung über das mögliche künftige Hauptfach mit einer ersten Vorbereitung auf das eigentliche Fachstudium. Aber es ist in dieser Funktion mit dem deutschen Gymnasium nicht kombinierbar. Und trotz allem Kritikwürdigen steht das durchschnittliche deutsche Gymnasium noch über der durchschnittlichen amerikanischen high school. So ist auch der amerikanische Bachelor, mit dem die Collegephase abgeschlossen wird, etwas anderes als der englische Bachelor, der meist auf einem thematisch engeren und daher zeitlich kürzeren universitären Fachstudium basiert. Mit der Aussage, wir sollten den angloamerikanischen Bachelor einführen, ist also zunächst nichts gewonnen, denn den gibt es nicht.

Drittens hat die amerikanische Universität eine völlig andere Stellung in der Öffentlichkeit. Das Gegenüber der deutschen Universität ist in erster Linie die Politik, insbesondere die Politik in der parlamentarischen Mehrheit und in der staatlichen Verantwortung. Das Gegenüber der amerikanischen Universität ist die Gesellschaft. Richtiger gesagt, sie ist ein Teil der Gesellschaft, in der sie, auch wenn sie keine private, sondern eine öffentliche Universität ist, nach eigener Entscheidung und auf eigenes Risiko operiert. In keinem Fall ist sie Teil der Staatsverwaltung oder dieser verantwortlich, sondern Unternehmer auf dem Markt, in Sonderheit natürlich auf dem Bildungs- und Forschungsmarkt.

Nun bin ich davon überzeugt, daß die für Deutschland so charakteristische kulturstaatliche Mischung von Fürsorge und Kuratel gemindert und die deutsche Universität wesentlich stärker zum selbständigen Handeln befähigt und ermuntert werden muß. Dafür kann uns die amerikanische Universität wertvolle Anregungen geben. Auch von ihrer Internationalität können wir lernen. Schließlich braucht die Einsicht, daß das deutsche Diplom nicht nur strukturell inflexibel ist, sondern auch ins Englische nur mißverständlich übersetzt werden kann, unserem Selbstbewußtsein nicht zu schaden, wenn wir in einer sinnvollen Weise von den in unserer akademischen Tradition ja enthaltenen Begriffen des Bakkalaureus und des Magister Gebrauch machen. In aller Nüchternheit gesagt, glaube ich nicht, daß Abschlüsse wie das Diplom oder das Staatsexamen in einer voraussichtlich stark internationalisierten Zukunft noch mit Aussicht auf Erfolg verwendet werden können.

Wir sollten uns also auf den notwendigen und jetzt besonders dringenden Wandel der Universität beherzt einlassen und ihn mutig gestalten. Wir sollten auch von anderen lernen, insbesondere von den erfolgreichen amerikanischen Forschungsuniversitäten, aber wir sollten nichts und niemanden blind kopieren, auch nicht Amerika. Ich sage das mit solchem Nachdruck, weil das offenbar für nicht wenige in Deutschland eine wirkliche Versuchung ist. Ich hoffe, ich werde hier nicht falsch verstanden. Ich habe eine wirkliche Zuneigung zu diesem großen und schönen Land und bin voller Hochachtung für seine Menschen, die so außerordentlich viel für die Freiheit und den Fortschritt der Menschheit geleistet haben. Dennoch sollten uns auch die Herausforderungen der Globalisierung nicht dazu veranlassen, die amerikanische

Gesellschaft mit ihrer völlig anderen Geschichte und Mentalität nach Deutschland und Europa zu transportieren. Nach meiner festen Überzeugung könnte das nur mit einer sozialen und politischen Katastrophe enden. Wenn wir aber die amerikanische Gesellschaft nicht kopieren sollten, dann können wir auch das amerikanische Universitätsmodell nicht nach Deutschland verpflanzen.

Andererseits wäre es ein verhängnisvoller Irrtum, wollten wir an der Vorstellung der Aufgabenteilung festhalten, wie sie für nicht wenige mit der Humboldtschen Universität verbunden ist: Der Staat sorgt für den rechtlichen und vor allem für den finanziellen Rahmen; die Mitglieder der Universität machen in diesem Rahmen, was sie für richtig halten, mit einem Minimum an Konsens und Kooperation. Wir müssen vielmehr aus unserer Tradition den Weg zu einer handlungsfähigen und handlungswilligen Universität finden, die sich einen geachteten Platz in der Gesellschaft sichert. Diesen Weg wird die Universität freilich nur gehen können, wenn sie dafür in der Gesellschaft Verbündete gewinnt. Wer käme dafür eher in Frage als jene Mitbürgerinnen und Mitbürger, die zugleich Mitglieder einer Universität sind oder waren? Darum ist es auch berechtigt, neu immatrikulierten Studenten die Probleme vor Augen zu führen, die ihre Universität als akademische Gemeinschaft angehen.

Wohl kaum eine Phase des Lebens ist so gefüllt wie die Zeit des Studiums. Die Universität ist auch heute noch ein Universum, wo Sie den unterschiedlichsten Menschen und Ideen begegnen, wo Sie mit einer Intensität Einsichten gewinnen und Erfahrungen sammeln wie wahrscheinlich nie wieder in Ihrem Leben. Die Universität ist auch ein Gegenstück zur großen Gesellschaft. Sie ist kein exaktes Spiegelbild der Gesellschaft; vielmehr akzentuiert und konturiert sie den gesellschaftlichen Diskurs in sich, sie beeinflußt ihn und eilt ihm voraus; manchmal verfälscht sie ihn auch. Jedenfalls muß die Universität ein Brennpunkt des öffentlichen Diskurses sein; sonst wäre sie kein geistiger Ort der Gesellschaft. Die Universität ist eine Quelle der Anregung und des Neubeginns, aber auch der Versuchung und des Irrtums. Nicht alle Impulse, die im Verlauf der Geschichte von Universitäten ausgingen, wiesen nach vorn; manche waren auch rückwärts gewandt oder führten in die Irre, ja, in die Katastrophe.

Die Wissenschaft bedarf der Freiheit, aber Freiheit ist immer zugleich Chance und Risiko. Behalten Sie ihr Ziel, das Sie hierhin geführt hat, fest im Auge, aber seien Sie offen für das, was auf Sie zukommt. Seien Sie auch offen für die Frage nach dem künftigen Weg der Universität. Dieser Weg wird für die Zukunft dieser Gesellschaft und damit auch für Ihr künftiges Leben alles andere als unwichtig sein. Wir stehen am Beginn eines vielfältigen Wandels unserer Gesellschaft. Zur Zeit herrschen eher Unlust und Verdrossenheit. Lassen Sie sich von solchen Haltungen nicht gefangen nehmen. Im Rückblick über eine große zeitliche Distanz erscheinen Zeiten des Wandels dem oberflächlichen Betrachter oft als geschichtlich eindrucksvoll. Sieht man näher hin, wird deutlich, wieviel Mühe und Arbeit nötig waren, um wenige Meter Geschichte zu bahnen. Als diese Universität gegründet wurde, war Preußen ein armes und hilfloses Land, und die Details der Gründungsgeschichte passen in kein Heldenepos. Und dennoch blicken wir heute noch voller Respekt auf das, was damals geleistet wurde.

In einem alten Studentenlied heißt es über das Studium: „Das ist des Daseins schönste Feier". Solchen Überschwang kann man gründlich mißverstehen. Niemand kann nur feiernd durchs Studium oder durchs Leben gehen. Und wer es versucht, für den wird der Kater ein Dauerzustand. Wer aber verstanden hat, daß man sich nur über das wirklich freuen kann, was vorher auch Mühe gemacht hat, jedenfalls nicht ohne Anstrengung zu haben war, der singt das Lied richtig. So wünsche ich Ihnen also für Ihr Studium eine schöne und erfüllte Zeit.

Peter Glotz

Forschung und Bildung als politische Herausforderung am Ende des 20. Jahrhunderts[1]

I.

Als der jetzige britische Premierminister Tony Blair in seinem Wahlkampf gefragt wurde, was seine drei wichtigsten Ziele seien, antwortete er: „Education, education, education." Rhetorisch schließt die deutsche Politik zu dieser Erkenntnis auf. Bildungsminister Rüttgers hat Bildung und Forschung aus dem Status von mehr oder weniger bedeutungslosen Juniorministerien herausgeholt, die SPD setzt den Begriff „Innovation" über ihren wichtigsten Parteitagsantrag. Aber es bleibt die Frage, ob der Rhetorik in Deutschland (und darüber hinaus in vielen anderen europäischen Ländern) Taten folgen. Unser Bildungswesen ist, wie nicht nur die UECD-Statistiken zeigen, unterfinanziert und wird es bleiben, wenn und solange man auf dem Postulat der durchgehend staatlichen Finanzierung des Bildungssystems, also auf dem sozialstaatlich gewendeten Prinzip landesherrlichen Mäzenatentums beharrt. Da die Entwicklung moderner Industriegesellschaften zu Informations- und Wissensgesellschaften den Bildungsprozeß aufs ganze Leben der Menschen ausdehnt und extrem verteuert, ist diese Politik so ehrenwert wie unhaltbar.

Ebenso wichtig wie die Finanzierungsfrage aber ist die Bekämpfung einer europäischen Krankheit, die ich das Versäulungssyndrom nenne. Hier handelt es sich um die zu gering entwickelte Fähigkeit, Spezialistentum zu überwinden, eindimensionale Blickrichtungen zu korrigieren und hochgezüchtete Disziplinarität transdisziplinär zu reflektieren, anders gesagt, ganzheitliche Denkansätze zu entwickeln; wobei der Begriff „ganzheitlich" nicht deutsch-romantisch, anthroposophisch oder verworren metaphysisch verstanden werden darf, sondern empirisch: Es geht um die adäquate Erfassung der Komplexität der Welt in den Denkmodellen, die wir entwickeln, nicht um irgendwelche Weltformeln und Heilslehren.

Ich skizziere das europäische Versäulungssyndrom an drei Beispielen, natürlich an Beispielen aus Deutschland:

---

1 Vortrag anläßlich des Schloßtages der GMD - Forschungszentrum Informationstechnik GmbH, Schloß Birlinghoven, St. Augustin, 30. Sept. 1997.

Während es in den Vereinigten Staaten selbstverständlich ist, daß ein Bürger eine wichtige Stellung bei Bechtel einnimmt, danach Finanzminister wird, wieder zu Bechtel zurückgeht, schließlich noch einmal als Außenminister dient und später erneut Funktionen in der Wirtschaft hat (man denke an Georg Shultz, Dick Holbrooke, Reck Burt und viele andere), ist dies in Deutschland ganz ausgeschlossen. Den Wechsel erfolgreicher Unternehmer in die Politik gibt es überhaupt nicht. Der Wechsel von Politikern in die Wirtschaft ist in den seltensten Fällen erfolgreich. Die Funktionseliten aus Politik, Wirtschaft, Wissenschaft und Kultur agieren streng getrennt. Sie neigen auch mehr und mehr dazu, gegeneinander aggressiv zu werden und sich übereinander lustig zu machen. So dauert es viel zu lang, bis die neuere ökonomische Theorie aus der Wissenschaft in die politische Klasse einsickert, bis die ökonomische Wissenschaft die beängstigende Realität von Jugendarbeitslosigkeit in ostdeutschen Vorstädten zur Kenntnis nimmt und bis - sagen wir - die Risiken einer Verschiebung des Euro für einen Konzern wie Siemens oder eine Bank wie die Deutsche Bank im Informationssystem eines Politikers landen, der ganz und gar von den demoskopischen Zahlen über die Inflationsangst des mittleren Deutschen beherrscht wird.

An den deutschen Universitäten ist die Ordnung in Disziplinen so erstarrt wie das Muskelsystem eines alten und gichtkranken Menschen, der sich Jahrzehnte nicht mehr richtig bewegt hat. Selbst in der Sloane School des MIT, in der viele höchst erfolgreiche und viel Geld verdienende Ökonomen arbeiten, sitzen die Professoren in winzigen Zimmerchen hinter ihren Computern, ihre Türen stehen offen, sie sind (wenn sie nicht auf teuren Symposien ihre Papers vertreten) die meisten Tage der Woche anwesend, sie essen miteinander im Faculty-Club und stehen ihren Studierenden zur Verfügung. In den deutschen Universitäten hat man inzwischen eine Fülle von Minifakultäten gegründet; der Philosoph Jürgen Mittelstraß nennt sie die McDonalds der Hochschulstruktur. Soziologen reden nur noch mit Soziologen und behaupten oft genug, daß der Industriesoziologe den Kultursoziologen nicht mehr richtig verstehen könne. Über Konzepte eines studium universale für die jungen Leute wird verächtlich mit den Schultern gezuckt. Der Feld-, Wald- und Wiesen-Relativismus, der sich bei uns durchgesetzt hat, sagt: Synthesen sind unseriös. Die Folge ist, daß die Universität Amt unter Ämtern geworden ist. Die Gesellschaft hat nicht mehr den Eindruck, daß in diesen Ausbildungsfabriken wirklich ihre wesentlichen Probleme erörtert oder gar gelöst würden.

Gleichzeitig entwickelt sich eine nationale Verkapselung. Die Zahlen des Deutschen Akademischen Austauschdienstes und der Humboldt-Stiftung über die gesunkene Attraktivität deutscher Hochschulen für Akademiker aus Japan, Malaysia oder Indien sind erschreckend. Heute lernen weniger Deutsche Französisch und Franzosen Deutsch als nach dem Krieg. Zwar gibt es eine einseitige Bewegung. Wer wirklich Karriere machen will, drängt sich nach Harvard, Stanford oder Princeton. Erfolgreich sind solche Bemühungen aber nur für Leute, die in der Wirtschaft tätig sind. Ein durchschnittliches deutsches Ministerium nimmt einen brillanten deutschen Absolventen der Kennedy School of Government in Harvard nicht; es fühlt sich sicherer bedient durch einen Juristen, der in München oder Freiburg mit voll befriedigend seine beiden Staatsexamina gemacht hat und die sagenhafte „Befähigung zum Richteramt" hat. Warum einer, der später so komplizierte Gebilde wie Hochschulen managen soll, besonders gut bedient ist, wenn er die Befähigung zum Richteramt hat, wird mir ewig schleierhaft bleiben. Richtig aber ist: Er wird mit den Ritualen des deutschen Beamtentums, mit Arbeitsgerichten, Rechnungshöfen und Tarifpartnern problemloser klarkommen als jemand, der sich mit Hilfe von case studies weitergebildet hat. Kreativität kann im Alltag lästig sein und wirkt in vielen Teilen unseres alten Kontinents wie Unzuverlässigkeit, mangelnde Solidarität und Pirouettendrehen.

Meine These ist bekannt, ich habe mich mit ihr in diesem Land schon häufig unbeliebt gemacht. Sie lautet: Wenn wir diese beiden Gebresten, die Unterfinanzierung unseres Bildungssystems und das Versäulungssyndrom, nicht überwinden, wird Deutschland in der telematischen Weltgesellschaft eine immer schwächere Rolle spielen.

II.

Jeder weiß es: Für die Wissensgesellschaft der Zukunft sind die Universitäten ganz entscheidende Knotenpunkte. Das Absinken der deutschen, österreichischen oder französischen Universitäten im Vergleich zu den führenden fünfzehn oder zwanzig Spitzeninstituten (zum Beispiel Stanford, Berkeley, MIT, Harvard, London School of Economics, ETH Zürich und so fort) ist für unsere Staaten einer der denkbar schmerzhaftesten „Standortnachteile". Ihre Eliten, die wissenschaftlichen wie die unternehmerischen, orientieren sich ins Ausland, vor allem in die USA. Jede Regierung, die die Reform des Hochschulwesens (und Bildungswesens) an die Spitze ihrer Agenda setzt, könnte bei einiger Überzeugungskraft damit große Erfolge erzielen. Ernst macht damit derzeit nur der britische Premier Tony Blair.

Wer Universitäten will, die in der Weltliga mitspielen können, muß heute mindestens fünf Bedingungen erfüllen:

1. Er muß den neuesten Entwicklungen der Forschung auf der Spur bleiben und deswegen transdisziplinäre Kommunikation organisieren. Die Musik spielt an den Schnittstellen. Das wirklich Neue passiert bei der Berührung der Halbleiterforschung mit der Biologie, in Kombi-Technologien wie der Mechatronik, aber auch in einem neuartigen Complexity-Management oder der Zusammenarbeit von Ökonomen und Demographen oder Ethnologen und Politikwissenschaftlern. Erstrangige Universitäten müssen deshalb locker organisiert, flexibel, reagibel sein. Das Wichtigste ist Kommunikation, das Gefährlichste Versäulung.

2. Unverzichtbar ist (nach wie vor) die Fähigkeit, exzellente Studierende herauszufinden und kontinuierlich zu fördern. Das macht Arbeit und ist teuer. Es verlangt einen pädagogischen Eros, den viele kontinental-europäische Hochschullehrer längst verloren haben; und es verlangt genug Geld für Assistenten, Tutoren, Hilfskräfte. Da der Staat diese Mittel nirgends mehr aufbringen kann, müssen sich die, die erstklassig ausgebildet werden wollen, künftig an den Kosten ihrer Ausbildung beteiligen. Blair hat das begriffen; andere drücken sich noch um diese Wahrheit.

3. Die Zeiten, da man am Anfang seines Lebens soviel Sprit tanken konnte, daß der Wagen ein ganzes Leben lang fuhr, sind vorbei. Universitäten müssen so eingerichtet werden, daß sie neben der Organisation der Erstausbildung auch fähig werden, Berufstätige und „heavy weights", also Spitzenkräfte für Kurse an die Universität zurückzuziehen. Der Starnberger Unternehmensberater Albrecht von Müller nennt das „generation loop".

4. Nationale Monokulturen sind nicht kreativ genug. Das gilt für Lehrende wie für Lernende. Universitäten müssen darauf eingestellt werden, ein internationales Wissenschafts-Marketing zu betreiben. Die internationale Wissenschaftssprache Englisch muß selbstverständlich neben die Landessprache treten. Jede gute Universität braucht ein System von internationalen Partnerschaften und gemeinsamen Abschlüssen.

5. Die Universität von morgen muß die modernen Kommunikationstechnologien systematisch zur Optimierung und zur Rationalisierung ihrer Lehr- und Lernprozesse einsetzen. Zwanzig Prozent des Grundstudiums können in virtuellen Seminaren stattfinden. Es muß selbstverständlich werden, daß jeder Student in jedem Seminarraum sein Modem in die Wand stecken kann, um in seiner Universitätsbibliothek, aber auch in der Library of

Congress zu recherchieren. Der Hyper-Text wird so wichtig werden wie das Buch. Medien- und Computerkompetenz bekommen eine entscheidende Bedeutung.

Wie sind solche Ziele umzusetzen? Sie verlangen sozusagen kulturrevolutionäre Eingriffe in alte, hart gewordene Strukturen. Die Universitäten müssen sich mit der Wirtschaft einlassen, erstens um den Lebensrhythmus des derzeit dominierenden Subsystems zu begreifen, andererseits um das Geld zu besorgen, das sie vom Staat nicht mehr bekommen. Sie müssen lernen, ihre Forschung und ihre Lehre regelmäßig zu evaluieren. Die Studierenden müssen von Untertanen zu Kunden werden, die Professoren von vorsteuerabzugsfähigen Einzelkampfsystemen zu kommunikativen Team-Coaches. Die wettbewerbliche Hochschule ist verlangt, die mit ihren Stärken wirbt, sich ihre Studierenden selbst aussucht (und ausgesucht wird) - und die mit den Absolventen (lebenslang) Kontakt hält. Das wird nur gelingen, wenn die Universitäten nicht mehr damit zufrieden sind, Amt unter Ämtern zu sein. Sie müssen die Probleme ihrer Gesellschaften (zum Beispiel über Instrumente wie Kuratorien und Kooperationsverträge) aufsaugen, sich wieder als Zukunftswerkstätten und Kommunikationsschaltstellen verstehen und soviel Toleranz aufbringen, daß sie ein paar Charismatikern genügend Handlungsspielraum geben. Ein neuer „Spirit" ist nötig, ein von Ort zu Ort durchaus unterschiedlicher Stilwille, eine bittere, finster entschlossene Unzufriedenheit mit der vorherrschenden und alles über einen Kamm scherenden Bürokratie. Ist eine solche „Kulturrevolution" denkbar?

Die europäische Universität hat eine bedeutende Tradition; und es wäre ganz falsch, sie pauschal als „verrottet" abzutun. Noch gibt es in München wie in Wien, in Karlsruhe wie in Zürich, in Utrecht wie in Oxford vorzügliche Einzelforschung, inspirierte Lehre, intelligente Dienstleistung. Ein paar Ausbildungsfabriken sind kaputt, das ist wahr, und an den meisten Hochschulen gibt es schlapp gewordene Fakultäten, heillos verstrittene Institute. Aber unter den hunderttausenden von magistrierten, promovierten und habilitierten Facharbeitern der Europäischen Union gibt es immer noch viele exzellente, engagierte, ansprechbare Gelehrte, nicht zu reden von einer unsentimental zukunftsorientierten, respektlos lernbegierigen (und gelegentlich angstvoll karrieresüchtigen) Jugend. Kein Neo-Spenglerianismus. Das Abendland muß nicht untergehen! Aber ohne eine klug eingefädelte und hart durchgesetzte Reformpolitik versteinert die europäische Universität. Die schwächeren Provinzuniversitäten in Deutschland, Frankreich, Italien, Österreich oder der Tschechischen Republik sind schon heute gleichgültige Berufsschulen für die mittleren Jobs der jeweiligen Region. Das ist erträglich - und in den USA nicht viel anders -, wenn irgendwo das Außerordentliche geschieht. Aber wo geschieht es in Europa? Genügt der Hinweis auf Antony Giddens (London School of Economics) und Wolf Lepenies (Wissenschaftskolleg zu Berlin)?

Man sollte die Widerstände gegen einen Befreiungsschlag nicht unterschätzen. So unterschiedlich die Lage im zentralistischen Frankreich, im föderalistischen Deutschland, im kakanischen Österreich oder im von den Kommunisten verwüsteten Ostmitteleuropa ist: Die Schaffung erstrangiger Bildungsanstalten trifft überall auf höchst komplexe, tief verankerte und mächtige Blockaden, auf kunstvoll ineinander verhakte „große Koalitionen". So treffen sich konservative Professoren und linke Studenten bei der Verteidigung der staatsunabhängigen (aber oft genug vergammelnden) „Korporation" Universität. So wirken egalitäre Reflexe gegen Elitebildung in die gleiche Richtung wie die Angst von mittelmäßigen Lehrkanzelbesitzern vor frecher, traditionssprengender Konkurrenz. Natürlich versuchen die bisherigen Machthaber - Ministerialbürokratie und Ordinarien - eine undurchdringliche Kette zu formieren. Weder die Universitätskanzler noch die Universitätssenate wollen Macht abgeben. Es ist wie bei der Deregulierung der Zunftordnung: Die heiligsten Werte werden beschworen; Richard Wagner könnte eine Meistersinger-Oper darüber komponieren. Also bräuchte man gleichzeitig gebildete und listige, machtbewußte und intellektuell wehrhafte Politiker, die von oben in die Puppenstuben eingreifen. Aber wo gibt es die in einer Zeit, in der alles - Abfangjäger, Renten, Steuersätze und selbst die „Sportpolitik" - wichtiger ist als die hohen Schulen?

In dieser Lage ist der große Wurf von oben ohne viel Chancen. Ein großer Chef, der sich einen Humboldt oder Malraux suchen könnte für ein „Grand design", ist nirgends in Sicht. Auch sind die meisten europäischen Verfassungen (die britische ausgenommen) zu langsam für solch ein Unternehmen. Die Chance liegt nur im Losbinden der Hochschulen, in der Freisetzung von Konkurrenz, im Überlebenskampf auf hoher See. Man muß die Boote aus dem Hafen scheuchen und riskieren, daß ein paar absaufen. Die meisten werden seetüchtig werden und einige könnten ums Blaue Band antreten. Losbinden hieße: Budgetierung, also Befreiung von der kameralistischen Haushaltssteuerung durch die Bürokratie. Funktionieren kann das nur, wenn die Hochschulen ein Management mit Ellbogenfreiheit, also neue Leitungsstrukturen bekommen. Rektor oder Präsident brauchen Macht auf Zeit; wo der allmächtige Sektions-Chef nicht mehr möglich ist, muß man auf Reformer aus der Etappe, auf dezentrale Strukturen, auf eine Strategie der tausend Blumen setzen. Damit aber Reformer statt Main-Streamer an die „Macht" kommen, müssen die korporatistischen Wahlversammlungen durch

„Kuratorien", also zur Gesellschaft hin geöffnete Entscheidungsgremien ersetzt werden. Dieser Dreierschritt könnte - in Verbindung mit erfindungsreichen Experimentierklauseln für jede Universität - an ein paar neuralgischen Stellen die notwendige Bewegung auslösen. Die einzige Alternative dazu wäre die ENA-Strategie, die Schaffung einer von höchster Stelle protegierten Sonderinstitution. Diese Lösung ist teuer, risikoreich, autoritär und solipsistisch; sie läßt die bestehenden Hochschulen sämtlich, wie sie sind, und setzt ihnen eine Kuppel auf. Das kann leicht schiefgehen. Was, wenn die Kuppel so selbstgefällig und kitschig ist wie die von Wallot auf dem Berliner Reichstag?

Das mächtigste Argument für eine dezentrale Strategie ist im übrigen die Notwendigkeit jenes neuen „Spirit", den auf deutsch „Geist" zu nennen man sich scheut, weil wir mit diesem Begriff zuviel Schindluder getrieben haben; die „Geisteswissenschaften", die jetzt in den Kultur- und Medienbegriff flüchten, sind dafür nur ein Beispiel unter vielen. Denn in der Tat wird man die europäische Universität nur dann erneuern können, wenn wir eine veränderte Spezies von Professoren und Professorinnen hervorbringen: Engagierte Forscher, die gern lehren, Akademiker, die Handelsgeist und Wirtschaftsgesinnung nicht verachten, Mentoren, die sich fürs Coaching nicht zu gut sind, Wissenschaftler, die regelmäßige Kontrollen ihrer Arbeit akzeptieren, Abgesicherte, die sich einen Sensus fürs Risiko bewahrt haben. Wobei eine solche Arbeitshaltung, Gesittung oder Mentalität nicht in isolierten Einzelnen entsteht, sondern aus der Gruppe heraus.

Von dem großen Soziologen Karl Mannheim stammt die Erkenntnis: „In kleinen Gruppen, in denen jeder fühlt, daß von seinen Handlungen viel abhängt und in denen jeder lernt, eigenverantwortlich zu handeln, statt sich in der Anonymität der Masse zu verlieren, entstehen soziale Muster, die nahezu mit Gewißheit die Entwicklung von Individualität gewährleisten." Mit Gewißheit vielleicht nicht, aber mit Wahrscheinlichkeit. Deshalb gehört die Zukunft der kleinen Universität, der überschaubaren (aber nicht zu Ragout zerkleinerten) Fakultät, dem Kolleg, der Graduate School, also gut proportionierten Arbeitseinheiten, in denen die Protagonisten sich kennen, miteinander umgehen und voneinander lernen. Von den Hochschulen vertrieben gehören dagegen die Di-Mi-Do-Typen, Hochschullehrer, die ihre Arbeit in drei Tage pressen, damit sie im übrigen „forschen", Geld verdienen oder den lieben Gott einen guten Mann sein lassen können. Diese sind aber heute leider, diplomatisch formuliert, nicht zu vernachlässigen.

In meinem Erfurter Rektorzimmer hängt ein Bild von Christoph Martin Wieland. Er war nicht nur ein großer Schriftsteller, sondern auch der letzte bedeutende Universitätslehrer in Erfurt vor der Neugründung 1992. Die Erfurter Universität war 1392 gegründet worden und gehörte zu den bedeutendsten Hochschulen Europas - im 15. und 16 Jahrhundert. Als sie 1816, zurecht, geschlossen wurde, war sie zerstört. So kann es gehen; auch heutigen Universitäten.

Was zur Erneuerung des Ranges der europäischen Universität nötig wäre, sind unter anderem Zeitgenossen wie dieser Wieland: Zeitgeistbegreifer, übernational vernetzte, europäische Figuren, die sich zum Zentrum eines Schüler- und Kommunikationszirkels machen. Man kann es auch umgekehrt sagen: Wir brauchen Universitäten, die solche Wielands anziehen - und nicht in die Flucht schlagen, ob sie nun Umberto Eco, Ralf Dahrendorf oder Michel Foucault heißen. Die Wiederherstellung von einigen solchen, auf die anderen hohen Schulen ausstrahlenden „Knotenpunkten" ist eine der wichtigsten Aufgaben der europäischen Politik.

III.

Und was ist nun meine Vision für die Zukunft? Sagen wir bescheidener: Das politische Konzept für die bildungspolitische Vorbereitung Deutschlands auf die telematische Gesellschaft?

Ich formuliere die folgenden „Maximen für die Entwicklung der Informationsgesellschaft zur Wissensgesellschaft".

1. Die Organisation von Bildung, Forschung und die dazu notwendige Freisetzung von Kreativität müssen zu einem Zentralgebiet der Politik, zu einer erstrangigen Aufgabe gemacht werden. Mehr als unsere kurzen Arbeitszeiten und unsere hohen Löhne hindern uns fehlgeleitetes Spezialistentum, Mangel an ganzheitlicher Kompetenz und eindimensionale Blickrichtung am wirtschaftlichen Erfolg für eine Bewältigung der gesellschaftlichen Umwälzungen zur Jahrhundertwende. Die Neubelebung der bildungspolitischen Debatte ist eine entscheidende Bedingung für jede Art von neuem Anfang.

2. Deutschland braucht nicht weniger, sondern mehr Geld in Bildung und Forschung. Die ruinöse Unterfinanzierung muß beendet werden. Durch steuerfinanzierte staatliche Budgets ist das ausgeschlossen. Die Notwendigkeit zu lebenslangem Lernen verlangt zum Beispiel mehr Lehrer (auf

allen Stufen des Bildungswesens) statt weniger. Bezahlt werden kann das Zusätzliche nur durch Eigenbeiträge der Begünstigten, nicht durch allgemeine Steuern. Eine neue Bildungsfinanzierung ist so unausweichlich wie eine neue Rentenfinanzierung; im dualen Ausbildungssystem genauso wie bei der Hochschulfinanzierung.

3. Die deutsche Gesellschaft leidet an der Alterskrankheit des Versäulungssyndroms. Unsere Eliten wimmeln von Betriebswirten, die nur in Zahlen denken können und schon an umfassenderen volkswirtschaftlichen Zusammenhängen nicht interessiert sind, von Genetikern, die nichts von Ökologie verstehen, und von Internisten, die die menschliche Psyche nicht kennen. Die Tatsache, daß man über den Kosmos der Wissenschaften schlechthin nur dilettantisch reden kann, darf keine Rechtfertigung von sektoriellem Denken, von der „Bodenlosigkeit des Spezialistischen" (Karl Jaspers) sein.

4. Die Krise der gegenwärtigen europäischen Universität ist eine Krise der Ordnung des Wissens in Disziplinaritäten und Fachlichkeiten. Die interessantesten Entwicklungen finden an den Schnittstellen, genauer gesagt: in den Schnittmengen mehrerer Disziplinen statt. Die Massenuniversitäten müssen neu untergliedert werden, um Isolierung, Erstarrung und Atomisierung der Fächer zu verhindern. In den Hochschulen muß ein neuer „Spirit" entstehen, der auf Kommunikation, Transdisziplinarität, Teamarbeit und unprätentiöse Gleichberechtigung statt auf hierarchische Würde setzt.

5. Diese Neuordnung muß von unten kommen; von oben ist sie nicht organisierbar. Deswegen müssen alle wichtigen Bildungseinrichtungen, von der Grundschule bis zur Universität, losgebunden werden. Die Einrichtung selbst (und ihre Leiter) müssen mehr Verantwortung bekommen, damit man sie am Portepee nehmen kann. Der Staat sollte seine Ministerialräte zurückziehen und sich auf fundamentale Bildungspläne und Grundsätze beschränken. Führungskultur und Führungsstruktur an den Bildungsinstitutionen müssen Freiraum für Initiativen und Eigenverantwortung gewähren.

6. Die Bildungsreform für die Informationsgesellschaft verlangt einen Wechsel des Bildungsparadigmas. Dieser Paradigmenwechsel geht von der regionalen zur globalen Orientierung, vom linearen zum vernetzten Denken, vom Faktenlernen zur strukturellen Orientierung, von der Zweckrationalität zur Werterationalität.

7. Die Informationsgesellschaft verlangt aber auch eine neue Debatte um die Bildungsziele. Zum Beispiel braucht diese Informationsgesellschaft viel mehr neue Selbständige. Deshalb sind als Bildungsziele nicht nur Einordnung, Disziplin, Fleiß, Arbeitssinn, Organisationsbegabung und Loyalität notwendig, sondern auch Risikobereitschaft, Wagemut, Beweglichkeit, Chuzpe und unprätentiöse Wurstigkeit, also die Auflockerung der autoritären Persönlichkeit.

8. Wenn Information der strategische Rohstoff der zukünftigen Wirtschaft und Kultur ist, dann wird die Medienkompetenz - also die Fähigkeit, kompetent mit Informationsquellen, Technologien und gesellschaftlicher Kommunikation umzugehen - zur entscheidenden Schlüsselqualifikation. Der Computer wird zum Meta-Medium. Die Vermittlung der neuen Kulturtechnik muß in einer regelrechten Kulturrevolution in unserem Bildungswesen durchgesetzt werden.

9. Deutschland braucht eine neue Diskussion über sein Kerncurriculum. Gemeint ist da weniger die Debatte, ob jeder Abiturient den „Faust" oder „Die Buddenbrooks" gelesen haben muß, als ein produktiver Streit um den Stellenwert der großen Wissensgebiete. Ich vermute, daß bei diesem Streit eine Aufwertung von Mathematik, Kunst und den Menschenwissenschaften, zum Beispiel der Biologie, treten wird; und eine Rückstufung alter Sprachen und positivistischer Faktenfächer. Die Konstruktion des neuen Kerncurriculums muß aber in einer großen gesellschaftlichen Debatte erfolgen, nicht im sechsundzwanzigsten kleinkarierten Streit der Kultusministerkonferenz über die Oberstufe.

10. Über den Xerox-Labors steht das Motto: „Die Zukunft läßt sich am besten vorhersagen, wenn man sie erfindet." Diese Maxime führt weiter als die angstdurchwirkte europäische Kulturkritik aus dem Geist von Romantik, Historismus und Existentialphilosophie.

Deutschland - und mit ihm viele europäische Nachbarländer brauchen eine Erneuerung der Geisteswissenschaften, des Bildungsbegriffs und der Bildungsinstitutionen. Die Zukunft der Saurier, wenn sie denn eine haben sollten, liegt in einer mächtigen Abmagerungskur. Der Leitbegriff der notwendigen Kulturrevolution, wenn sie denn stattfinden sollte, heißt Kommunikation. Der Wettbewerb zwischen den USA, Japan, den „kleinen Tigern" und Europa ist eben nicht vor allem ein Wettbewerb von Sparquoten, Arbeitszeit, Kapitalzinsen und staatlichen Subventionen. Es ist der Wettbewerb unterschiedlicher Gesellschaftssysteme. Das Ethos der jeweiligen Kultur spielt eine entscheidende Rolle. Das müssen wir begreifen.

II.
Neugründungen
Drei Universitätsmodelle

Hans N. Weiler

Wissenschaft an der Grenze.
Zum besonderen Profil der Europa-Universität Viadrina in Frankfurt/Oder[1]

1. Wissenschaft, Universitäten und das Problem der Grenze

Im April dieses Jahres hat der Bundespräsident die Europa-Universität Viadrina in Frankfurt/Oder besucht - die erste Universität in den neuen Ländern, der diese Ehre zuteil wurde. Vor den Studenten und Professoren der Universität hat er damals, wie er das ja öfter tut, eine bemerkenswerte Rede gehalten, in der er u. a. sagte:

„Wir leben längst in einer internationalisierten Gesellschaft. Die Wirtschaft ist weltweit verflochten, die Handelsbeziehungen spannen sich um unseren ganzen Erdball. Erst recht darf die Wissenschaft keine nationalen Einengungen mehr kennen. [...] Der Transfer von Wissen, der Austausch von Wissenschaftlern, befruchten die Arbeit an den Hochschulen [...] in hohem Maße, und das ist auch notwendig. Je mehr Wissen in einem Gebiet wie Europa vorhanden ist, je mehr Menschen sich mit Problemen dieses Gebiets befassen, desto größer ist einfach [...] auch die Wahrscheinlichkeit, daß die richtigen Lösungen gefunden werden. Und da sind Grenzen nur störend, egal welche Grenzen das sind: Grenzen zwischen Ländern, Grenzen zwischen Konfessionen, zwischen politischen Lagern, zwischen Wirtschaftszweigen oder Wissenschaftszweigen. Das alles ist störend."

Das, meine Damen und Herren, ist mein Thema - wie Wissenschaft mit Grenzen umgeht -, und ich könnte es nicht besser formulieren als Roman Herzog. Aber lassen Sie mich Ihnen dazu gleich eine Geschichte aus dem Alltag eines Rektors erzählen, der ausgezogen ist, in Frankfurt an der Oder, einem geographisch und historisch denkwürdigen Ort, eine internationale, eine europäische Universität aufzubauen. Wenn man eine Universität aufbauen will, braucht man Professoren - wenn man eine internationale Universität aufbauen will, braucht man Professoren aus aller Welt, und wenn man sich an dieser Universität besonders mit dem östlichen Europa beschäftigen will, dann braucht man auch Professoren aus den Ländern des östlichen Europa. Hier also die Geschichte des Professors A, den wir aus München berufen haben, und des Professors B, den wir aus Warschau berufen haben. Engagiert beginnen beide Professoren mit ihren Vorlesungen, obwohl das mit dem Umzug ihrer Familien nach Frankfurt/Oder noch eine Weile dauert

---

1 Vortrag am 16. Januar 1996 im Rathaus der Stadt Chemnitz.

(Wohnungsprobleme, Schulprobleme, usw.). Für diese Situationen gibt es in Deutschland gesetzliche Regelungen, die sich mit Trennungsentschädigung und ähnlichen Fragen beschäftigen. Darin ist auch geregelt, daß dem getrennten Bediensteten regelmäßige Heimfahrten zu seiner Familie erstattet werden. Davon macht unser Münchener Kollege regen Gebrauch und erhält anstandslos seine Erstattungen. Als der Warschauer Kollege (dessen Eisenbahnfahrt einen Bruchteil des Flugpreises nach München kostet) ein Gleiches tut, wird ihm die Erstattung verweigert. Warum? Weil die einschlägigen Regeln vorsehen, daß bei Familienheimfahrten ins Ausland nur die Reisekosten bis zur nächstgelegenen deutschen Grenzstation erstattet werden - für unseren Warschauer Kollegen also genau von Frankfurt/Oder nach Frankfurt/Oder...

So störend können Grenzen sein - so mühsam kann das sein mit der Wissenschaft, der Universität und der Grenze - aber lassen Sie mich etwas weiter ausholen.

Universitäten tun sich schwer mit Grenzen. Sie nehmen zwar für sich in Anspruch, kraft der Universalität von Wissenschaft Grenzen mühelos überwinden zu können. Aber in Wirklichkeit sind sie in Grenzen der unterschiedlichsten Art befangen. Trotz aller Internationalität von Wissenschaft sind sie nationalen Kulturen und Wissenstraditionen ebenso verhaftet wie nationalen Dienstrechts- und Besoldungs- und Beförderungssystemen und haben Mühe, über diese Grenzen hinweg zu einer echten Internationalität zu gelangen. Sie stoßen zudem - zweitens - immer wieder an die Grenzen, die die Disziplinen sorgfältig und dauerhaft um sich herum aufgebaut haben, und tun sich schwer mit dem oft beschworenen Prinzip der Interdisziplinarität. Sie sind zum Dritten, wie kaum eine andere gesellschaftliche Institution, befangen in den Grenzen des status quo und haben ihre liebe Not, mit dem Anspruch auf Veränderung, Innovation und Reform fertig zu werden. Große Schwierigkeiten bereitet ihnen auch - viertens - die Möglichkeit, daß es sich bei dem Begriff und den Kriterien von Wissenschaftlichkeit nicht um eine für alle Ewigkeit gesetzte Ordnung handeln könnte und wir uns vielleicht um neue Formen von Wissen bemühen müßten. Und sie sind schließlich - fünftens - auch noch nicht so ganz mit der Grenze fertig geworden, die traditionell die Universität säuberlich von ihrem Umfeld getrennt hatte und in dem bösen Bild des ,elfenbeinernen Turms' ihre kritische Pointe fand.

Ich würde in meinem heutigen Vortrag gern alle fünf dieser Grenzthemen behandeln, denn in ihnen allen tritt eine wichtige Befindlichkeit der Universität von heute zutage. Die Zeit wird indessen nicht reichen, jedem dieser Themen Gerechtigkeit widerfahren zu lassen, und so werde ich mich auf die ersten beiden konzentrieren - auf das Problem der Internationalität und der Interdisziplinarität an der realexistierenden deutschen Universität unserer Tage. So ganz werde ich allerdings der Versuchung nicht widerstehen können, mich auch zu den anderen drei Themen zu äußern, ich werde dies zum Ende meines Vortrages zumindest in der Form von drei Thesen tun, die ich für heute ohne weitere Erörterung aufstellen und gleichsam als Einladungen zum Widerspruch oder als Steine des Anstoßes am Weg zurücklassen werde.

Zunächst aber will ich, wie versprochen, mich eingehender mit den Herausforderungen von Internationalität und Interdisziplinarität beschäftigen, mit der Frage also, wie die Universität unserer Tage es mit den Grenzen ihrer nationalstaatlichen Tradition und ihrer einzelwissenschaftlichen Überlieferung hält.

Es wird sich nicht vermeiden lassen, daß Sie in meinen Ausführungen gelegentlich Elemente meiner eigenen Biographie entdecken - wir alle sind ja, manchmal mehr als wir meinen, Geschöpfe unseres eigenen Werdegangs. In meinem Fall werden Sie zum einen in Betracht zu ziehen haben, daß ich den größeren Teil meiner beruflichen und wissenschaftlichen Laufbahn an einer großen amerikanischen Privatuniversität - der Stanford University in Kalifornien - zugebracht und dabei natürlich einen Lern- und Sozialisierungsprozeß durchlaufen habe, der sich von dem eines normalen deutschen Universitätsprofessors (oder auch Rektors) um einiges unterscheidet. Zum anderen ist das, was ich hier zu sagen habe, auch ein Produkt der Tatsache, daß ich seit 1991 - zunächst als Mitglied des Gründungssenats, dann als Rektor - mit dem Aufbau einer recht ungewöhnlichen Art von Universität an einem recht ungewöhnlichen Ort - der deutsch-polnischen Grenze in Frankfurt/Oder - beschäftigt bin. Ich habe es, mit anderen Worten, an mehreren Punkten meiner eigenen beruflichen und persönlichen Wanderschaft für sinnvoll und lohnend gehalten, bestehende Grenzen bewußt zu hinterfragen und gelegentlich auch zu hintergehen. Von dem, was man dabei lernt, wird im Verlaufe meines Vortrags sicher noch zu reden sein.

2. Die hochschulpolitische Hinterlassenschaft des Nationalstaates

Es ist eigentlich seltsam: Es gibt auf der einen Seite in der Tat nichts Internationaleres als Wissenschaft - aber es gibt gleichzeitig auf der anderen Seite wenig, das in den Grenzen des Nationalstaates so sehr befangen ist wie die Universität. Universitäten sind geprägt durch institutionelle Regelungen und durch die Koppelung mit öffentlichen Beschäftigungssystemen, die allesamt nationalen Ursprungs und durch nationale oder, wie im Falle der deutschen Länder, subnationale Autorität legitimiert und sanktioniert sind. Ein Physiker aus Garching kann in seiner wissenschaftlichen Arbeit aufs engste mit seinen Kollegen in Stanford oder Grenoble zusammenarbeiten; in dem Augenblick jedoch, in dem er an seiner Hochschule an der Ausbildung von Physiklehrern mitarbeitet oder über die Einstellung seiner wissenschaftlichen Mitarbeiter verhandelt, unterliegt er einem enggesponnenen Netz von Regelungen und Sanktionen, die nicht nur der deutschen (oder bayrischen) Gesetzgebung entstammen, sondern auch in besonderer Weise eine deutsche Tradition gesellschaftlicher und kultureller Normen widerspiegeln - ich denke etwa an das Verhältnis von Professoren und Assistenten.

Ähnlich ist es bei der Formulierung und Legitimierung von Ausbildungszielen, wo - bei aller allmählich zunehmenden Freizügigkeit der Arbeitsmärkte (zumindest in einem Teil Europas) - immer noch Qualifikations- und Laufbahnmodelle maßgebend sind (denken Sie nur an die Ausbildung von Juristen!), die zutiefst in nationale Bezugs- und Orientierungssysteme eingebettet sind. Allerdings ist dies keine deutsche Besonderheit - bei französischen, japanischen oder amerikanischen Universitäten ist dies nicht anders. Auch intendiere ich hier zunächst keine Wertung - es ist schließlich eine Tatsache, daß der nationalstaatliche Rahmen neuzeitlicher Hochschulentwicklung ein integraler Teil einer Geschichte ist, in der der Nationalstaat zur dominierenden Form politischer Herrschaft wurde.

Das war nicht immer so - in mancher Hinsicht war die europäische Universität des späten Mittelalters in der Tat eine „europäischere" Einrichtung als die heutige. Dies gilt übrigens auch - vor allem im Hinblick auf den östlichen Teil Europas - von der ehrwürdigen und recht bemerkenswerten Vorgängerin unserer heutigen Universität in Frankfurt/Oder, der Alma mater Viadrina, im 16. und 17. Jahrhundert, als sich dort ein buntes Gemisch aus Brandenburgern, Litauern, Polen, Russen, Schlesiern und Ungarn ein akademisches Stelldichein gab, auf das noch zurückzukommen sein wird.

Und es wird wohl auch in Zukunft nicht mehr so sein, daß Universitäten so ausschließlich in nationale Zusammenhänge eingefügt sind. Denn die enge Verbindung zwischen den Strukturen und Inhalten der deutschen Universität und dem Bezugssystem des Nationalstaates wird zunehmend fragwürdig. Dieser Prozeß hat zunächst mit der zunehmenden Fragwürdigkeit des Nationalstaates selbst als der einzigen oder bevorzugten Form der Organisation politischer Herrschaft zu tun. Er spiegelt andererseits (und parallel dazu) aber auch die wachsende Bedeutung supranationaler und transnationaler Herrschaftsformen wider - von der wachsenden Bedeutung übernationaler Handelssysteme wie EU oder NAFTA über die zunehmende politische Bedeutung länderübergreifender ideologischer Bewegungen (ich denke an Fundamentalismen der verschiedensten Art) bis zum unstreitigen Einfluß multinationaler Wirtschaftsunternehmen. Gleichzeitig kommt auf das Hochschulwesen unserer Zeit auch ganz pragmatisch der Bedarf neuer, auf internationale Wirtschafts-, Rechts- und Kulturbeziehungen begründeter Arbeitsmärkte und Wissensmärkte zu. Wir haben in diesem Herbst an der Viadrina einen neuen Studiengang „Internationale Betriebswirtschaftslehre" eingeführt, der auf Anhieb und ohne jede Werbung doppelt so viel Studenten angezogen hat, als wir eigentlich aufnehmen wollten - die Studenten scheinen sehr wohl verstanden zu haben, woher bzw. wohin der Wind weht.

An die Hochschulen unserer Zeit stellen sich mit den massiven Veränderungen unseres internationalen Umfelds Anforderungen, die sich im Rahmen von weithin national konzipierten Studiengängen und Laufbahnentsprechungen nicht mehr angemessen befriedigen lassen. Denken Sie nur an die dramatische Ausweitung der Wirtschaftsbeziehungen zwischen West- und Osteuropa (die wir buchstäblich Tag für Tag in den LKW-Schlangen auf der Autobahn bei Frankfurt/Oder vor Augen haben), an die zunehmende Bedeutung des fernöstlich-pazifischen Wirtschaftsraums, an die Notwendigkeit, sowohl das transatlantische Verhältnis als auch die Beziehungen zwischen Industrieländern und Entwicklungsländern neu zu definieren, oder auch ganz hautnah an die zunehmende Multikulturalität der deutschen Gesellschaft selbst.

- Wo finden sich denn - so wird man fragen müssen - in Deutschland das Expertenwissen, das landeskundige Personal oder die Fremdsprachenkenntnisse für den Umgang mit so entscheidend wichtigen Partnern wie Malaysia, der Ukraine, Vietnam oder Polen - von China ganz zu schweigen?

- Welcher Prozentsatz der Lehrveranstaltungen an deutschen Hochschulen findet in einer anderen Sprache als deutsch statt? (Ich vermute: Weniger als ein Prozent, und das dürften zumeist Veranstaltungen in fremden Philologien sein.)

- Oder: An wie vielen deutschen Fakultäten (wenn Sie einmal die Philologien ausnehmen) ist es erlaubt oder gar regelmäßig üblich, Examensarbeiten in einer anderen Sprache als deutsch vorzulegen?

- Oder: Wie viele Professoren- und Mitarbeiterstellen an deutschen Hochschulen werden ernsthaft international ausgeschrieben (von den Prestigeanzeigen im „Economist" einmal abgesehen) und besetzt?

Die Antwort dürfte in allen Fällen eher bescheiden ausfallen und meine Feststellung erhärten, daß die Ausrichtung auf vornehmlich deutsche Arbeits- und Anwendungsmärkte immer noch ein wichtiges Merkmal der deutschen Hochschullandschaft ist und daß die Herausforderung, die in der zunehmenden Durchlässigkeit und abnehmenden Bedeutung territorialer und nationaler Grenzen liegt, von der deutschen Hochschule unserer Tage erst in sehr zaghaften und marginalen Ansätzen angenommen wird. Daß dies auch in anderen Hochschulsystemen ähnlich ist (wenngleich es - etwa in Skandinavien und den Niederlanden - bemerkenswerte Ausnahmen gibt), darf nicht darüber hinwegtäuschen, daß hier noch ein wichtiges Kapitel moderner Hochschulgeschichte zu schreiben sein wird.

Vor diesem Hintergrund möchte ich aber noch auf eine Herausforderung besonderer Art zu sprechen kommen, die mir angesichts des Ortes, an dem ich tätig bin, aber auch unter dem Gesichtspunkt der geistigen Geographie eines neuen Europa besonders am Herzen liegt. Ich spreche vom Verhältnis der Wissenschaft zur Grenze zwischen dem westlichen und dem östlichen Europa.

Natürlich ist diese Grenze nicht nur für die Wissenschaft eine Herausforderung. Allzu sehr und allzu bequem haben wir uns alle ja darauf eingerichtet, daß mit Europa das Gelände gemeint ist, das von Brüssel aus als Europa definiert worden ist. Der sogenannte Kalte Krieg hatte uns einen trefflichen Vorwand geliefert, dieser bequemen Illusion nachzuhängen. Der Vorwand gilt nicht mehr, die Illusion ist als solche entlarvt, das Europa jenseits der Oder stellt unmißverständlich den Anspruch, in eine neue Definition Europas einbezogen zu werden.

Andrzej Szczypiorski, der bedeutende polnische Autor, hat in seiner Bremer Rede zum Tag der Deutschen Einheit im vergangenen Jahr dazu einiges Beachtenswerte gesagt:

„Heute leben wir in einem völlig anderen Europa. Es gibt keinen Kommunismus mehr, und den Menschen scheint es, daß in Zukunft alles ausgezeichnet vorangehen wird. Die Bürger der Gesellschaften der Fülle [...] glauben, daß eine Zeit der großen Umwandlung dort eingetroffen sei, wo vor Jahren der Kommunismus herrschte.

Gleichzeitig denken sie, daß es nicht nötig sei, Änderungen im Westen einzuführen, denn das, was Europa jetzt erlebe, sei eine Rückkehr zur Normalität, die doch seit langem ausschließlich im westlichen Teil des Kontinents herrsche. Nach dieser Ansicht sollten die Menschen in Warschau, Prag, Leipzig, Budapest, Bratislava nun mit einer neuen Existenz beginnen, nach bewährten, guten Mustern von Paris, London, Bremen und Amsterdam. [...]

Ich meine, daß Europa erst jetzt wirklich zu existieren anfängt. Seine Existenz war vor einigen Jahren krüppelhaft, sie war eine Unwahrheit und Illusion. Denn es gibt kein Europa ohne die Gotik von Krakau und Prag, ohne den Dresdner Zwinger, ohne die Brücken von Budapest und ohne Leipzig, das früher die Hauptstadt des europäischen Buches war. Die Westeuropäer erlagen einer süßen und ziemlich bequemen Täuschung, daß Big Ben, die Gassen von Siena, die Anhöhe Montmartre, der Dom von Worms genügen, um die Geschichte, die Tradition und Kultur Europas für die Zukunft zu erhalten."

Hier ist sehr Wichtiges gesagt, vor allem aber auch dieses: daß es nicht genügt, das (uns) bekannte Europa schlicht nach Osten hin zu erweitern; der EU-Terminus der „Osterweiterung" verrät seine Intention ja aufs deutlichste - noch vor einigen Tagen, bei einem Symposium einer bedeutenden Stiftung, wurde die vor uns liegende Aufgabe denn auch prompt als „die Wiederherstellung eines westlich orientierten Europa" umschrieben. Gründlicher kann man sich wohl nicht irren; denn worum es an diesem denkwürdigen Punkt der Geschichte gehen muß, ist ja gerade dies: die Wiederherstellung Europas zum Anlaß zu nehmen, ein neues Konzept von Europa zu entwickeln, Europa (und damit auch das westliche Europa!) neu zu denken, und die östlichen und westlichen Traditionen des Europäisch-Seins in einer neuen kulturellen Synergie zusammenzuführen.

Wie aufregend diese Aufgabe sein kann, das konnte man im letzten Sommer in einer bemerkenswerten Ausstellung in der Bonner Kunsthalle des Bundes erfahren. Die Ausstellung hieß „Europa - Europa" und machte am Beispiel der künstlerischen Avantgarde deutlich, eine wie reiche, eigenständige, aber doch durch und durch europäische Kulturlandschaft sich in der ersten Hälfte dieses Jahrhunderts im östlichen Europa entwickelt hat, und welch ein großartiges geistiges Abenteuer in der gegenseitigen Wiederentdeckung der europäischen Traditionen im Osten und im Westen liegen könnte.

Eine ähnlich aufschlußreiche und herausfordernde Erfahrung erwartete den, der sich in den letzten Monaten der soeben zu Ende gegangenen Ausstellung „Berlin - Moskau" im Martin-Gropius-Bau in Berlin gegenübersah. Hier wurde der ganze Reichtum der Beziehungen deutlich, die bis 1914 zwischen diesen beiden „dramatischsten Schauplätzen [...] der Turbulenzen der Moderne" bestanden (ich zitiere meinen Frankfurter Kollegen Karl Schlögel aus seinem Beitrag „Der zersprungene Spiegel" im Katalog der Ausstellung: „Die zivilisatorische Bewegung der Moderne ließ die beiden Reiche aufeinander zurücken wie nie zuvor in ihrer Geschichte, schuf einen Kommunikationsraum und eine Art Zeitgleichheit, in der die Probleme Rußlands und Deutschlands als Probleme der modernen Welt aufgefaßt und behandelt wurden. [...] Zu dieser Zivilisationsnormalität gehörte alles: der Austausch von Gütern und Ideen, die Begegnung von Menschen, die eine Sprache sprachen - die Sprache eines Europas im Aufbruch." Dort läßt sich so unvermittelt natürlich nicht wieder anknüpfen, aber die Aufgabe der Wiederentdeckung dieser unterschiedlichen Traditionen der europäischen Moderne in unseren Tagen wird dadurch nicht weniger wichtig.

In dieser Aufgabe der gegenseitigen Wiederentdeckung ist natürlich die Wissenschaft und die Universität ganz besonders gefordert. Ob sie in der Lage ist, diese Aufgabe zu meistern? Die Anzeichen - über das hinaus, was bereits über die Begrenzung in nationalen Bezugssystemen gesagt wurde - sind nicht besonders ermutigend. Vieles von dem, was sich seit dem zweiten Weltkrieg als Osteuropaforschung im Westen etabliert hat, trägt die Spuren der Interessenlage des Ost-West-Konflikts; für die Kremlinologen in der Osteuropaforschung der USA gilt dies in ganz besonderer Weise. Selbst wo diese Hypothek nicht besteht, kommen auch hier wieder die nationalen wissenschaftlichen Bezugssysteme einem angemessenen Verständnis ins Gehege. Ein Paradebeispiel ist, wie ebenfalls Karl Schlögel überzeugend darzutun weiß, die Migrationsforschung, in der es der Forschung eines Landes weithin immer nur um „seine" Vertriebenen gegangen ist, wodurch das komplexe und unendlich bedeutsame Gesamtphänomen der erzwungenen Bevölkerungsbewegungen in Ost- und Ostmitteleuropa im 20. Jahrhundert nirgendwo eine wirklich umfassende und ausgewogene wissenschaftliche Bearbeitung erfährt.

Und was für die Forschung gilt, gilt sicher in noch ganz besonderer Weise für die Lehre. Wenn diese beiden voneinander so lange und so wirkungsvoll isolierten Teile Europas zusammenwachsen sollen, dann bedarf es dazu wohl auch eines neuen Typus von Europäer. Dieser Typ müßte sowohl in seinen kognitiven Fähigkeiten (einschließlich der Sprachenkenntnis) als auch in seiner Einstellung in der Lage sein, sich auf dieses Abenteuer eines aus seinen westlichen und östlichen Traditionen entstehenden neuen Europa einzulassen. Dieser Typus hat heute in unseren westlichen Gesellschaften noch Seltenheitswert - und ich schließe hier die ehemalige DDR ein, wo selbst den Interessierten ihr Interesse am östlichen Europa und seinen Sprachen durch

die vom Regime bis zum Überdruß aufgetragene Bruderstaatenideologie
gründlich verleidet worden ist.

Vor diesem Hintergrund fällt zumindest mir bei der allgemeinen westlichen
Rhetorik zur Osterweiterung eine gewisse Schieflage der Argumente auf. Die
Diskussion ist ja weithin von der Frage bestimmt, ob denn die Länder Ostmit-
tel- und Osteuropas tatsächlich schon für die Aufnahme in dieses erlauchte
Europa qualifiziert seien, und ob diese oder jene Bedingung denn schon
erfüllt sei. Natürlich muß man so fragen, aber gelegentlich würde ich doch
auch einmal fragen wollen, ob denn der Westen Europas, und nicht zuletzt
diese Republik, überhaupt selbst schon auf diese neue Partnerschaft vorberei-
tet ist. Aus meiner eigenen unmittelbaren Erfahrung an der Oder fallen mir
solche Vorkommnisse wie der Frankfurter „Brötchenkrieg" oder der "Mar-
kendorfer Kessel" gegen vermeintlich illegale polnische Arbeitskräfte ein,
aber damit erschöpfen sich gewiß nicht die Beispiele dafür, daß diese Gesellschaft immer noch ihre Probleme mit der Andersartigkeit hat - vor allem da,
wo sie nicht folkloristisch bunt, sondern ausgesprochen störend wirkt.

3. Disziplinen und ihre Grenzen

Ich wollte mich aber, wie versprochen, neben der Grenze der nationalen
Überlieferungen im Hochschulwesen auch noch mit einer anderen Grenze
beschäftigen, die in der Entwicklung der neuzeitlichen Universität eine
wichtige Rolle gespielt hat - auch hier mit einem gewissen Unterschied zu
ihren mittelalterlichen Vorgängerinnen. Ich spreche von den Grenzen, die die
Einzelwissenschaften und Disziplinen im Zuge ihrer Entwicklung um sich
herum aufgebaut haben. Was und wer in die jeweilige Disziplin einzubeziehen oder nicht einzubeziehen war, wurde dabei zum elementaren Struktur-
merkmal der Universität: Botaniker gehörten zu Botanikern, Juristen gehörten zu Juristen, und weder hatten die einen mit Chemikern noch die anderen
mit Ökonomen irgend etwas gemein. Mit diesen säuberlichen Scheidungen
wurde die Fachdisziplin zum primären Baustein des neuzeitlichen Wissen-
schafts- und Hochschulgebäudes - und das, wie Gebäude das so an sich haben, mit erheblichem Beharrungsvermögen. Auch hier vermeide ich die
Wertung eines wissenschaftsgeschichtlich wohl unvermeidlichen und in
vieler Hinsicht fruchtbaren Prozesses. Allerdings finde ich es bemerkenswert,
wie hartnäckig sich in vielen Fällen disziplingebundene Strukturen in der
Wissenschaft halten - selbst dort, wo sie aufgrund des unverkennbaren Fortschritts unserer wissenschaftlichen Einsichten zunehmend obsolet geworden
sind. Die Grenzen zwischen Biologie, Chemie und Physik sind längst zumin-

dest durchlässig und vielleicht sogar weithin bedeutungslos geworden - und doch wird sich diese säuberliche Einteilung in jedem Vorlesungsverzeichnis wiederfinden, das Sie in die Hand nehmen - und nicht nur in Deutschland. Ähnliches ließe sich über das Verhältnis von Volkswirtschaftslehre, Politikwissenschaft und Soziologie sagen, wo ebenfalls die Gemeinsamkeiten in Fragestellung und gar Methode allmählich die Unterschiede überwiegen - oder, um es anders zu sagen, wo oft die Unterschiede innerhalb einer jeden dieser Disziplinen größer sind als die Unterschiede zwischen ihnen.

Es ließe sich aufschlußreich darüber diskutieren, warum dies so ist, warum sich also wissenschaftliche Strukturen halten, die inhaltlich längst fragwürdig geworden sind und die, was noch wichtiger ist, oft den Zugang zu möglichen anderen und vielleicht fruchtbareren Strukturen verstellen. Uns fehlt hier die Zeit, eine solche Erörterung in aller gebotenen Ausführlichkeit anzustellen, doch gestatten Sie mir einige Anmerkungen, die diese Frage der Beharrlichkeit gegebener Wissensstrukturen und disziplinärer Identitäten in einen etwas weiteren Zusammenhang stellen.

(a) Zunächst einmal gilt es zu verstehen und anzuerkennen, daß Wissenschaftsstrukturen natürlich nicht nur abstrakte Ideen verkörpern, sondern auch Interessenstrukturen sind - d. h. daß Disziplinen sowohl in der Universität als auch in der wissenschaftlichen und nicht-wissenschaftlichen Öffentlichkeit Einfluß auf Entscheidungen und Ressourcen ausüben und diese Positionen zu verteidigen suchen - daß also Veränderungen in den diesen Strukturen zugrundeliegenden Identitäten auch dieses System von Herrschaft - denn um ein solches handelt es sich - bedrohen würden.

(b) Zum zweiten ist auch hier eine vergleichende Perspektive sinnvoll, in der dann offenkundig wird, daß sich Hochschulsysteme durchaus darin unterscheiden, wie offen sie gegenüber Veränderungen in der Struktur und Identität akademischer Disziplinen sind. Dem System der Vereinigten Staaten ist hier in der Tat eine größere Beweglichkeit zuzusprechen - ich denke an die sich sowohl in der Forschung als auch in der Lehre zeigende Entwicklung neuer Wissensgebiete wie Human Biology, Symbolic Systems, International Relations, Comparative Literature oder Modern Thought and Literature.

(c) Zum dritten finde ich es sehr bemerkenswert, wie die gegenwärtige hochschulpolitische Diskussion in Deutschland im Grunde ohne jeden erkennbaren Bezug zu dieser Frage der inhaltlichen Struktur von Wissenschaft geführt wird. Ich würde sogar noch weitergehen und sagen, daß diese

Diskussion von einer bemerkenswerten „Inhaltslosigkeit" gekennzeichnet ist, d. h. von einer weitgehenden Vernachlässigung der Frage, was denn eigentlich heutzutage gelehrt und gelernt werden sollte, und daß sie sich so gut wie ausschließlich auf solche formalen und prozeduralen Fragen wie Studienzeiten, Hochschulfinanzierung oder Leistungsmessung beschränkt - wichtige Fragen allemal, aber doch dringend darauf angewiesen, in fundierten inhaltlichen Erwägungen verankert zu werden. (Vielleicht liegt die Erklärung darin, daß die gegenwärtige Runde der Hochschulreformdiskussion in Deutschland nicht eigentlich von den Hochschulen, sondern in erheblichem Maße von den Finanzministern und dem Bundesverband der Deutschen Industrie ausgelöst worden ist.)

(d) Schließlich ist diese Problematik der Bewahrung und Veränderung wissenschaftlicher und disziplinärer Identitäten Teil eines umfassenderen Prozesses, der die zweite Hälfte dieses Jahrhunderts kennzeichnet und in dessen Verlauf wesentliche Annahmen unseres Verständnisses von Wissen und Wissenschaft ernsthaft in Frage gestellt werden. Im Gefolge dieser Diskussion zum Selbstverständnis von Wissenschaft ist auch das herkömmliche Selbstverständnis der Fachdisziplinen als der definitiven Matrix für die Organisation von Wissen einer ersten Erschütterung ausgesetzt gewesen. Die Wahrnehmung, wie Jürgen Kocka es formuliert hat, der „Grenzen und Lücken ausschließlich disziplinär verfaßter Wissenschaft" hat zu einer Situation geführt, in der disziplinäre und interdisziplinäre Wissensformen in eine eher fruchtbare (wenn auch nicht immer konfliktfreie) Spannung zueinander treten und in der Interdisziplinarität zum „Medium der Selbstreflexion und Selbstkontrolle der wissenschaftlich-technischen Welt" wird.

Ich möchte versuchen, diese Frage der Interdisziplinarität als eine der wichtigen zeitgenössischen Herausforderungen der Universität an den europäischen Kontext zu koppeln, von dem im vorherigen Teil meines Vortrages die Rede war. Auf der einen Seite, in historischer Perspektive, hat die Art von geistigem Grenzgängertum, der ich mit meinem Plädoyer für eine größere Interdisziplinarität das Wort rede, in Europa natürlich Tradition. In der Tradition der europäischen Philosophie ebenso wie in früheren Inkarnationen der Staatswissenschaft oder der Kulturwissenschaft (mein verehrter Lehrer Arnold Bergstraesser kommt mir in den Sinn) war eine breitere, umfassendere Definition der wissenschaftlichen Gegenstände durchaus legitim. Wichtiger aber noch ist mir das mehr auf die Zukunft gerichtete Argument, daß die Rolle der Wissenschaft in der Konstruktion eines neuen Europa eine Art von Wissenschaft verlangt, die die Zusammenhänge zwischen den unterschiedlichen Segmenten von Wirklichkeit zu sehen und zu verstehen in der Lage ist - die es also versteht, etwa den Prozeß des gesellschaftlichen Wandels nicht nur in seiner wirtschaftlichen, sondern gleichzeitig auch in seiner rechtlichen, psychologischen und kulturellen Dimension zu sehen.

Gerade auch im Hinblick auf die epochale Aufgabe, die sich der neuzeitlichen Wissenschaft im Hinblick auf die Wiederentdeckung der westlichen und östlichen Traditionen des Europäischen stellt, wird dieser integrierenden Kapazität von Wissenschaft eine entscheidende Aufgabe zufallen. Wir werden zum Verständnis dessen, was sich heute in Rußland abspielt, mehr als nur das Fachwissen des Politikwissenschaftlers oder des vergleichenden Rechtswissenschaftlers oder des Finanzwissenschaftlers benötigen; was wir brauchen ist eine konzertierte wissenschaftliche Aktion, in der das komplexe Zusammenwirken von normativen, psychologischen, strukturellen und historischen Faktoren zum Gegenstand einer multidisziplinären und interdisziplinären Anstrengung wird.

4. Die Europa-Universität Viadrina - Modellversuch einer neuen geistigen Geographie

An dieser Stelle meines Vortrages überkommt mich eine gewisse Verlegenheit. Ich möchte jetzt nämlich gern die sehr allgemeinen Ausführungen, die ich bisher über den Stand der Welt und der Wissenschaft gemacht habe, in Beziehung setzen zu dem sehr konkreten, wenn auch sehr bescheidenen, Projekt einer neuen Universität am östlichen Rand dieser Republik (und damit auch am Ostrand des offiziellen Europa). Dabei setze ich mich natürlich sofort dem Verdacht aus, als wolle ich diese zarte institutionelle Pflanze - die Europa-Universität Viadrina in Frankfurt/Oder - gleichsam als die Antwort auf alle die hier genannten Probleme hochstilisieren - an den akademischen Diskurs sozusagen eine akademische Werbesendung anschließen.

Nichts läge mir ferner als das. Natürlich bin ich von dem Projekt dieser neuen Universität, an dem ich nun schon, die Planungszeit einbegriffen, vier Jahre lang gearbeitet habe, voll und ganz überzeugt. Ich würde die doch erhebliche Mühe dieses Amtes nicht auf mich genommen haben, wenn dem nicht so wäre. Aber hier geht es nicht so sehr um meine Überzeugungen, sondern um eine Illustration - eine Illustration des allgemeineren Arguments zur Lage der deutschen Universität angesichts der Herausforderungen von Internationalität und Interdisziplinarität. Eine Illustration, die dieses allgemeine Argument konkretisieren soll, die aber gleichzeitig auch zeigen soll, welchen Schwierigkeiten man sich gegenübersieht, wenn man diese Herausforderungen ernst nehmen will.

Die Europa-Universität Viadrina Frankfurt/Oder ist eine Schöpfung der Nach-Wende-Zeit, Teil des arbeitsteiligen hochschulpolitischen Konzepts des Landes Brandenburg, das als einziges der neuen Bundesländer den Vorteil und den Nachteil hatte, keine Universität aus dem Nachlaß der DDR zu übernehmen. Die anderen Bestandteile dieses Konzepts sind die Technische Universität Cottbus, die Universität Potsdam (mit Schwerpunkten in den Naturwissenschaften und der Lehrerbildung) sowie fünf Fachhochschulen. Die Europa-Universität war und bleibt einer der wenigen Versuche, in dieser Zeit des Umbruchs nicht nur - wie das ansonsten weithin üblich war - das Modell der bestehenden westdeutschen Hochschullandschaft zu reproduzieren, sondern in bescheidenem Maße neue Wege der Hochschulentwicklung zu erkunden. Diese neuen Wege, so die hochschulpolitischen Vorgaben der neuen Landesregierung, sollten vor allem in zwei Richtungen gehen: Eine Universität zu schaffen, die als bewußt internationale und europäische Einrichtung den geistigen Brückenschlag nach Ostmitteleuropa und insbesondere nach Polen sucht, und die gleichzeitig einen Beitrag zur Überwindung der Isolierung der Fachwissenschaften voneinander - vor allem im Bereich der Geisteswissenschaften - leistet.

In Frankfurt/Oder waren dafür - neben der Tatsache, daß keine bestehende Einrichtung vorhanden war - zwei Bedingungen günstig. Zum einen ein zwar zeitlich entferntes, aber inhaltlich anregendes historisches Vorbild - die alte Alma mater Viadrina, gegründet 1506 als erste brandenburgische Landesuniversität und 1811 als Konkurrenz zum neuen preußischen Hochschulstandort Berlin geschlossen und nach Breslau verlagert. Dieser alten Universität war natürlich, wie den meisten Universitäten ihrer Zeit, ein nicht unbeträchtliches Maß an interdisziplinärer Zusammenarbeit eigen.

Ich verweise hier gerne auf das besonders eindrucksvolle Beispiel eines meiner illustren Vorgänger, des Kollegen Johann Christoph Bec(k)mann aus dem 17. Jahrhundert, der mit einem Magistergrad in Theologie an der Viadrina im Alter von 20 Jahren anfing und alsbald dem Kurfürsten auffiel (angeblich, weil er ein Gedicht geschrieben hatte, das man auch rückwärts lesen konnte), der ihm zur Vorbereitung auf die Übernahme eines geschichtswissenschaftlichen Lehrstuhls an der Viadrina ein Reisestipendium aussetzte. Leiden, Amsterdam und Oxford waren die Stationen dieser wissenschaftlichen Wanderjahre, die ihrem Inhalt nach vielseitig genug gewesen sein müssen, die Ideen der frühen Aufklärung relativ früh nach Frankfurt zu tragen und dem immer noch jungen Gelehrten an der Viadrina sukzessive die Lehrstühle für Geschichte, für griechische Sprache, für Politik und für Theologie einzutragen. Daneben fand er die Zeit, sowohl eine hebräische Druckerei als auch eine für ihre Zeit vorbildliche Universitätsbibliothek an der Viadrina einzurichten und überdies insgesamt siebenmal das Amt des Rektors der Universität zu bekleiden - ein eindrucksvolles Vorbild, wie Sie zugeben werden, nicht aber eins, dem ich nachzueifern gedenke.

Zum anderen, und wichtiger noch für die Entsprechung zwischen der alten und der neuen Viadrina (der Name kommt übrigens von Viadrus, dem lateinischen Namen für die Oder), war die alte Viadrina bereits im 16., 17. und 18. Jahrhundert eine veritable Drehscheibe des akademischen Verkehrs zwischen dem westlichen und dem östlichen Europa. Von den dort immatrikulierten Studenten stammte ein beträchtlicher Prozentsatz aus Gebieten östlich (oder südlich) der Oder - also aus Polen, Litauen, Ungarn, Böhmen und Mähren, den übrigen baltischen Ländern und Rußland. Über diese Zahlen hinaus hatte sich die Universität an der Oder bereits früh die Rolle einer westöstlichen Vermittlerin erworben, die für geistige wie demographische Wanderungsbewegungen zwischen West- und Osteuropa (von den Ostwanderungen der französischen Hugenotten zu den Westwanderungen polnischer Adliger) ein wichtiger Kreuzungspunkt geworden war.

4.1. Das Projekt der Internationalität

In der Neugründung der Viadrina im Jahre 1991 verknüpft sich diese Tradition mit den Herausforderungen einer neuen Grenze und einer neuen Vorstellung von Europa. Eine Universität, die man am Ende dieses Jahrhunderts an der Oder gründet, kann eigentlich nur eine in diesem besonderen Sinn europäische Universität sein - europäisch eben in dem Sinn, daß Europa - Schengener Abkommen hin oder her - nicht an der Oder aufhört, und daß an eben dieser Grenze ein neues Kapitel europäischer Geschichte zu schreiben ist und daß man sich darum konkret, bescheiden und beharrlich zu bemühen hat.

Wie sehen denn nun - jenseits der hehren Prinzipien und der Feiertagsrhetorik - diese Bemühungen der neuen Viadrina aus? Lassen Sie mich dies in drei Punkten kurz charakterisieren - Studenten, Professoren, grenzübergreifende Einrichtungen. Zu jedem dieser Punkte werde ich Ihnen die Schwierigkeiten, die sich diesem Unternehmen in den Weg stellen, gleich mitliefern.

a) Studenten

Von Anfang an war klar, daß man das grenzübergreifende Mandat dieser Universität nur verwirklichen konnte, wenn man buchstäblich die Grenze öffnet und Studenten aus den östlichen Nachbarländern und insbesondere aus Polen den Zugang eröffnet - und zwar den Zugang nicht als Gästen oder Besuchern für ein oder zwei Semester, sondern als reguläre Studierende, die ihr Studium auch an der Viadrina abschließen, die damit zu integralen Mitgliedern der Universität werden und durch ihre Präsenz zu ihrer Internationalität beitragen. Daraus entstand die Vorgabe, daß rund 30% der Studienplätze an der EUV Studenten aus den Nachbarländern - Polen und anderen Ländern Ostmitteleuropas - vorbehalten sind - eine meines Wissens nicht nur in Deutschland, sondern weltweit einmalige Regelung. In diesem Semester, mit dem wir soeben das vierte Studienjahr der EUV eröffnet haben, finden sich unter den insgesamt rund 2000 Studierenden etwa 750 polnische Studenten - sorgfältig ausgewählt in Zusammenarbeit mit unseren Partneruniversitäten in Posen und Breslau, hervorragend motiviert und bislang akademisch höchst erfolgreich, auch im Vergleich mit ihren deutschen Kommilitonen.

Das klingt spannend, und ist es auch. Aber es schafft auch Probleme; ich nenne Ihnen die drei wichtigsten:

- Geld: Die Grenze zwischen Polen und Deutschland ist auch eine Wohlstandsgrenze. Die Mehrkosten eines Studiums in Frankfurt/Oder gegenüber einem Studium an einer polnischen Universität entsprechen ziemlich genau dem durchschnittlichen Monatseinkommen in Polen - etwa DM 300. Diesen Betrag müssen wir den etwa 80% der polnischen Studenten, die ihn nicht aus eigenen Mitteln aufbringen können, zur Verfügung stellen. Für 1996 beläuft sich dieses Programm auf rund DM 2.6 Millionen - von denen das Land Brandenburg (ein bemerkenswertes Indiz einer glaubwürdigen internationalen Wissenschaftspolitik!) DM 2 Millionen und die Stiftung für deutsch-polnische Zusammenarbeit DM 600 000 trägt. Wenn wir, was wir fest entschlossen sind zu tun, an der dreißigprozentigen Teilnahme polnischer Studenten festhalten wollen, auch wenn die Universität ihr einstweiliges Ziel von 4000 bis 5000 Studierenden erreicht hat, werden wir dafür in einigen Jahren im Jahr DM 4 Mill. benötigen - eine bescheidene Investition in die Zukunft der deutsch-polnischen Beziehungen, aber eine, die aufzubringen mir sehr viel Kopfzerbrechen bereitet.

- Studentisches Wohnen: Dieses Programm läßt sich nur mit einer exzeptionell hohen Wohnheimkapazität bewerkstelligen - ein privater studentischer Wohnungsmarkt existiert nicht oder ist unerschwinglich. Hier hat sich mit

Hilfe der polnischen Regierung, der Europäischen Union und unserer Partneruniversität, der Adam-Mickiewicz-Universität (AMU) in Poznan, eine vorzügliche Lösung ergeben, bei der inzwischen ein erheblicher Teil unserer Studierenden - polnische sowohl als deutsche - auf der anderen Seite der Oder im polnischen Slubice wohnen und morgens buchstäblich über die Grenze in die Vorlesung kommen (übrigens zumeist schneller als die Studenten, die in den deutschen Studentenwohnheimen am Rand von Frankfurt/Oder wohnen). Auch hier mache ich mir jedoch Sorgen, wie wir mit steigenden Zahlen fertig werden.

- Studiengänge und Studieninhalte: An einer Universität mit einem Drittel ausländischer Studenten (außer Polen sind übrigens noch etwa 15 andere Länder vertreten) kann man nicht mehr so tun, als betreibe man eine ganz normale deutsche Universität. Studiengänge mußten entwickelt werden, die sowohl den deutschen wie den nicht-deutschen Studenten angemessene inhaltliche und berufliche Perspektiven eröffnen. Ein besonders problematisches Beispiel ist das Studium der Rechtswissenschaft, wo es wenig Sinn macht, polnische Studenten nach dem deutschen Richtergesetz zum deutschen Amtsrichter ausbilden zu wollen (es kann sein, daß das auch für manche deutschen Studenten nicht allzu viel Sinn macht, aber das ist eine andere Geschichte). Für die polnischen Studenten ist deshalb von uns ein Studiengang entwickelt worden, der eine solide Grundlage im deutschen Recht mit einer in Polen anerkannten und gemeinsam mit der AMU in Poznan verantworteten Ausbildung im polnischen Recht verbindet. Ähnliche Beispiele gibt es in den anderen Fakultäten auch.

b) Professoren

Eine internationale Universität kann man selbstverständlich nicht ausschließlich mit deutschen Professoren besetzen. Das Ergebnis dieser Einsicht war der Versuch, in Frankfurt/Oder ein internationales Kollegium zu versammeln, in dem auch Wissenschaftler aus Osteuropa vertreten sind. Das war schwierig - zum Teil aus den bürokratischen Gründen, die ich eingangs beschrieben hatte -, aber nicht ohne Erfolg. Soeben ist der dritte polnische Kollege an der Viadrina zum Professor ernannt worden, hinzu kommen Professoren aus Australien, Österreich, Finnland, den Niederlanden, den USA - insgesamt vertritt etwa ein Drittel der inzwischen 42 Professoren (54 sollen es werden) wissenschaftliche Erfahrungen aus anderen Ländern. Die Vorzüge einer solchen Situation liegen - für eine internationale Universität - auf der Hand. Die Probleme sind von der Art, wie ich sie schon beschrieben habe - Verbeamtung, Anrechnung von Vordienstzeiten, Versorgungsfragen, Um-

zugskosten, Einstellung und Eingruppierung von ausländischen Mitarbeitern
- man könnte gelegentlich verzweifeln, wenn man das Konzept nicht für so
wichtig hielte!

c) Grenzübergreifende Einrichtungen und Programme

Zu den aufregendsten, aber auch schwierigsten Elementen der Frankfurter
Neugründung gehört eine Einrichtung, die ebenso einmalig wie für das Konzept der Universität entscheidend wichtig ist: Das Collegium Polonicum.
Hierbei handelt es sich um das Projekt eines Lehr- und Forschungszentrums,
das in Slubice auf der anderen Seite der Oder entsteht, gemeinsam von der
AMU in Poznan und der EUV getragen wird und zu einem Zentrum sowohl
der grenzübergreifenden wie der grenzbezogenen wissenschaftlichen Arbeit
werden soll. Ein ehrgeiziges und hochinteressantes Projekt, das inhaltlich
und physisch gute Fortschritte macht - nicht zuletzt dank der Unterstützung
der EU -, das in den rechtlichen und administrativen Regelungen allerdings
noch enormes Kopfzerbrechen macht.

Die EUV hat bewußt in ihr Wappen das Symbol der Brücke aufgenommen,
den Anspruch symbolisierend, über eine besonders schwierige und besonders
negativ besetzte Grenze hinweg eine neue Brücke der wissenschaftlichen und
akademischen Zusammenarbeit zu bauen. Der Anfang ist gemacht; der
Nachweis, daß so ein Konzept machbar ist, ist erbracht; der Erfolg des Ver-
suchs aber wird noch erheblicher Anstrengungen bedürfen.

Dieser Versuch des Brückenbaus ist der Viadrina kürzlich durch die Zuer-
kennung des Deutsch-Polnischen Preises für 1995 honoriert worden, den der
deutsche und der polnische Außenminister am 22. November in Frank-
furt/Oder überreicht haben. Darüber freuen wir uns - aber im Grunde werden
wir uns diesen Preis natürlich erst noch verdienen müssen.

4.2. Das Projekt der Interdisziplinarität

Der andere Anspruch, mit dem die Viadrina in ihrer neuen Inkarnation ange-
treten war, hat mit dem Mandat einer größeren Interdisziplinarität zu tun.
Auch hier war Bescheidenheit geraten. Die Notwendigkeit, diesen Weg zu
gehen, lag auf der Hand - ich erinnere nur an die gewichtigen Argumente, die
in den letzten zehn Jahren, in diesem Land und anderswo, aus der Diskussion
um die Zukunft der Geisteswissenschaften (z. B. Frühwald et al.) hervorgegangen sind. Aber das, was ich vorher schon über die Hartnäckigkeit der

disziplinären Bastionen gesagt habe, legt auch hier vorsichtige Zurückhaltung nahe.

Den Versuch, diese andere Art von Grenze zu überwinden und zu einer besseren Verständigung der Wissenschaften und Fachdisziplinen untereinander zu kommen, unternimmt die Universität auf zwei Ebenen. Zum einen werden die Studiengänge der drei an der Viadrina errichteten Fakultäten - Rechtswissenschaften, Wirtschaftswissenschaften (VWL, BWL) und Kulturwissenschaften - auf eine Weise miteinander verschränkt, die den Studierenden die Einbeziehung von Einsichten ihrer Nachbardisziplinen nicht nur ermöglicht, sondern auch auferlegt. Dies ist ein Maß an Interdisziplinarität, das zwar keineswegs an deutschen Hochschulen schon zum Allgemeingut geworden ist, aber sicher nicht nur in Frankfurt/Oder zu finden ist.

Eine besonders durchgreifende Form der Interdisziplinarität dagegen stellt die Begründung der kulturwissenschaftlichen Fakultät dar. Hier wird der Versuch unternommen, Geistes- und Sozialwissenschaften um ein neues und erweitertes Verständnis von Kultur herum zu einem neuartigen Studiengang und Forschungsfeld zusammenzuführen - ein Verständnis von Kultur, wie Manfred Stolpe kürzlich einmal gesagt hat, in dem Kultur „nicht die Sahne auf dem Kuchen, sondern die Hefe im Teig" sei. An diesem interdisziplinären Versuch sind die Geschichtswissenschaften (mit einer besonderen Betonung der Kulturgeschichte) ebenso wie die Kultursoziologie, die vergleichende Politikwissenschaft, die Philosophie, die vergleichende Sprach- und Literaturwissenschaft, die Wirtschafts- und Sozialgeographie und die Ästhetik beteiligt. Während das Grundstudium noch disziplinbetont ist, stehen im Hauptstudium disziplinübergreifende Veranstaltungen zu thematisch und problematisch integrierenden Fragen im Vordergrund.

Daß dieses Projekt intellektuell ungemein spannend ist, davon brauche ich Sie wahrscheinlich nicht zu überzeugen. Eine Prüfungsordnung zu entwickeln und zu beraten gehört normalerweise nicht zu den besonders anregenden Beschäftigungen an einer Hochschule; im Falle der Kulturwissenschaften, wo es ja darum ging, ein neues Fach regelrecht zu erfinden, war diese Aufgabe ein ausgesprochenes intellektuelles Vergnügen. Aber neben dem Vergnügen steht, wie so oft im akademischen Dasein, die Mühsal, in einem eingefahrenen System etwas Neues und Anderes zu versuchen. Unsere Versuche in Frankfurt/Oder, zu einer etwas größeren Interdisziplinarität zu gelangen, waren und sind keine Ausnahme. Von der Skepsis des Wissenschaftsrates bei der anfänglichen Begutachtung der Viadrina für die Aufnahme in das Hochschulverzeichnis bis zu den Fragen von Kollegen, Studenten und Zuschauern, was man denn mit einem solchen neuartigen Studiengang überhaupt anfangen könne - die Lektion ist deutlich: Hochschulpolitisches Neuland betritt man auf eigene Gefahr.

Und damit will ich ein Dilemma allgemeinerer Art beschreiben, das man im Interesse einer realistischen Einschätzung von Hochschulreform sehr wohl verstehen sollte: das Dilemma, das sich aus der Konkurrenz zwischen Innovation und Respektabilität ergibt. Gerade junge Universitäten sehen sich diesem Dilemma gegenüber: Sie sind sich einerseits der Chance bewußt, daß sie, ungehindert von akademischen Altlasten, eigentlich neue Wege gehen könnten und sollten. Sie sind gleichzeitig aber auch in besonderer Weise in Gefahr, sich gegenüber dem hergebrachten Zentrum des Hochschulsystems zu marginalisieren - ein Syndrom, das sich in der Geschichte der deutschen Hochschulpolitik immer noch (wiewohl vielleicht ungerechterweise) mit dem Namen „Bremen" verbindet. Dieser doppelte Erfolgsdruck - neue, natürlicherweise unerprobte Wege zu gehen und gleichzeitig fachliche Respektabilität zu bewahren - lastet schwer auf neuen und jungen Universitäten, die an den Mühen des Aufbaus ohnehin schon genug zu tragen haben. Dieses Dilemma macht uns auch in Frankfurt/Oder, bei aller Inspiration des neuen Ufers, sehr zu schaffen.

Damit endet meine kleine Exkursion nach Frankfurt/Oder. Sie war bestimmt von dem Wunsch, die doch recht abstrakten Themen von Internationalität und Interdisziplinarität etwas greifbarer zu machen.

5. Grenzen der anderen Art - Eine kurze Reprise

Sie werden sich aus der Einleitung zu meinem Vortrag erinnern, daß ich im Hinblick auf die Universität von Grenzen nicht nur im Hinblick auf territoriale Grenzen und die Grenzen zwischen den wissenschaftlichen Disziplinen gesprochen hatte. Universitäten, so hatte ich behauptet, haben ihre Probleme auch

- mit der Überwindung des status quo,
- mit der Überwindung eines möglicherweise korrekturbedürftigen Begriffs
  von Wissen und Wissenschaft und
- mit der Schleifung der letzten Überreste des elfenbeinernen Turmes.

Ich hatte Ihnen versprochen, auf diese anderen Formen der Begrenzung noch einmal kurz zurückzukommen und Ihnen dazu einige Thesen vorzulegen.

Dies soll hiermit getan werden - auch wenn jede dieser Thesen eigentlich einen eigenen Vortrag erfordert und verdient hätte.

These 1:

Universitäten (und das gilt allerdings in besonderer Weise für deutsche Universitäten, im Unterschied etwa zu amerikanischen) sind in einer Weise in den Grenzen des status quo befangen, die ihre (im übrigen dringende) Reform außerordentlich schwierig macht. Nirgendwo zeigt sich diese Begrenzung deutlicher als in den unendlich mühsamen Versuchen, Elemente von Leistungsorientierung und Wettbewerb stärker in die Entscheidungsstrukturen der Universität einzubeziehen. (Ich verweise Sie hier auf ein interessantes Dokument, nämlich die kürzlich der Öffentlichkeit vorgestellten Thesen - betitelt „Hochschulreform durch Leistungswettbewerb und Privatisierung?" - einer vom Stifterverband und der Nixdorf-Stiftung unterstützten Arbeitsgruppe, an der ich selbst beteiligt war und die ich - allerdings nicht deshalb - für besonders bemerkenswert halte.)

These 2:

Problematisch für die heutige Universität sind nicht nur die Grenzen zwischen den Wissenschaftszweigen oder Disziplinen (davon habe ich gesprochen), sondern auch die Grenzen, die sich aus einem möglicherweise überholten oder unzulänglichen Verständnis von Wissen und Wissenschaft ergeben. Es gehört, wie ich in meiner Antrittsrede als Rektor vor zwei Jahren gezeigt habe, zu den bedeutenden und oft unterschätzten Entwicklungen dieses zu Ende gehenden Jahrhunderts, daß sich unser an den Naturwissenschaften orientiertes Konzept von Wissen und Wissenschaft in grundlegender Weise gewandelt, differenziert und relativiert hat. Jenseits des experimentell-naturwissenschaftlichen Paradigmas von Wissen haben wir gelernt - ich erinnere an Gadamer, Foucault, Feyerabend aus alten und neuen Quellen von Wissen - künstlerischen, literarischen, biographischen, ethnographischen - neue und wichtige Einsichten in die Befindlichkeiten unserer Welt zu gewinnen. Die Universität, so meine These, tut sich nach wie vor außerordentlich schwer, aus dieser Entwicklung mit dem nötigen Mut und dem nötigen Einfallsreichtum ihre Lehren zu ziehen.

These 3:

Natürlich gibt es den elfenbeinernen Turm der Universität nicht mehr - sie könnte sich angesichts der Haushaltslage heutzutage auch nur mehr einen aus

Plastik leisten. Aber daß damit die Beziehung zwischen der Universität und ihrem gesellschaftlichen und wirtschaftlichen Umfeld problemlos geworden sei, kann man nun wirklich nicht sagen. Meine These: Zu den wichtigen Herausforderungen der Universität in unseren Tagen gehört die Herstellung eines neuen Außenverhältnisses - und zwar nicht nur zur Wirtschaft auf dem Wege über Technologie- und Wissenstransfer, sondern auch auf dem Wege der Öffnung gegenüber neuen Bevölkerungsgruppen wie Hausfrauen oder Hausmännern neben oder nach Abschluß der Kinderbetreuungsphase, Senioren oder Führungskräften aus Wirtschaft und Gesellschaft zur wissenschaftlich begründeten Weiterbildung, oder auch − Frankfurt/Oder zeigt, daß es möglich ist - gegenüber einem sehr viel nennenswerteren Maß grenzübergreifender studentischer Mobilität.

6. Schlußbemerkung

Das Thema der „Grenze" in seiner vielfältigen Bedeutung ist zur zentralen Herausforderung der neuzeitlichen Universität − in Deutschland wie anderswo − geworden. Bei dieser Herausforderung handelt es sich zugleich aber um ein zutiefst europäisches Thema. Man könnte Europa ja sowohl in seiner historischen wie in seiner zeitgenössischen Befindlichkeit geradezu dahingehend definieren, daß es sich immer wieder aufs neue der Herausforderung von Grenzen stellt - von den „Grenzen der bekannten Welt" in der Zeit der großen europäischen Entdecker - über die Grenzen Newton'scher Physik oder cartesianischer Mathematik - bis zu den durch das Schengener Abkommen gezogenen Außengrenzen der Europäischen Union. Die Zukunft wird zu zeigen haben, wie die Universität unserer Tage - und die Europa-Universität in Frankfurt an der Oder - mit dieser europäischen Herausforderung fertig wird.

Günter Spur

Der Wandel Technischer Universitäten und die Brandenburgische Technische Universität Cottbus als Reformmodell[1]

I. Gedanken zur strukturellen Erneuerung

1. Die gegenwärtige Situation an Technischen Universitäten

Die Diskussion um den Standort Deutschland ist in vollem Gange. Auf der Suche nach Standortnachteilen ist neben der Wirtschaft nun auch die Wissenschaft ins Gerede gekommen. Davon bleiben auch die Technischen Universitäten nicht verschont. In der Öffentlichkeit gelten sie oft als reformfeindlich und verkrustet, Lehre und Forschung scheinen im internationalen Vergleich an Boden zu verlieren. Diese Negativdarstellung droht sich in den Köpfen festzusetzen, auch wenn sie nur sehr bedingt oder teilweise gar nicht zutrifft.

Eines soll an dieser Stelle ganz klar gesagt sein: Technische Universitäten und Forschungseinrichtungen in Deutschland sind besser als ihr Ruf, die Ausbildung wie der Forschungsstandort sind international anerkannt und wettbewerbsfähig. Dennoch sind die Technischen Universitäten mit Problemen konfrontiert, die zum Teil von außen an sie herangetragen werden, zum Teil aber auch durch systemimmante Strukturen und Verhaltensweisen entstanden sind.

Die Universitäten sind zur Zeit weder finanziell noch von der räumlichen Kapazität her in der Lage, eine qualitativ hochwertige Ausbildung zu gewährleisten. Der häufig prognostizierte Rückgang an Studierwilligen bleibt aus, die Studentenzahl steigt weiter an. Dabei sind die rund 30 Prozent eines Jahrganges, die an den Hochschulen studieren, im internationalen Vergleich nur oberer Durchschnitt, kein Spitzenanteil.

Das Spannungsfeld zwischen erforderlicher kapazitativer Ausweitung und finanzieller Ausstattung wächst. Aus diesem Massenansturm ergeben sich

---

1 Vortrag am 29. November 1995 im Rathaus der Stadt Chemnitz, aktualisiert im Herbst 1997.

automatisch empfindliche Engpässe bei der Raumkapazität, gleiches gilt für die Sachmittel- und Personalausstattung.

Unter den Haushaltseinsparungen leidet die Planungssicherheit, es fehlt an finanziellen Mitteln für strategische Planungen. Hinzu kommt häufig eine mangelnde Flexibilitat beim Einsatz der Finanzmittel.

Die mangelnde Flexibilität ist ein entscheidender Nachteil von Massenuniversitäten. Durch die stark entwickelte Universitätsbürokratie mit zum Teil langen Verwaltungswegen ergibt sich eine Diskrepanz zwischen Verwaltungsstrukturen und wissenschaftlichen Erfordernissen. Hinzu kommen oftmals abgehobene und unübersichtliche Entscheidungsgremien. Zeitverluste können auch durch vorhandene Zielkonflikte zwischen Lehre und Forschung und einer daraus erwachsenden gegenseitigen Behinderung entstehen. Darunter leiden häufig Dauer und Effizienz des Studiums. Das Resultat: Überlange Studienzeiten und eine Überalterung der Berufsanfänger.

Im Vergleich zur Industrieforschung verliert die universitäre Forschung an Bedeutung. Gerade in kostenintensiven Schlüsseltechnologien können universitäre Forschungseinrichtungen häufig nicht mit der Industrie mithalten, bestehende Effektivitäts- und Zeitprobleme sowie strukturelle Flexibilitätsdefizite erschweren die Kooperation mit Wirtschaftsunternehmen.

Ein weiteres Problemfeld ist die Zersplitterung der Forschungspotentiale an Technischen Universitäten sowie eine ungenügende Nutzung der Möglichkeiten zu interdisziplinärer Forschung.

2. Maßnahmen zur Strukturreform

2.1. Differenzierung der Universitätslandschaft

Als wichtiges Ziel einer strukturellen Erneuerung muß die Bildung kleinerer, profilierter Universitäten bzw. eine Dezentralisierung der Großuniversitäten angestrebt werden. Die Entwicklung zur multifunktionalen Massenuniversität, wie sie besonders in den beiden letzten Jahrzehnten zu verzeichnen war, hat weder die universitäre Forschung und Lehre gefördert noch die Dienstleistungsfunktion der Universität gestärkt.

Die zukünftigen Universitäten werden ein durch spezifische Aufgaben definiertes unterschiedliches Profil ausbilden und die erforderliche wissenschaftliche Universalität auf dem Wege ausgleichender Kooperation anstreben müssen. Aus der Massenuniversität der Gegenwart entsteht so die differenzierte und effizienzorientierte Profiluniversität der Zukunft.

Dabei sollte die funktionale Differenzierung des Hochschulwesens in Hoch- und Fachhochschulen erhalten bleiben. Die Tendenz zur Egalisierung der Hoch- und Fachhochschulen auf dem Niveau wissenschaftlicher Hochschulen und Universitäten widerspricht offenkundig dem gesellschaftlichen Bedarf an differenzierter Ausbildung. Differenzierung und Aufgabenprofilierung der Universitäten setzt strategisch den Ausbau des Fachhochschulwesens mit seinen spezifischen Funktionen im Bereich mittlerer Qualifikationen voraus.

2.2. Flexibilisierung der Organisationsstrukturen

Differenzierung und Effizienzorientierung der Universität haben Konsequenzen auch für ihre innere Struktur. Sie erfordern eine große Freiheit der einzelnen Universität in der Wahl ihrer Organisationsstrukturen. Diese müssen dem Prinzip der Dezentralisierung von Entscheidungskompetenzen folgen, wenn die Universität ihre in Kollegialität, Gleichheit und Kooperation gründende Autonomie auch angesichts wachsender Größe und abnehmender Überschaubarkeit bewahren will.

Im Interesse effizienter Forschung und Lehre müssen die wissenschaftlichen Einheiten der Universität, also die Institute, in ihrer Autonomie gestärkt werden. Ihrer Entscheidung hat der Einsatz personeller und materieller Ressourcen in Übereinstimmung mit den langfristigen Grundentscheidungen der Universität zu unterliegen.

Die langfristige und theoretische Zielorientierung der Wissenschaft hält die Wirtschaft oft davon ab, mit der Universitätsforschung zu kooperieren. Hier bieten die Gründung und Förderung von An-Instituten eine geeignete Basis, Verbundprojekte zwischen Universitäten, außeruniversitären Forschungseinrichtungen und der Wirtschaft zu gestalten.

Der universitäre Großbetrieb hat zu Entscheidungsstrukturen geführt, die der angesichts zunehmender Spezialisierung und Qualifizierung von Forschung und Lehre geforderten Sachkompetenz nicht immer entsprechen. Die Organisation der zukünftigen Universität wird Entscheidungs- bzw. Mitbestimmungsrechte wieder stärker an entscheidungsrelevante Sachkompetenz bin-

den müssen, gefordert ist also die Integration von Sach- und Entscheidungskompetenz.

Gewachsene große Technische Universitäten werden daher ähnliche Wege zu
schlanken Strukturen gehen müssen, wie sie in Unternehmen beschritten
werden. Im Sinne einer Dezentralisierung könnten beispielsweise die Bereiche Produktionswissenschaften, Umweltwissenschaften, Naturwissenschaften
und das Bauwesen sowie integrativ die Wirtschafts- und Sozialwissenschaften stärker verselbständigt und gleichsam als Subuniversitäten organisiert
werden.

Bild 1: Strukturmodell mit selbständigen Universitätsbereichen

Die Gesamtuniversität wäre dann als Holding zu verstehen, die mit ihrer
fraktalen Struktur flexibler und unbürokratischer als die gegenwärtige zentralistisch gremienbestimmte Massenuniversität arbeiten könnte.

Künftig ist die Finanz- und Sachmittelvergabe an die Erfordernisse wissenschaftlicher Arbeit in Forschungsschwerpunkten zu koppeln. Das Arbeiten
unter den Bedingungen von Überlastquoten darf nicht zum Dauerzustand
werden. Die Ausstattung der Universitäten mit Haushaltmitteln ist den tatsächlichen Erfordernissen von Forschung und Lehre anzupassen. Den Universitäten muß in Zukunft mehr Gelegenheit gegeben werden, Forschungsschwerpunkte in eigener Zuständigkeit zu definieren. Dazu gehört die Be-

reitstellung ausreichender Mittel, über deren Einsatz dort entschieden werden sollte, wo die wissenschaftliche Arbeit stattfindet.

2.3. Modernisierung des Universitätsmanagements

Die Aufgabe der Universitätsverwaltung ist Dienstleistung für Forschung und Lehre. Beim Universitätsmanagement müssen in zunehmendem Maße Effizienzkriterien berücksichtigt werden, die eine entsprechende Organisations-, Personal- und Finanzstruktur erforderlich machen.

Um den wachsenden Anforderungen im sozialen, politischen, kulturellen, wirtschaftlichen und ökologischen Bereich flexibel gerecht werden zu können, muß die Entscheidungsautonomie der Universitäten auch gegenüber dem Staat gestärkt werden.

Der stetige Anstieg der Personal- und Verwaltungskosten verlangt eine Veränderung des Besoldungssystems und, damit verbunden, eine weitestgehende Modifizierung des bisherigen Beamtenstatus sowie die Flexibilisierung des BAT für alle übrigen Bediensteten im Interesse freier Lohn- und Gehaltsvereinbarungen. Dies ermöglicht eine stärkere Verflechtung personeller Art mit der Forschung und Ausbildung in der Wirtschaft sowie den außeruniversitären Instituten, durch die der Kostenanstieg aufgefangen werden könnte.

Die wachsende Autonomie der einzelnen Forschungs- und Lehreinheiten und die zunehmend auf Dezentralisierung ausgerichtete Leitungsstruktur der Universität erfordern eine Stärkung der inneruniversitären Kommunikationsmöglichkeiten.

2.4. Orientierung der Personalentwicklung am Lehr- und Forschungsbedarf

Wissenschaftliche Arbeit der Universität, die zu sehr im Rahmen ihrer institutionellen Bedingungen verbleibt, läuft Gefahr, den Anschluß an die aktuellen Diskussionsstand und die praktischen Herausforderungen der Wissenschaft zu verlieren. Professoren sollten daher korrespondierende Doppelfunktionen in universitären und außeruniversitären Forschungsfeldern übernehmen. Eine personelle Verbindung universitärer Forschung mit außeruniversitären Aufgaben durch Professoren als Regelfall gäbe der Universität die Möglichkeit zur Anwendung und Erprobung ihrer Forschungsergebnisse. Darin läge zugleich die Chance, universitäre Forschung stärker an den realen Problemen der Gegenwart und Zukunft zu orientieren.

Die Förderung des wissenschaftlichen Nachwuchses ist die wichtigste Investition der Universität in ihre Zukunft. Dabei ist die nationale und internationale Wettbewerbssituation zu beachten, in der sich die deutschen Universitäten befinden.

Das Promotionsalter muß durch Vergabe von Promotionsstipendien mit Altersbegrenzung gesenkt werden. Dieses Ziel kann durch Ausbau und Förderung von Graduiertenkollegs unterstützt werden. Nach der Promotion sollten für junge, qualifizierte Wissenschaftler in ausreichender Zahl Postdoktorandenstellen eingerichtet werden. Zur Ergänzung der Universitätsarbeit sind für junge Wissenschaftler Forschungsaufenthalte an wissenschaftlichen Einrichtungen des In- und Auslandes dringend erforderlich. Zur Nachwuchsförderung der Universität gehört auch ein regelmäßiges, qualifiziertes Weiterbildungsangebot.

Wichtig ist auch die Entwicklung längerfristiger Berufsperspektiven für den wissenschaftlichen Mittelbau. Junge Wissenschaftler, die ihre berufliche Perspektive in der Forschung und Lehre suchen und die den Qualifikationsanforderungen der Universität im Studium, durch Promotion und mit Beiträgen zur Forschung und Lehre entsprechen, müssen in der Universität differenzierte Arbeitsmöglichkeiten finden. Dazu gehört die Gelegenheit, Forschungsarbeiten selbst zu planen und durchzuführen, eigene Forschungsanträge zu stellen, Lehrangebote zu unterbreiten und auch nach der Habilitation ausreichende Bedingungen für selbständige wissenschaftliche Arbeit zu finden.

Dynamisierung und Einbindung der Universität in die Gesellschaft hängen wesentlich von der Zusammensetzung der Professorenschaft ab. Berufungen, bei denen nur universitäre Leistungen als Selektionskriterien wirken, tragen kaum zur Öffnung der Universität sowie zur Herausbildung differenzierter und effizienzorientierter Strukturen bei. Dieser Tendenz könnte eine stärkere Berücksichtigung außeruniversitärer Berufspraxis als Kriterium zur Rekrutierung der Hochschullehrerschaft entgegenwirken.

Grundsätzlich wäre es verfehlt, zwischen Lehr- und Forschungsprofessuren zu unterscheiden. Dennoch kann es zur Wahrnehmung von Forschungsaufgaben erforderlich sein, Hochschullehrer zeitweilig von Lehrverpflichtungen zu entbinden. Dazu ist die Flexibilisierung der Lehrverpflichtungen von Professoren nach ihrem Einsatz im universitären Forschungsprozeß erforderlich.

Zu den Formen einer solchen Entlastung gehören:

- Möglichkeiten zur zeitweiligen Reduzierung der individuellen Lehrverpflichtungen,
- Zeitliche Verteilung der Lehraufgaben und
- Verteilung von Lehrverpflichtungen innerhalb eines Fachbereichs oder Instituts.

Der aus der Überlastung der Universitäten resultierende Zielkonflikt zwischen Forschung und Lehre könnte durch stärkere Einbindung des wissenschaftlichen Mittelbaus in die Planung und Durchführung des Grundstudiums bei gleichzeitiger Freistellung von Professoren für zusätzliche Forschungsaufgaben erheblich gemildert werden. Das darf jedoch nicht bedeuten, das Grundstudium aus der Verantwortung der Hochschullehrer herauszulösen.

Die Leistungsfähigkeit universitärer Forschung hängt entscheidend von der Attraktivität des Universitätsdienstes ab. Je größer die Diskrepanz zwischen Universität und Wirtschaft bei der Besoldung von Wissenschaftlern wird, desto geringer werden die Möglichkeiten der Universität, qualifizierte Kräfte zu gewinnen. Eine Angleichung der Einkommen des wissenschaftlichen Personals im öffentlichen Dienst an den Standard in der Wirtschaft wäre daher ein Beitrag zur Qualitätssicherung universitärer Forschung.

2.5. Praxisorientierte Umgestaltung von Studium und Lehre

Unter den Folgen der Massenuniversität leidet insbesondere die Ausbildung der Studenten. Der unmittelbare, fördernde Kontakt zwischen Lehrenden und Lernenden ist weitgehend verlorengegangen. Gefordert ist daher eine verstärkte Individualisierung und Intensivierung der Ausbildung.

Von den Absolventen der Universitäten werden heute in zunehmendem Maße Fähigkeiten erwartet, die über eine rein fachspezifische Qualifikation hinausreichen. Flexibilität und Kreativität, Motivation, Denken in Zusammenhängen, Folgenabschätzung sowie Kooperations- und Kommunikationsbereitschaft sind Eigenschaften, ohne die leitende Funktionen nicht mehr erfolgreich wahrgenommen werden können. Erforderlich ist die Verbindung von fachlicher Qualifizierung und allgemeiner Persönlichkeitsbildung.

Der hohe Spezialisierungsgrad der wissenschaftlichen Disziplinen kann diese geforderte Breite der Ausbildung nicht mehr gewährleisten. Deshalb ist es notwendig, in Anknüpfung an die Idee des Studium Generale den Anteil allgemeinbildender Studieninhalte gegenüber dem Fachstudium zu erhöhen.

Die hohe Entwicklungsgeschwindigkeit der Wirtschaft und anderer gesellschaftlicher Bereiche führt zu einem schnellen Veralten vor allem des spezialisierten Wissens und Könnens. Darüber hinaus wäre die Universitat überfordert, die wachsende Vielfalt der Anwendungsformen ihrer Lehrinhalte in ein ständig erweitertes Lehrangebot aufzunehmen. Durch die Konzentation auf Grundlagen kann zugleich eine thematische Straffung des Fachstudiums erreicht werden. Deshalb wird insbesondere von der Wirtschaft eine Konzentration des Studiums auf die Aneignung von Grundqualifikationen im jeweiligen Fach, aber auch in allgemeinbildenden Disziplinen gefordert.

Überlange Studienzeiten haben ihren Grund auch in einem wenig effektiven und zeitaufwendigen Prüfungsverfahren. Es fehlt oft an organisatorischen und personellen Voraussetzungen, um eine schnelle Erfüllung der Auflagen für Zwischen- oder Abschlußprüfungen seitens der Studenten zu ermöglichen. Hier bedarf es der notwendigen Mittel und Vorschriften für die zügige Abwicklung der Prüfungen.

Die Lehrmethoden an der Universität haben in vielen Bereichen das Niveau, das mit der Erfindung des Buchdrucks erreicht wurde, nur unwesentlich überschritten. Die heute bestehenden Möglichkeiten, systematisches Grundlagenwissen in Form didaktisch gestalteter, bildungstechnischer Lehrprogramme und Medien bereitzustellen, wird selten genutzt. Deren Vorteil liegt nicht nur in der Entlastung der Lehrenden von Routineaufgaben. Sie ermöglichen den Studenten eine individuelle und damit effektivere Gestaltung des Wissenserwerbs.

Konzentration des Studiums auf die Vermittlung von Grundlagen schließt die Orientierung dieser Grundlagen an den beruflich erforderlichen Qualifikationen ein. Die Formen des Einbezugs beruflicher Praxis ins Studium sind von Disziplin zu Disziplin verschieden. Gemeinsam sollte ihnen jedoch die Repräsentativität der jeweiligen Studienanforderungen für die Berufswirklichkeit sein. Dazu ist die berufliche Praxis ins Studium einzubeziehen. Der Berufsorientierung entspricht auf der anderen Seite die praktische Fundierung theoretischer Lehrinhalte.

Eine für die Studenten effektive und nützliche Form der Berufsorientierung und praktischen Fundierung ihres Studiums ist die bezahlte Mitarbeit in Forschung und Lehre ihres Studienfachs. Hier besteht eine Möglichkeit, vor allem angehende Wissenschaftler frühzeitig in den Forschungsprozeß zu integrieren. Darüber hinaus erweist sich das Modell bezahlter studentischer Mitarbeiter gegenüber einer Finanzierung des Studiums durch Stipendien auch sozialpolitisch als weitaus überlegen.

Die überlangen Studienzeiten sind auch ein Ergebnis von Studienordnungen, die für alle gleich lange Regelstudienzeiten vorschreiben. Die Verkürzung der Studienzeiten könnte durch ein System differenzierter, aufeinander aufbauender Abschlüsse erzielt werden, die auf unterschiedlichen Ebenen für eine Berufstätigkeit als Qualifizierung anerkannt werden. In diesem Zusammenhang ist noch einmal an die Forderung nach Erhalt und Stärkung der Differenzierung von Hoch- und Fachhochschulen zu erinnern.

Die zukünftige universitäre Ingenieurausbildung könnte sich in ein drei-phasiges Studium gliedern, das die Möglichkeit bietet, die Universität je nach individuellen Vorstellungen mit unterschiedlichen Ausbildungsgraden zu verlassen.

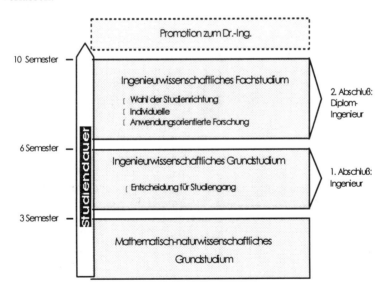

Bild 2: Das Ingenieurstudium in drei Phasen

In der ersten Phase werden neben den eigentlichen inhaltlichen mathematisch-naturwissenschaftlichen Grundlagen auch Tugenden wie Ordnung, Pünktlichkeit und eigenverantwortliches Pflichtgefühl sowie eine ganzheitliche Sichtweise der Zusammenhänge von Technik und Gesellschaft vermittelt. In der darauf folgenden Stufe schließt sich das Fachstudium mit ingenieurwissenschaftlichen Inhalten an, die denjenigen des heutigen Grundstudiums entsprechen. In dieser ebenfalls drei-semestrigen Phase sollen die Grundlagen für wissenschaftliches Arbeiten in Form analytischer und methodischer Vorgehenweisen erlernt sowie ein Gefühl für das Fachgebiet entwickelt werden. In Abhängigkeit von der persönlicher Begabung und Neigung kann der Student in einem abschließenden Semester mit der Anfertigung einer wissenschaftlichen Arbeit den untersten akademischen Grad erreichen und sich hiermit bereits für den Eintritt in das Berufsleben qualifizieren. Dieser Studiumsverlauf sollte den Regelfall für die Mehrzahl der Studenten darstellen.

Durch die individuelle Unterstützung durch Mentoren sollte es begabten Studenten ermöglicht werden, in einer weiteren vier-semestrigen Phase das „Wissenschaftliche Studium" anzutreten, das eine Vertiefung in individuellen Bereichen bietet. Diese Phase ist stark durch anwendungsorientierte Forschung geprägt. Durch die stetige Diskussion mit Hochschullehrern wird der Student zu einem eigenverantwortlichen, wissenschaftlichen Dialog befähigt. Er beschließt diese Phase des Forschungslernens mit Erreichen des Akademischen Grades als Diplom-Ingenieur. Für hochmotivierte Absolventen bietet sich im Anschluß die Chance, in einem Zeitraum von zwei Jahren den Doktor-Titel zu erlangen.

2.6. Erweiterung und Profilierung universitärer Forschung

Bei der Ausstattung der Universitaten im Forschungsbereich zeigen sich im Vergleich zu Einrichtungen der freien Wirtschaft erhebliche Unzulänglichkeiten, die beispielsweise in der Entwicklung der Forschungsetats zum Ausdruck kommen. Besonders tritt dieses Problem bei der Kooperation zwischen den Universitäten und der Wirtschaft hervor. Den Universitäten stehen oftmals keine gleichwertigen Forschungseinrichtungen zur Verfügung, da die Mittelausstattung der Hochschulen dies nicht zulassen. Die universitäre Forschungsausstattung ist an den Standard internationaler Spitzenforschung anzupassen.

Bei der Abwicklung von Forschungsprojekten, insbesondere wenn diese in Kooperation mit der freien Wirtschaft erfolgen, erweist sich die Organisationsstruktur der Universität zunehmend als Hemmnis. Dieses kommt besonders bei der Bewilligung von Geldern für Forschungsarbeiten zum Ausdruck, die in der Regel nicht dort, wo sie benötigt werden, sondern von den höheren und damit weniger kompetenten Instanzen bewilligt werden. Gerade bei der Zusammenarbeit von Instituten der Universitäten mit Unternehmen stellt sich so das Problem, daß den Unternehmensvertretern entweder keine entscheidungsbefugten oder keine fachkompetenten Verhandlungspartner gegenüberstehen.

Bei der Lösung konkreter Probleme zeigt die Erfahrung, daß sich in steigendem Maße Aufgaben stellen, die nur im Zusammenwirken mehrerer, unter Umständen sogar vieler Disziplinen zu bewältigen sind. Hierzu ist eine fächer- und fakultätsübergreifende Zusammenarbeit notwendig, die aus der eigenen Fachkompetenz heraus geschehen muß. Sie darf aber nicht dazu führen, daß fachliche Autonomie durch Kooperation mit anderen Disziplinen zersetzt wird.

Der zunehmende Kostendruck, gerade bei Investitionen im Forschungsbereich, zwingt zu einer Aufgabenteilung unter den Hochschulen, da eine erforderliche Konzentration von Personal-, Investitions- und Sachmitteln nicht beliebig oft und an beliebig vielen Orten erfolgen kann. Einen Beitrag hierzu müssen auch die Hochschulen selbst leisten, indem sie mit der Fortentwicklung der Wissenschaften nicht nur immer neue Ansprüche an staatliche Förderungen begründen, sondern auch auf Einrichtungen verzichten, die ihren Zweck erfüllt haben oder ihm nicht gerecht werden können.

Bei der Weiterentwicklung der einzelnen Universitäten müssen unverwechselbare Forschungsprofile erkennbar werden, die ein Interesse an Kooperation für die im Umfeld der Universität ansässigen wirtschaftlichen, wissenschaftlichen und kulturellen Einrichtungen erzeugen oder gar zur Ansiedelung von Unternehmen und Einrichtungen in der Nähe von Hochschulen führen. Diese Profilbildung der Hochschulen würde insbesondere den ausseruniversitären Institutionen, deren Forschungsaufgaben mehr an einzelnen Schwerpunkten orientiert sind, eine Zusammenarbeit mit Einrichtungen der Universitäten erleichtern.

Zu den wichtigsten Aufgaben gehört die Förderung und Pflege von wissenschaftlichen Auslandskontakten. Dort, wo gute Arbeit geleistet wird, entstehen solche Kontakte von selbst. Es muß das Ziel der Universitäten sein, Aufenthalts- und Arbeitsmöglichkeiten für ausländische Forscher in ausreichendem Umfang an der aufnehmenden Universität zu schaffen. So ergibt sich vor allem auch die Aufgabe, junge Wissenschaftler aus europäischen Län-

dern zusammenzuführen und ihr Zusammengehörigkeitsgefühl als Europäer
zu fördern.

2.7. Verbindung von Grundlagen- und angewandter Forschung

Eine stärkere Kooperation zwischen den verschiedenen Forschungseinrichtungen ist zweifellos eine volkswirtschaftliche Notwendigkeit. Insbesondere
werden zunehmend komplexere Forschungsaufgaben zu immer größerer
Interdisziplinarität und zur Nutzung des spezifischen Know-hows anderer
Forschungsträger zwingen. Ziel muß es sein, eine Kooperation auf partnerschaftlicher Basis zu etablieren. Eine immer größere Bedeutung bei der Förderung von Forschungsprojekten kommt dabei den Drittmitteln zu, die
gleichzeitig ein sehr effizientes Instrument zur Steuerung von Forschungsak-
tivitäten nach Zielrichtung und Qualität darstellen. Die Einwerbung von
Drittmitteln verdient Anerkennung, so daß z. B. ein Zuschlag auf die bewil-
ligte Summe an Drittmitteln gewährt werden sollte.

Grundlagenforschung, angewandte Forschung, Innovationstechnik und
Technologietransfer durchdringen einander. Die zusammenwirkenden kreati-
ven Gestaltungskräfte entfalten ein weitgespanntes Entwicklungsfeld für
technologische Umsetzungen. Das ist insbesondere in den Ingenieurwissenschaften an der Effektivität der Forschungsarbeiten zu erkennen.

Die Etablierung ingenieurwissenschaftlicher Fächer an alten gewachsenen
Universitäten ist problematisch, da oftmals regionale und traditionelle Gründe dagegensprechen, wie auch eine Überforderung der vorhandenen Infra-
strukturen. An Universitäten, die über Möglichkeiten zur Kooperation mit
vorhandenen Disziplinen, Instituten oder Unternehmen verfügen, kann die
Etablierung ingenieurwissenschaftlicher Fächer durchaus sinnvoll sein. Dabei
ist jedoch die wissenschaftstheoretisch begründete Eigenständigkeit der In-
genieur- und Technikwissenschaften zu beachten.

2.8. Ausbau der Universitäten zu interdisziplinären Kompetenzzentren

Ein bedeutsames Problem ist die Unkenntnis über die Aufgabengebiete und
Betätigungsfelder der Technischen Universitäten in vielen Bereichen des
gesellschaftlichen Lebens. Hier sind große Anstrengungen zu unternehmen,
um die Technischen Universitäten, z. B. durch verstärkte Öffentlichkeitsarbeit, aus ihrer Isolation herauszuführen und so die Akzeptanz der besonderen
Rolle der Technischen Universitäten in der Gesellschaft zu stärken.

Große Defizite bestehen in der Art der Darstellung von Leistungen der Technischen Universitäten in Lehre und Forschung. Die schnelle Zunahme des Wissenschaftsumfangs, insbesondere in den technischen Disziplinen, und die zunehmende Komplexität der verschiedenen Fachgebiete führen zu einer besonderen Codierung der Sprache, die sogar die Kommunikation der Wissenschaftler verschiedener Disziplinen untereinander erschwert oder verhindert. Hier ist es geboten, daß Spezialisten untereinander wieder dialogfähig werden und ihre Sprache eine Verständlichkeit erhält, durch die universitäre Leistungen auch einer breiteren Öffentlichkeit zugänglich werden.

Die Leistungen der Technischen Universitäten, besonders in der Forschung, müssen gesellschaftlich mehr Anerkennung finden. Hierzu gilt es, Kommunikationsformen zu schaffen, die über die laufenden Forschungsarbeiten der Universitäten aufklären und eine Identifikation mit den Erfolgen dieser Arbeiten ermöglichen.

Der Anspruch der Universitäten auf die Gewährung eines Freiraums für eine eigene Forschungsförderung läßt sich nur dann rechtfertigen, wenn sich die Universitäten der Forderung nach Evaluation ihrer Leistungen unterwerfen. Die Bereitstellung von universitären Forschungsmitteln wäre mehr als bisher an eine Qualitätsbewertung zu binden, wie sie bei der Einwerbung von Drittmitteln schon lange besteht.

3. Zusammenführende Betrachtung

Nicht die auf Wissenschaftlichkeit gerichtete Zielsetzung der deutschen Universitätstradition ist überholt, sondern die Fortschreibung ihrer institutionellen und methodischen Gestalt, die zu den sich wandelnden äußeren Bedingungen zunehmend in Widerspruch gerät.

Die wirtschaftliche, politische und kulturelle Entwicklung der Gesellschaft erfordert dringender denn je eine sich auf Freiheit von Forschung und Lehre gründende Wissenschaft. Zu den Bedingungen des wissenschaftlichen Fortschritts und seiner gesellschaftlich vernünftigen Umsetzung gehören fachliche Autonomie, persönliches Engagement und Kreativität des Wissenschaftlers. Die Voraussetzungen dafür müssen geschaffen werden. Die immer größeren, anonymen, schwerfälligen und durch die Wissenschaftsverwaltung nur formal integrierten Massenuniversitäten hemmen den Fortschritt.

Das Humboldtsche Ideal einer zweckfreien, selbstverantwortlichen Wissenschaft als optimale Form auch ihrer gesellschaftlichen Wirksamkeit kann heute nur in einer differenzierten, effizienzorientierten Universität mit hohem Leistungsanspruch bewahrt werden, deren autonome Einrichtungen durch interdisziplinare Kooperation das Ganze der Universität selbstbestimmt rekonstruieren und beleben.

II. Modell einer Reformuniversität - die Brandenburgische Technische Universität Cottbus

1. Gründungskonzeption

Mehr als sechs Jahre nach ihrer Gründung am 15. Juli 1991 kann die Brandenburgische Technische Universität Cottbus bereits auf beachtliche Erfolge beim Aufbau einer leistungsstarken Forschung und Lehre sowie effizienter Universitätsstrukturen verweisen.

Zur Zeit studieren rund 3300 Studenten an der BTU Cottbus, in der Endausbaustufe sollen es einmal 6000 sein. Von den geplanten 139 Lehrstuhlinhabern sind jetzt schon 102 Professoren in Cottbus tätig. Unterstützt werden sie von rund 400 wissenschaftlichen Mitarbeitern. Die BTU Cottbus präsentiert sich so als eine Universität mit intensiver Betreuung der Studierenden.

Die BTU Cottbus ist die einzige Technische Universität in Brandenburg und zugleich die erste Neugründung in dieser Region seit Errichtung der Technischen Hochschule Charlottenburg im Jahre 1879, der heutigen TU Berlin. Der Ausbau der BTU Cottbus zu einem Zentrum der Ingenieurwissenschaften stellt einen wichtigen Beitrag zum technologischen, wirtschaftlichen, sozialen und kulturellen Aufschwung dar, der auch über die Grenzen Berlin-Brandenburgs hinaus wirksam sein kann.

Mit der Neugründung der BTU Cottbus wurde die Chance ergriffen, Einsichten und Forderungen der aktuellen Hochschuldiskussion über die künftige Universität und ihre Stellung in der Gesellschaft modellhaft zu realisieren. Konzeptionell folgten daraus:

- Abkehr von der zentralisierten Massenuniversität durch Integration der Studienplätze in Zentren und Instituten,

- wissenschaftliche Profilbildung durch interdisziplinäre Forschung und Lehre in den ingenieurwissenschaftlichen Bereichen Bauwesen, Maschinenwesen und Elektrotechnik, Umwelt- und Verfahrenstechnik sowie im Wirtschaftsingenieurwesen und in den Naturwissenschaften,

- Vertiefung außeruniversitärer Forschungskooperationen, insbesondere mit internationalen Wissenschaftseinrichtungen,

- systematische Verbindung von Grundlagenforschung und angewandter, wirtschaftsnaher Forschung einschließlich der Bildung von An-Instituten,

- Erhöhung der Ausbildungsqualität und beruflichen Mobilität durch fachübergreifende Studienschwerpunkte unter Betreuung durch Studienkommissionen,

- Verkürzung der Studienzeiten durch Konzentration auf Grundlagenwissen, durch Strukturierung des Lehrangebots nach Studienjahren, durch Beschleunigung der Prüfungsverfahren sowie durch wirksame Betreuung der Studenten in Studiengruppen,

- Beschleunigung des Technologietransfers durch berufsbegleitende Weiterbildungsangebote,

- Stärkung der inneruniversitären, fachbezogenen Entscheidungskompetenz, insbesondere auf Fakultäts- und Institutsebene sowie

- Durchsetzung vernetzter, überschaubarer, effizienter und kostensparender Verwaltungsstrukturen.

2. Universitätsstruktur

Die Brandenburgische Technische Universität Cottbus ist als eine kleine, überschaubare, besonders leistungsorientierte Universität mit einer Kapazität von 6000 Studenten ausgelegt. Ohne den universitären Anspruch zu reduzieren, konzentriert die BTU Cottbus angesichts der Breite heutiger Wissenschaftsentwicklung ihr Potential auf besondere Schwerpunkte. Die Entwicklung wird dahingehen, daß Universitäten mehr und mehr ein definiertes unterschiedliches Profil ausbilden und die erforderliche wissenschaftliche Kompetenz auf dem Wege ausgleichender Kooperation anstreben werden. So kann ein differenzierter und effizienzorientierter neuer Typ von Profiluniversität entstehen.

Die Neugründung der BTU Cottbus entsprach dem wachsenden Forschungs- und Ausbildungsbedarf des neuen Bundeslandes Brandenburg im Osten Deutschlands. Die Wechselwirkung der BTU Cottbus mit anderen Hochschulen und Universitäten schließt die beiden anderen brandenburgischen Universitäten in Potsdam und Frankfurt/Oder sowie die Fachhochschule Lausitz in besonderer Weise ein. Neben der direkten Kooperation zwischen diesen drei Universitäten und der FH Lausitz zeigt sich ihr Wirkzusammenhang in unterschiedlichen, einander ergänzenden wissenschaftlichen Profilbildungen.

Dem beruflichen Anforderungsprofil zukünftiger Absolventen wissenschaftlicher Hochschulen und Universitäten wird die BTU Cottbus mit einem Organisationsmodell gerecht, nach dem sowohl Studium und Lehre als auch die Forschung interdisziplinär strukturiert werden. Den Abschottungstendenzen der Fakultäten untereinander wird in Cottbus durch ein Konzept der transdisziplinären Lehre erfolgreich entgegengewirkt. In dem vom Zentrum für Technik und Gesellschaft organisierten fachübergreifenden Studium erhalten alle Studierenden an der BTU Cottbus Einblicke in die Bereiche Philosophie und Technikgeschichte sowie Arbeits- und Sozialwissenschaften. Ziel der vom Zentrum für Technik und Gesellschaft organisierten Seminare ist es, Methoden- und Systemkompetenz zu vermitteln. Damit sollen Ingenieure und Naturwissenschaftler so umfassend ausgebildet werden, daß sie den sich schnell verändernden Berufsanforderungen besser begegnen können.

Die BTU Cottbus umfaßt folgende vom Gründungssenat am 30. August 1991 beschlossene sowie vom Minister für Wissenschaft, Forschung und Kultur des Landes Brandenburg am 27. September 1991 bestätigte Fakultäten und Studiengänge:

- Fakultät 1: Mathematik, Naturwissenschaften und Informatik, mit den Studiengängen Mathematik, Physik und Informatik,

- Fakultät 2: Architektur und Bauingenieurwesen, mit den Studiengängen Architektur, Bauingenieurwesen sowie Stadt- und Regionalplanung,

- Fakultät 3: Maschinenwesen, Elektrotechnik und Wirtschaftsingenieurwesen, mit den Studiengängen Maschinenbau, Elektrotechnik und Wirtschaftsingenieurwesen,

- Fakultät 4: Umweltwissenschaften und Verfahrenstechnik, mit den Studiengängen Umweltingenieurwesen und Verfahrenstechnik.

Obwohl die Studiengänge den jeweiligen Fakultäten zugeordnet sind, weisen sie interdisziplinär über Fach- und Fakultätsgrenzen hinaus. Folglich liegt ihre Organisation in der Verantwortung von Studienkommissionen, die sich aus Vertretern aller beteiligten Fächer zusammensetzen.

In der zentralen Einrichtung des Zentrums für Technik und Gesellschaft wird das verpflichtende fachübergreifende Studium für alle Studiengänge organisiert. Hier sind bislang 10 Lehrstühle an der Schnittstelle zwischen Technik- und Geschichtswissenschaften sowie Bildungs- und Sozialwissenschaften angesiedelt. Aus dem Angebot der Lehrstühle:

- Technikphilosophie und Technikgeschichte,

- Baugeschichte, Bautechnikgeschichte, Denkmalpflege und Kunstgeschichte sowie

- Arbeitswissenschaft, Betriebliche Bildung, Industriesoziologie und Interkulturalität

sind bis zum Ende des Studiums insgesamt bis zu 12 Semesterwochenstunden zu absolvieren.

3. Akademische Selbstverwaltung

Differenzierung und Effizienzorientierung haben Konsequenzen auch für die innere Struktur einer Universität. Sie erfordern eine große Freiheit in der Wahl der Organisationsformen. Diese müssen dem Prinzip der Dezentralisierung von Entscheidungskompetenzen folgen, wenn die Universität ihre in Kollegialität, Gleichheit und Kooperation gründende Autonomie auch angesichts wachsender Größe und abnehmender Überschaubarkeit bewahren will.

Der Gründungssenat der Brandenburgischen Technischen Universität Cottbus hat sich gemäß § 3, Abs. 1, des Brandenburgischen Hochschulgesetzes für die Erarbeitung einer Grundordnung nach dem Modell der Rektoratsverfassung entschieden. Danach basiert die akademische Selbstverwaltung der BTU Cottbus auf dem Rektorat, dem Senat sowie den Fakultäten und Instituten als Entscheidungsinstanzen. Bei weitgehender Fakultätsautonomie muß die Handlungstransparenz erhalten bleiben. In allen haushaltsrechtlichen Fragen wirken Rektorat, Senat und Fakultäten konsultativ zusammen.

Die Option für eine solche Grundordnung erfolgte mit dem Ziel, Sach- und Entscheidungskompetenz zu reintegrieren sowie Verwaltungswege möglichst kurz und überschaubar zu halten.

Auch beim Universitätsmanagement müssen neben einem hohen Leistungsanspruch in zunehmendem Maße wirtschaftliche Kriterien berücksichtigt werden, die eine entsprechende Organisations-, Personal- und Finanzstruktur erforderlich machen. Dabei erfordern die wachsende Autonomie der einzelnen Forschungs- und Lehreinheiten und die zunehmende Dezentralisierung der Universität eine Stärkung der inneruniversitären Kommunikationsmöglichkeiten.

Um den wachsenden Anforderungen im sozialen, politischen, kulturellen, wirtschaftlichen und ökologischen Bereich gerecht zu werden, muß die Entscheidungsautonomie der Universitäten auch gegenüber dem Staat gesichert bleiben.

4. Studium und Lehre

Die Entwicklungsgeschwindigkeit von Wissenschaft und Wirtschaft sowie anderer gesellschaftlicher Bereiche führt zu einem schnellen Veralten vor allem des spezialisierten Wissens und Könnens. Die Universität wäre überfordert, die wachsende Vielfalt der Anwendungsformen ihrer Lehrinhalte in ein ständig erweitertes Lehrangebot aufzunehmen.

Deshalb fordert der Arbeitsmarkt eine Konzentration des Studiums auf die Aneignung von Grundqualifikationen im jeweiligen Fach, aber auch in allgemeinbildenden Disziplinen, sowie die Verbindung dieser Qualifikationen in generalistischen Studien. Dies muß sich allerdings mit dem Anspruch einer besonderen wissenschaftlichen Vertiefung auch unter dem methodischen Aspekt verbinden.

Nachwuchsförderung ist die wichtigste Investition der Universität in ihre Zukunft. Dabei ist die nationale und internationale Wettbewerbssituation zu beachten, in der sich die deutschen Universitäten befinden. Junge Wissenschaftler, die ihre berufliche Perspektive in der Forschung und Lehre suchen und die den Qualifikationsanforderungen der Universität im Studium, durch Promotion und Beiträge zur Forschung und Lehre entsprechen, müssen in der Universität differenzierte Entwicklungsmöglichkeiten finden. Dazu gehört auch die Gelegenheit, Forschungsarbeiten selbständig weiterzuentwickeln, eigene Lehrangebote zu unterbreiten und bei hervorragendem Erfolg beste Voraussetzungen zur Habilitation zu finden.

Den zunehmend komplexer werdenden beruflichen und wissenschaftlichen Anforderungen will die Brandenburgische Technische Universität Cottbus durch konsequente Interdisziplinarität ihrer Forschungs- und Lehrtätigkeit gerecht werden. Ingenieurwissenschaften sind in diesem Sinne auch Sozialwissenschaften. Interdisziplinarität ist deshalb zu einem Struktur- und Entwicklungsprinzip der BTU Cottbus in Forschung und Lehre geworden. In jeweils einer gemeinsamen Fakultät verbindet die BTU Cottbus das Bauingenieurwesen wieder stärker mit der Architektur und überwindet die Trennung des Maschinenwesens von der Elektrotechnik. Sie vereint in ihrer Fakultät für Umweltwissenschaften alle auf die Umweltthematik und Verfahrenstechnik gerichteten Disziplinen.

Die Fakultät für Mathematik, Naturwissenschaften und Informatik legt entsprechende Grundlagen für die ingenieurwissenschaftlichen Studiengänge. Enge, fachübergreifende Zusammenarbeit wird nicht nur mit den Fächern der eigenen Fakultät, sondern auch mit den Ingenieurwissenschaften, den Wirtschaftswissenschaften und den geistes- sowie sozialwissenschaftlichen Fächern angestrebt. Im Rahmen der jeweiligen Studienordnungen können Prüfungsleistungen auch in interdisziplinärer Zusammenarbeit mit anderen Fächern und Fakultäten erbracht werden.

In die Organisation des Studiengangs Wirtschaftsingenieurwesen sind durch Ausgestaltung der Studien- und Prüfungsordnungen mit den Studienrichtungen Baubetrieb, Fabrikbetrieb und Umwelttechnik auch die drei zugehörigen Fakultäten für Architektur und Bauingenieurwesen, für Maschinenwesen und Elektrotechnik sowie für Umweltwissenschaften einbezogen.

Von den Absolventen einer Universität werden heute in zunehmendem Maße Fähigkeiten erwartet, die über eine rein fachspezifische Qualifikation hinausreichen. Flexibilität und Kreativität, Motivation, Denken in Zusammenhängen, Folgenabschätzung sowie Kooperations- und Kommunikationsbereitschaft sind Eigenschaften, ohne die leitende Funktionen im Berufsleben nicht mehr erfolgreich wahrgenommen werden können.

Die Internationalisierung der Arbeits- und Wissenschaftswelt verlangt darüber hinaus entsprechende Fremdsprachenkenntnisse. Mit Hinblick auf ihre geographischen Lage bietet das Sprachzentrum der BTU Cottbus neben Kursen in Englisch, Französich und Spanisch auch Kurse in der polnischen, tschechischen, slowakischen und russischen Sprache an. Der zusätzliche Erwerb osteuropäischer Sprachkenntnisse ist von Vorteil, damit die europäische Integration nicht an Oder und Neiße stehen bleibt.

5. Forschung

Die Leistungen der Universitäten, besonders in der Forschung, müssen aus wirtschaftlicher Sicht mehr Innovationskraft entwickeln. Hierzu gilt es, Kommunikationsformen zu schaffen, die zum einen Aufklärung über die laufenden Forschungsarbeiten der Universitäten vermitteln und zum anderen eine Identifikation mit den vor allem auch in der Industrie verwertbaren Erfolgen dieser Arbeiten ermöglichen.

Bei der Weiterentwicklung der Brandenburgischen Technischen Universität Cottbus müssen unverwechselbare Forschungsprofile erkennbar werden, welche für die im Umfeld ansässigen Unternehmen und wissenschaftlichen sowie kulturellen Einrichtungen ein Interesse an Kooperationen erzeugen oder gar zur Ansiedelung neuer Unternehmen und Einrichtungen in der Nähe von Hochschulen führen. Das würde insbesondere den außeruniversitären Institutionen eine Zusammenarbeit mit Einrichtungen der Universität erleichtern.

Eine stärkere Kooperation zwischen den verschiedenen Forschungseinrichtungen ist zweifellos eine volkswirtschaftliche Notwendigkeit. Zunehmend komplexe Forschungsaufgaben werden zu immer größerer Verbundforschung und zur gegenseitigen Nutzung des spezifischen Know-hows verschiedener Forschungsträger zwingen. Ziel muß es sein, eine effektive Kooperation auf partnerschaftlicher Basis zu etablieren.

Grundlagenforschung, angewandte Forschung, Innovation und Technologietransfer greifen ineinander. Die zusammenwirkenden Gestaltungskräfte entfalten ein weitgespanntes Entwicklungsfeld für schnelle technologische Umsetzungen. Das ist insbesondere in den Ingenieurwissenschaften an der Innovationsleistung der Forschungsarbeiten zu erkennen. Es ist dringend notwendig, in verstärktem Maße die Möglichkeiten zur Reform technischer Innovationsprozesse zu untersuchen und neue Technologiepotentiale für wirtschaftliche und politische Entscheidungsträger anzuzeigen. Dabei kommt auch der BTU Cottbus eine besondere Bedeutung zu, da sie eine Mehrzahl von Disziplinen stärker zu einer fachkompetenten Aussage verdichten kann.

Wissenschaftliche Arbeit, die zu sehr im Rahmen ihrer institutionellen Bedingungen verbleibt, läuft Gefahr, den Anschluß an den aktuellen Diskussionsstand und die internationalen Herausforderungen der Wissenschaft zu verlieren. Eine personelle Verbindung universitärer Forschung mit außeruniversitären Wissenschaftsinstitutionen gibt der Universität die Möglichkeit zur wirksamen und schnellen Verbreitung ihrer Forschungsergebnisse. Darin liegt zugleich die Chance, universitäre Forschung stärker an den realen Problemen der Gegenwart und Zukunft zu orientieren.

6. Berufsbegleitende Weiterbildung

Bildung gehört zu den Schlüsselfunktionen beim Einsatz neuer Produktionstechniken. Mit dem technischen Fortschritt verändern sich die Anforderungen an das Wissen und Können der Menschen. Einem Wandel unterliegen auch die Aufgaben der Bildungseinrichtungen. Diese können nicht erst nachträglich auf den Qualifikationsbedarf von Wirtschaft und Gesellschaft reagieren, sondern müssen selbst innovativ wirken. So entstehen neue Berufsbilder, ein Vorgang, durch den Weiterbildung zu einem normalen Bestandteil der heutigen Arbeitswelt wird.

Auf dem ausgedehnten Feld beruflicher Weiterbildung wird es zu einer immer enger werdenden Zusammenarbeit von unterschiedlichen Bildungsträgern kommen. Das gilt besonders für die neuen Bundesländer, in denen der wirtschaftliche Strukturwandel eine schnelle Umgestaltung der Qualifikationsstruktur erfordert.

Die Brandenburgische Technische Universität Cottbus hat bereits in ihrer Gründungsphase Aufbaustudiengänge für Bauingenieure, Elektrotechniker und Wirtschaftsingenieure durchgeführt. Sie entwickelt Weiterbildungsangebote, um Ingenieure, insbesondere aus den Bereichen Bergbau und Energiewirtschaft, für neue Aufgaben im Bauwesen zu qualifizieren.

Es ist dringend notwendig, die Ausbildung auf allen Ebenen zukunftsweisenden Ansprüchen anzupassen. Dies gilt nicht nur für Universitäten und Fachhochschulen, sondern auch für die Ausbildung zum Techniker und Facharbeiter. Wir müssen neue Berufsinhalte vermitteln und dabei auch Umschulung und Aufstiegsqualifizierung verstärkt einbeziehen. Ausbildung und Weiterbildung sind daher wichtige Aufgaben der BTU Cottbus, wobei das breitgestreute Fachwissen in vielfältigen Forschungs- und Anwendungsprojekten eine gute Grundlage für die Vermittlung des neuesten Standes der Technik sichert. Die BTU Cottbus wird ihr Weiterbildungsprogramm institutionell mit der Dynamik in Forschung und Lehre verbinden. Dabei korrespondieren die angestrebten kurzen Studienzeiten mit dem permanenten Angebot zur Aktualisierung des Qualifikationspotentials.

7. Wirtschaftliche Bedeutung

Die geographischen und wirtschaftlichen Gegebenheiten Brandenburgs lassen für die Niederlausitz große Entwicklungsmöglichkeiten erkennen. Die Oder wird in Zukunft keine Wirtschaftsgrenze mehr sein: die globalen wirtschaftlichen, ökologischen und sozialen Probleme dieser Region lassen Alleingänge nicht mehr zu. Ähnlich wie die verkehrstechnische Durchdringung wird auch das wirtschaftliche Produktionspotential in vernetzten Zusammenhängen gesehen werden müssen.

Durch den Zusammenschluß von EG und EFTA ist der europäische Wirtschaftsraum zum größten Binnenmarkt der Welt geworden. Bei Betrachtung der Wirtschaftsregion Zentraleuropa sehen wir im Westen ein von Frankreich über Westdeutschland nach Skandinavien reichendes produktives Breitband, das sich im Süden über die Schweiz und Norditalien nach Österreich, und über eine im Aufbau befindliche östliche Flanke, die sich vom Norden über Berlin, Frankfurt/Oder und Cottbus, über Leipzig, Dresden, Chemnitz, Breslau und Prag in den Süden nach Ungarn erstreckt. Neue Industrieansiedlungen in diesem Gebiet werden die Nähe von Wissenschaftsstädten suchen. Nach dieser Prognose wird im Osten dieses europäischen Wirtschaftsdreiecks ein Ballungsraum auch zwischen Oder und Elbe entstehen, der sich an die dynamische Entwicklung der führenden Wirtschaftsregionen schnell anpassen könnte.

Die regionalen Aufgaben, vor die sich die BTU Cottbus gestellt sieht, fördern zusätzlich ihre wissenschaftliche Profilbildung durch Konzentration auf beispielhafte technische, wirtschaftliche und ökologische Entwicklungsaufgaben. Der Wirtschaftsraum Cottbus wird durch industrielle Umstrukturierungen und ökologische Folgeprobleme ebenso bestimmt wie durch Aktivitäten von neuen Wirtschaftsbranchen. Die Forschungs- und Ausbildungsleistungen der BTU Cottbus dienen insbesondere:

- der Bauwirtschaft bei der Herstellung moderner, komplex geplanter baulicher Anlagen für Industrieansiedlungen, beim Aufbau eines leistungsfähigen Verkehrs- und Kommunikationsnetzes sowie bei der Sanierung von Wohn-, Sozial-, Industrie- und Verkehrsbauten,

- der Energiewirtschaft, die sich in einem grundlegenden Innnovationsprozeß auch von großer ökologischer Bedeutung befindet,

- dem Braunkohlebergbau, seiner effizienten und ökologischen Einordnung einschließlich den von ihm ausgehenden Rekultivierungsaufgaben,

- der chemischen Industrie mit ihren Schlüsselfunktionen zur Umgestaltung der gesamten Stoff-Umweltbeziehung,

- der Automatisierungstechnik mit veränderten Arbeitsstrukturen,

- dem Umweltschutz bei der Ansiedlung neuer Industrien und der Aufarbeitung der ökologischen Altlasten sowie

- der verkehrstechnischen Herausforderung hinsichtlich der Vernetzung von Straße, Schiene, Luft- und Wasserwegen.

Die Ausbildung an der BTU Cottbus ermöglicht den jungen Menschen im Land einen attraktiven, hochrangigen und berufsqualifizierenden Abschluß. Zugleich gibt sie dem durch die industrielle Umstrukturierung in der Region mittelfristig freiwerdenden Ingenieurpersonal eine neue berufliche Perspektive.

Schließlich findet der Aufbau wirtschaftlicher und wissenschaftlicher Kooperationsbeziehungen zu den osteuropäischen Ländern, dem sich die BTU Cottbus verpflichtet fühlt, in der Nachbarschaft zu Polen, zur Tschechischen Republik und zur Slowakei besonders günstige Voraussetzungen.

Klaus D. Wolff

„Universität beginnt im Kopf".
Zur Genesis der Universitäten Bayreuth und Erfurt[1]

I.

Jede Gründung einer neuen Universität fließt aus einer spezifischen wissenschaftspolitischen Überzeugung, deren Verwirklichung mit der Schaffung dieser Universität erreicht werden soll. Fehlt eine solche wissenschaftspolitische Grundidee, bleibt der Erfolg dem Zufall überlassen, da es dann erst einmal Sache der Mitglieder der Hochschule selbst ist, sich eine gemeinsame Idee zu erarbeiten. Um das Defizit der fehlenden Grundidee zu beheben, hilft nicht ein Verweis auf die jeder Universität obliegende Aufgabenstellung, durch selbstbestimmte Forschung das Wissen der Menschheit zu mehren und dieses sowie das über Generationen tradierte Wissen durch Lehre weiterzugeben. Jede Universität gewinnt die ihr eigene Identität erst dadurch, daß sie diese abstrakte Definition der Universität in konkrete Aufgabenstellungen umsetzt.

Die deutsche Universitätsgründungswelle, die in den 60er Jahren begann, wurde letztlich initiiert durch die von Georg Picht beschworene „deutsche Bildungskatastrophe". Unter diesem Titel hatte Picht ein Szenario entworfen, in dem folgende drei Hauptsätze galten:

- Die Zahl der in Deutschland ausgebildeten Akademiker muß zur Lösung der in der Zukunft zu erwartenden komplexen Probleme des materiellen und sozialen Lebens deutlich gesteigert werden,

- diese größere Zahl von Akademikern muß anders, strukturell differenzierter ausgebildet werden, als es die bisherige Ausbildung vorsieht, und

- die meisten dieser Akademiker müssen in einer kürzeren Zeit ausgebildet werden, als dies bisher üblich war.

Die Konsequenz der Veröffentlichung dieses Katastrophenszenarios war ein nicht voraussehbarer Bildungsboom - ein ungeheurer Zulauf zu den Gymnasien und in der Folge zu den Hochschulen setzte ein.

---

1 Vortrag am 12. Dezember 1995 im Rathaus der Stadt Chemnitz.

Die bildungspolitischen Maßnahmen, die damals eingeleitet wurden und noch heute Wirkung zeigen, waren die Regionalisierung des Hochschulwesens, die Erfindung der Fachhochschule und die totale Überlastung des Hochschulbereichs.

Die Überlastung der Hochschule war und ist keine zufällige Entwicklung, die für alle Beteiligten überraschend kam, sie war durch den sogenannten Öffnungsbeschluß von Kultusministerkonferenz und Westdeutscher Rektorenkonferenz ohne entsprechende zusätzliche Dotationen von Ressourcen politisch gewollt oder zumindest bewußt in Kauf genommen.

Dem entsprach dann auch vielerorts die Einfallslosigkeit, mit der neue Hochschulen und Universitäten auf dem Reißbrett konzipiert wurden. So waren die inhaltlichen Konzepte für die 1971 in Nordrhein-Westfalen gegründeten fünf Gesamthochschulen in Siegen, Wuppertal, Paderborn, Duisburg und Essen annähernd identisch. Das eigene Profil dieser Gründungen war zunächst nur gesamthaft angelegt, und zwar strukturell als Gesamthochschulen, d. h. mit Lang- und Kurzstudiengängen mit unterschiedlichen Ansprüchen der Forschungsbezogenheit und der Praxisnähe. Gemeinsames Ziel dieser und vieler anderer Gründungen der damaligen Zeit war die rasche Bereitstellung einer möglichst großen Zahl von Studienplätzen, um dem ersten Picht'schen Hauptsatz der „Bildungskatastrophe" Genüge zu tun.

II.

Ich selbst hatte die Gründungszeit ab 1964 in verschiedenen Positionen im Zusammenhang mit der Neugestaltung des Hochschulwesens miterlebt, und zwar drei Jahre als Mitarbeiter im Bayerischen Staatsministerium für Unterricht und Kultus beim Aufbau der Universität Regensburg, anschließend zwei Jahre als Vizekanzler der Universität Regensburg sowie schließlich fünf Jahre als Referent im Wissenschaftsrat, unter anderem mit der Aufgabe, die Ausarbeitung von Stellungnahmen des Wissenschaftsrates zu den Plänen für die Gründung neuer Hochschulen zu betreuen. In diese Zeit fiel meine Berufung in den Strukturbeirat für die Universität Bayreuth 1971. Dieses Gremium, bestehend aus 15 Mitgliedern, hatte die Aufgabe, die Struktur der Universität Bayreuth zu entwerfen, ihren Aufgabenrahmen inhaltlich festzulegen und ihre Arbeitsweise zu bestimmen.

In abstrakter Form war das Ergebnis der Beratungen des Strukturbeirats ein Prinzipienkatalog, der sich in folgende zehn Leitlinien fassen läßt:

1. Leitlinie:

Die erste Gründungsphase soll geprägt sein durch die Ausarbeitung eines inhaltlichen Konzepts. Das Gründungskonzept muß die wesentlichen Grundentscheidungen über Fächerstruktur und Forschungsschwerpunkte enthalten und zugleich flexibel den sich möglicherweise verändernden wissenschaftspolitischen Rahmenbedingungen angepaßt werden können. Das Gründungskonzept soll der ständigen Weiterentwicklung der Wissenschaft durch das Aufspüren wissenschaftlich erfolgversprechenden Neulandes gerecht werden. Das bedeutet auch, daß vor dem Beginn des Lehr- und Forschungsbetriebes eine ausreichend bemessene Zeit für umfassende und in ihrer Komplexität abgestimmte Planung zur Verfügung steht.

2. Leitlinie:

Die Zuziehung von externen Fachberatern bei der Ausformung des materiellen Konzepts oder von Teilen davon sowie bei der Gewinnung von Wissenschaftlern ist unabdingbar. Die Zuziehung sollte institutionell dauerhaft angelegt sein, in der personellen Zusammensetzung jedoch zeitlich begrenzt und jederzeit ad hoc veränderbar sein. Zur Ausformung des materiellen Konzepts ist vor der Arbeitsaufnahme der neuen Universität ein Beratungsgremium zu berufen.

3. Leitlinie:

In der Aufbauphase müssen Beeinträchtigungen, die eine wesentliche Störung bei der Verwirklichung des Gründungskonzepts bewirken können, vermieden werden. Als Beeinträchtigung in diesem Sinne ist zum Beispiel die Übernahme von Vorgängereinrichtungen zu betrachten, wenn diese Vorgängereinrichtungen keinen oder nur geringen Bezug zum Gründungskonzept haben. Vorhandene Hochschuleinrichtungen sind erst dann in die neue Universität aufzunehmen, wenn sie dem inhaltlichen Gründungskonzept angepaßt worden sind.

4. Leitlinie:

Eine neue Universität muß danach trachten, innerhalb einer möglichst kurzen Zeit nach Beginn der Arbeitsaufnahme eine kritische Masse von Ressourcen zu gewinnen, und zwar kritische Masse verstanden als die Minimalausstattung an Ressourcen, mit der erste Zwischenziele des inhaltlichen Konzepts (Fächerstruktur, Forschungsschwerpunkte) verwirklicht werden können. Die Arbeitsaufnahme muß als erster Schritt einer kontinuierlichen Abfolge von Aufbaumaßnahmen vorgenommen werden. Die weiteren Schritte müssen bei der Arbeitsaufnahme bereits gesichert sein. Dies gilt auch für die Finanzierung.

5. Leitlinie:

Jede einzelne Gründungsmaßnahme ist daraufhin zu überprüfen, ob sie der Förderung wissenschaftlicher Exzellenz dient. In Zweifelsfällen ist selbst unter Hinnahme von Zeitverlusten auf Maßnahmen zu verzichten, wenn sie die Gewinnung wissenschaftlicher Exzellenz gefährden können.

6. Leitlinie:

Wesentlich ist die bewußte Prägung eines individuellen und universitätsspezifischen Geistes im Sinne der Schaffung von Gemeinschaftsgefühl und Verantwortungsbewußtsein. Der Aufbau der neuen Universität sollte sich in kleinen aber stetigen Schritten vollziehen. Die Mitglieder der Universität sollten den Aufbau und die Gestaltung der Universität auch durch eine Beteiligung an Gemeinschaftsvorhaben sowohl in der Lehre als auch in der Forschung bewirken.

7. Leitlinie:

Aus der ständigen Fortentwicklung der Wissenschaft folgt, daß die im Gründungskonzept notwendigerweise zu fordernde Aufspürhaltung für wissenschaftliches Neuland verstetigt werden muß. Ebenso wichtig ist es, Verzichtbereitschaft dafür zu entwickeln, Wege, die offensichtlich in wissenschaftliche Sackgassen führen, zu verlassen. Auch für solche Verzichtbereitschaft muß eine entsprechende Haltung geprägt werden. Um Wege in unergiebige wissenschaftliche Gebiete als solche erkennen zu können, sind Beurteilungsmechanismen zu entwickeln und Verfahren für das Schließen derartiger Sackgassen festzulegen. Die Entscheidungsverfahren sowie die Zusammensetzung der Entscheidungsgremien ist so anzulegen, daß weder Gleichverteilung noch unkritische Besitzstandswahrung die Leitmotive der inneruniversitären Entscheidungen sind.

8. Leitlinie:

Als Kriterien effektiver Universitätsorganisationsstruktur sind kurze Entscheidungswege und rasche Entscheidungsvorgänge anzusehen. Damit wird den Geboten von Transparenz und Flexibilität Rechnung getragen.

9. Leitlinie:

Die Universität sollte sich bewußt als Lebens- und Arbeitsraum verstehen und entsprechende soziale Interaktionen ihrer Mitglieder untereinander und mit der Umwelt ermöglichen. Daher sollte die Universität von Beginn an einerseits als Campusuniversität geschaffen werden und andererseits in einem innerstädtischen Begegnungszentrum die geistige Auseinandersetzung mit den Bürgern der Stadt herbeiführen.

10. Leitlinie:

Regionalbezogenheit der wissenschaftlichen Aktivitäten ist ein sekundär stützendes, kein primär tragendes Element. Oberstes Gebot ist die Ausrichtung jeder wissenschaftlichen Tätigkeit am internationalen Standard. Ein geographischer Bezug, sei er lokal oder europäisch, ist so anzulegen, daß darüber der Maßstab des internationalen wissenschaftlichen Standards nicht verloren geht.

III.

Zu vielem von dem, was in den Leitlinien als Essenz komprimiert zusammengetragen und was als Fachempfehlung der Universität Bayreuth mit auf den Weg gegeben wurde, konnte ich als Präsident dieser Universität ab 1973 erfolgreich beitragen.

Die Universität Bayreuth hatte mit dem vom Strukturbeirat entwickelten Konzept ein formuliertes und definiertes Ziel, das allen wesentlichen Entscheidungen im Zuge des Aufbaus der Universität zugrunde lag. Der Universität war damit Rahmen und Triebkraft für eine konsistente strategische Planung vorgegeben. Ohne eine solche vorausgehende, die Entwicklung ständig begleitende strategische Planung als fundamentales Element bei der Gestaltung der Universität wäre das anerkannt hohe Leistungsniveau weder in der Forschung noch in der Lehre entweder nicht oder nicht so rasch erreicht worden.

Zum allgemeinen Ausgangspunkt der Überlegungen wurden die Vorstellungen vom Lebenszyklus wissenschaftlicher Programme gewählt und es wurde nach Disziplinen, Fragestellungen und Methoden gesucht, von denen zu erwarten war, daß sie künftig eine größere Bedeutung erlangen und bisher noch ungenügend bearbeitet und gepflegt werden.

Mit dem Strukturkonzept der Universität Bayreuth wurde voll die Möglichkeit genutzt, Forschungs- und Ausbildungsbereiche zu schaffen, die sich auf der Schnittlinie traditioneller Fächer entwickeln und die in verfestigte Strukturen nur sehr schwer eingebaut werden können.

Damit verbunden war das Streben nach Konzentration und Schwerpunktbildung, das eines der konstitutiven Grundmerkmale der Universität Bayreuth darstellt. Das Fächerspektrum wurde so organisiert, daß bestimmte fach- und fakultätsübergreifende Schwerpunkte gebildet werden konnten, die bei dauerhafter Grundanlage gleichwohl veränderungs- und erweiterungsfähig sind.

In den Naturwissenschaften wurden sämtliche Hauptdisziplinen eingerichtet, also Mathematik, Physik, Chemie, Biologie und Geowissenschaften mit Diplom- und Lehramtsstudiengängen, angereichert um bestimmte neuartige Schwerpunktsetzungen sowie um neuentwickelte Studiengänge wie z. B. den des Diplomgeoökologen.

In Relation zu den anderen Fächern wurden die mathematisch-naturwissenschaftlichen Fachrichtungen von Anfang an in besonderem Maße ausgebaut. Die Zahl der Studienplätze sollte sich auf Geistes- und Naturwissenschaften gleichmäßig verteilen.

In den Naturwissenschaften wurden die Experimentelle Ökologie und Ökosystemforschung sowie die Polymerforschung als gemeinsame Forschungs- und Entwicklungsschwerpunkte der Biologie und Geowissenschaften einerseits und der Chemie und Physik andererseits aufgebaut, ferner die Biologische Chemie als Schnittfläche zwischen Chemie und Biologie.

Diese Bemühungen um Konzentration und Schwerpunktbildung schlugen sich beispielhaft in der sehr frühen Einrichtung von Sonderforschungsbereichen und in Forschergruppen der Deutschen Forschungsgemeinschaft nieder, ferner in einer Reihe von an diese Schwerpunkte angelehnte Graduiertenkollegs.

Die Entwicklungsschwerpunkte waren gleichermaßen für die Forschung wie für die Lehre von Bedeutung. Neue, übergreifende Arbeitsgebiete der Forschung fanden stets auch ihre Fortsetzung in der Lehre, sei es, daß aus den Schwerpunkten heraus völlig neu konzipierte Studiengänge entwickelt wurden, sei es, daß herkömmliche Studiengänge um neuartige Elemente angereichert und erweitert wurden.

Die weitere Universitätsentwicklung erfolgte vor allem durch Ausdifferenzierung des vorgegebenen thematischen Rahmens. In der Regel wurde einem solchen Vorgehen der Vorrang gegeben vor einem additiven Hinzufügen neuer Disziplinen und Forschungsgebiete. So wurde der Forschungs- und Entwicklungsschwerpunkt Polymerforschung zu einer umfassenden Materialforschung erweitert. Im Schwerpunkt Experimentelle Ökologie und Ökosystemforschung wurzeln die Aktivitäten und die weitere Entwicklungsplanung zum Ökologisch-Technischen Umweltschutz sowie zur Einrichtung des Bayreuther Instituts für Terrestrische Ökosystemforschung. Die Arbeitsschwerpunkte in der Festkörperphysik wurden zu einem Schwerpunkt Oberflächenphysik ausgeweitet.

Schrittweisen Innovationen wurde der Vorrang vor kompletten Neuplanungen gegeben, wobei besondere Beachtung den Nahtstellen und Konfliktflächen zwischen den einzelnen Disziplinen geschenkt wurde, da gerade diese Ausgangspunkt für wichtige neue wissenschaftliche Fragestellungen sind. Kennzeichnend für Entwicklung und Selbstverständnis der Universität Bayreuth ist in diesem Zusammenhang auch eine Art verstetigte Aufspürhaltung für Neuerungen in Lehre und Forschung. In Struktur und Inhalten wurde der prinzipiellen Unabgeschlossenheit und Unabschließbarkeit von Wissenschaft Rechnung getragen. Dies führte letzten Endes bereits ab Mitte der 80er Jahre zur Entwicklung des Konzepts für eine Fakultät für Angewandte Naturwissenschaften, womit sinnfällig wurde, daß die in der Planungsphase des ersten konzeptionellen Lebenszyklus der Universität Bayreuth angelegten Vorhaben zu Wachstum und Reife geführt worden waren.

IV.

Mit diesen kurzen Betrachtungen der Grundlinien des naturwissenschaftlichen Spektrums der Universität Bayreuth ist wohl hinreichend dargelegt, wie das abstrakte strategische Konzept in die Praxis umgesetzt wurde, so daß auf die Schilderung der Entwicklungen in Geisteswissenschaften verzichtet werden kann.

Zugleich ist diese Darlegung von Konzeptentwicklung und -umsetzung auch eine Einführung in das Werden der Universität Erfurt. In meiner Mitwirkung im Strukturbeirat für die Universität Bayreuth und als deren Präsident hatte ich versucht dazu beizutragen, die weniger nützlichen Positionen der Bildungspolitik zu vermeiden und an deren Stelle sinnreiche und erfolgsträchtige Positionen zu entwickeln. 1991 betrachtete ich die Umsetzung des Bayreuther Konzepts als im wesentlichen erfüllt und den ersten wissenschaftlichen Lebenszyklus der Universität als so weit abgeschlossen, daß es an der Zeit wäre, bedachtsam einen neuen Zyklus zu initiieren und dafür eine langjährige und kontinuierliche Steuerung zu ermöglichen. Ich verzichtete daher 1991 auf die erneute Wiederwahl zum Präsidenten der Universität Bayreuth.

Bereits im Jahr 1990 hatten wir uns in Bayreuth mit der Frage befaßt, wie wir dazu betragen könnten, es den über Jahrzehnte hinweg von der wissenschaftlichen Welt weitgehend abgeschnittenen Hochschulen in den Ländern des ehemals sozialistischen Lagers zu erleichtern, insbesondere in den geisteswissenschaftlichen Disziplinen rasch wieder Anschluß an das wissenschaftliche Leben und den internationalen wissenschaftlichen Standard zu finden. Die Lösung schien uns in einem Gemeinschaftsunternehmen zu liegen, dessen Aufgabe es sein sollte, sich auf die Förderung des wissenschaftlichen Nachwuchses zu konzentrieren. Das konnte nur in einer vergleichsweise kleinen Einrichtung geschehen, die somit ein Gegenstück zu der inzwischen als Allgemeinerscheinung auftretenden Massenuniversität zu werten wäre, also der Versuch, zu den Wurzeln der Universität zurückzukehren.

Am erfolgversprechendsten hielten wir dieses Vorhaben, wenn wir es mit einer ebenfalls neuen Universität verwirklichen könnten, weshalb wir unsere Fühler nach Erfurt ausstreckten und im Mai 1990 mit dem damaligen Wissenschaftsminister der DDR Verbindung aufnahmen, der dann im Juli 1990 zu einem Arbeitsgespräch nach Bayreuth kam. Das zu gründende Gemeinschaftsunternehmen zwischen Bayreuth und Erfurt sollte unter dem Begriff Max-Weber-Akademie firmieren, um einmal das dem Vorhaben zugrunde liegende wissenschaftliche Konzept zu charakterisieren und zum anderen den Umstand zu nutzen, daß Erfurt der Geburtsort Max Webers ist.

Das unvorhersehbar rasche Ende der DDR als eigenständiger Staat, die Bildung der neuen Länder im Zuge des Beitritts der DDR zur Bundesrepublik

Deutschland und das Zögern der Thüringer Landesregierung, konzeptionslos die Universität Erfurt das Licht der Welt erblicken zu lassen, haben zunächst die weitere Verfolgung des Gedankens zu einer Gemeinschaftsgründung zwischen Bayreuth und Erfurt beendet. Doch öffnete sich im gleichen Zeitpunkt 1991 ein anderer Weg durch meine Berufung in die Thüringer Hochschulstrukturkommission, in der ich den Auftrag erhielt, als Vorsitzender einer kleinen Arbeitsgruppe Universität Erfurt, Konzept und Rahmenbedingungen für die Gründung einer Universität in Erfurt zu entwerfen.

V.

Die von der Arbeitsgruppe ausgearbeitete Empfehlung wurde von der Thüringer Hochschulstrukturkommission im November 1991 beschlossen. Zu dieser Empfehlung nahm der Wissenschaftsrat im Januar 1992 Stellung und bejahte das Konzept für eine Universität Erfurt unter mehreren Bedingungen, von denen eine die Entscheidung der Landesregierung für eine Konzentration der medizinischen Ausbildung auf einen einzigen Standort im Lande bildete. Die Landesregierung ging sofort an die Prüfung dieser Frage heran und entschied im November 1992, daß der medizinische Ausbildungsplatz Erfurt durch Auflösung der Medizinischen Hochschule Erfurt aufgegeben werden sollte und die medizinische Ausbildung ausschließlich auf die Universität Jena konzentriert werden würde. Damit gewann das Land den finanziellen Handlungsspielraum für die Gründung der Universität Erfurt, den das Kabinett für den Beschluß nutzte, die Vorbereitungen für die Gründung der Universität Erfurt sofort aufzunehmen. Als erste Umsetzung dieses Beschlusses wurde ich mit Wirkung vom 1. Februar 1993 zum Gründungsbeauftragten für die Universität Erfurt bestellt.

Sowohl in die Empfehlungen der Thüringer Hochschulstrukturkommission als auch in die Überlegungen zu Umfang und Gegenstand der Vorbereitungsaufgaben des Gründungsbeauftragten hatte ich die bereits ausführlich dargelegten Leitlinien eingebracht, die beim Aufbau der Universität Bayreuth entwickelt worden waren. Darüber hinaus war es geboten herauszufinden, welches die drängendsten hochschulpolitischen Probleme seien, die einer Lösung bedurften, und wie es gelingen könnte, der Universität Erfurt ein Startprofil zu verschaffen, mit dem sie sich möglichst rasch im Kreise aller Universitäten erfolgreich etablieren könnte. Das konnte zum Beispiel dadurch geschehen, daß erkennbare Schwächen anderer Universitäten zur eigenen Stärke umgewandelt werden. Eine der Schwächen gerade der ostdeutschen Hochschulen ist der aus der hochschulpolitischen Geschichte der jüngsten Vergangenheit sich erklärende Mangel an qualifiziertem wissenschaftlichen Nachwuchs. Damit lag es nahe, den 1990 in Bayreuth entwickelten Gedanken einer Max-Weber-Akademie in das künftige Erfurter Universitätskonzept einzuführen.

Als weitere Schwächen des gegenwärtigen Universitätssystems wurden ausgemacht:

- Die Fortführung der Überbetonung des naturwissenschaftlich-ingenieurwissenschaftlichen Fächerspektrums im Hochschulsystem der DDR unter Hintansetzung des geisteswissenschaftlichen Spektrums. Zur Begründung sei darauf hingewiesen, daß die DDR 1990 über 54 Hochschulen verfügte, jedoch davon lediglich die alten Traditionsuniversitäten in Greifswald, Rostock, Berlin, Halle, Leipzig und Jena die Geisteswissenschaften vertraten, sieht man von den Pädagogischen Hochschulen ab, die andere Aufgaben wahrnehmen.

- Große Studentenzahlen einer je einzelnen Universität gelten in Deutschland als Maßstab ihres Erfolges und Ansehens. Im Kontext der Universität und ihrer Aufgaben kann jedoch nicht die Zahl der Köpfe maßgebend sein, sondern ausschließlich deren Inhalt.

- Vernachlässigung der Studienorganisation, was in Verbindung mit großen Studentenzahlen zu einer Desorientierung der Studenten führt und der ungebührlichen Verlängerung von Studienzeiten Vorschub leistet.

- Nichtbeachtung des Grundsatzes, daß die in den Fächern und Fakultäten wirksamen fachlichen Entwicklungskräfte einer zentralen Stützung und Koordination bedürfen, um ihre volle Wirksamkeit entfalten zu können. Fachliche Innovationen werden sich bei Ressourcenknappheit nur durchsetzen lassen, wenn obsolete Aufgaben aufgegeben werden. Das auf der Entscheidungsebene der Fakultät ausgeprägte Beharrungsvermögen führt im Ergebnis zu einer Auswanderung der Forschung aus der Universität.

- Schließlich ist ein weiteres Desiderat die Stärkung der Identität und Handlungsmacht der Universität insgesamt gegenüber den Einflüssen von Staat und Gesellschaft.

VI.

Das zentrale Anliegen, das die Universität Erfurt verfolgen wird, ist eine Stärkung der universitären geisteswissenschaftlichen Forschung. Das Konzept der Philosophischen Fakultät begnügt sich nicht mit der Addition traditioneller Fächer. In Ablösung von der Fixierung geisteswissenschaftlicher Fächer auf Ausbildungsaufgaben ist die Kulturaufgabe der Geisteswissenschaften vorrangiges Ziel von Lehre und Forschung. Die Wahrnehmung der Kulturaufgabe besteht in der Pflege, Wahrung und Vermittlung unserer Kultur, deren Begriffe und Inhalte durch die Geisteswissenschaften untersucht, formuliert, gedeutet und tradiert werden. Mit dieser Aufgabe haben die Geisteswissenschaften nicht nur Anteil an der Tradition der Universitäten, sondern an der Identität der europäischen Kultur.

Die Forschung in den Geisteswissenschaften ist traditionell individualistisch und beruht in der Regel auf der Leistung einzelner Forscherpersönlichkeiten, woraus der Reichtum der geisteswissenschaftlichen Forschungslandschaft und ihre Themenvielfalt folgt. Doch lösen sich aus dieser Vielfalt immer wieder Paradigmen heraus, die für große Bereiche leitend werden. Diese Vielfalt kann strukturiert werden durch Problemfelder, deren Erforschung in Forschergruppen und Forschungsschwerpunkten erfolgreich ist.

Forschungsschwerpunkte sind für die Neuformulierung der Kulturaufgabe der Geisteswissenschaften besonders geeignet. Sie bieten am Beispiel einzelner Forschungsaufgaben die Möglichkeit interdisziplinärer Zusammenarbeit und interdisziplinärer Kulturreflexion. Gute Interdisziplinarität braucht gute Disziplinarität: Darum wird die Philosophische Fakultät den Kanon der geisteswissenschaftlichen Fächer und der Philosophie sehr reichhaltig realisieren.

Bei der wissenschaftlichen Arbeit sind solche Themen besonders wichtig, die sich sowohl fachlichen Desideraten widmen als auch die fächerübergreifende Zusammenarbeit mit anderen Fakultäten fördern können. Diese Ziele sollen insbesondere durch folgende institutionelle Elemente erreicht werden:

- die Errichtung eines Max-Weber-Kollegs für kultur- und sozialwissenschaftliche Studien und

- die Bildung transdisziplinär angelegter Forschungsschwerpunkte.

VII.

Das Max-Weber-Kolleg für kultur- und sozialwissenschaftliche Studien wird die zeitlich erste Einrichtung der Universität Erfurt sein und im Jahr 1996 seine Tätigkeit aufnehmen. Das Kolleg ist damit die Eröffnungsstufe der

Universität, die so ein Zeichen dafür setzen will, daß die Zukunft der Universität nicht primär in einer Perpetuierung der Massenuniversität liegt, sondern in der Konzentration auf die Verwirklichung des Prinzips der Einheit von Lehre und Forschung durch eine Betonung der Gleichrangigkeit von erster berufsqualifizierender Ausbildung und der Durchführung von Forschungsstudien.

Das Max-Weber-Kolleg wird einerseits mittelfristig angelegte Forschungsschwerpunkte transdisziplinärer Art anregen und organisieren und andererseits kurzfristig angelegte Forschungsvorhaben zur Initiierung fachübergreifender Schwerpunktbildung fördern. Im Rahmen dieser beiden Aufgaben wird eine interdisziplinär geprägte wissenschaftliche Nachwuchsbildung für Postgraduierte mit besonderer Betreuungsintensität betrieben werden. Das Kolleg wird sich außerdem mit wissenschaftlicher Weiterbildung befassen. Es soll zur Unterstützung seiner konzeptionellen Aufgaben eigenständige Kompetenzen im Bereich der empirischen Wissenschaftsforschung ausbilden, wie sie gerade auch in der Anfangsphase der Universität unerläßlich sind.

Die Forschungskonzeption des Max-Weber-Kollegs bietet die besten Voraussetzungen für eine Neustrukturierung des Promotionsstudiums. Der wissenschaftliche Nachwuchs wird so über Themen, die über die traditionellen Disziplingrenzen hinausreichen, an die Forschungstätigkeit herangeführt. Die durch das Kolleg abgedeckten Forschungsgebiete geben den Nachwuchswissenschaftlern die Möglichkeit, sich mit ihren speziellen Forschungsinteressen in ein bereits vorhandenes und erfolgreich arbeitendes Umfeld einzufügen. Sie lernen die Bedeutung des Fachwissens für über die Disziplinen hinausgehende Problemstellungen zu beurteilen und zu nutzen. Mit seinen infrastrukturellen und organisatorischen Voraussetzungen für die Initiierung von Sozialisationsprozessen trägt das Kolleg auch entscheidend zur Herausbildung einer Corporate Identity bei.

Zunächst ist eine Konzentration auf zwei Forschungsfelder vorgesehen, und zwar handelt es sich um die Forschungsschwerpunkte „Religion und Wissenschaft als Kulturmächte" sowie „Wechselwirkungen von Institutionen und Kulturen in Transformationsprozessen". Die Vorgabe derart weitgespannter Themenbereiche, statt einer detaillierten Festlegung von Forschungsthemen, wird den Fakultäten und den zu berufenden Professoren einen ausreichenden Gestaltungsspielraum für die eigene Forschungsplanung eröffnen.

In dem Forschungsfeld „Religion und Wissenschaft als Kulturmächte" werden einerseits Wissenschaftsgeschichte und Wissenschaftsforschung (einschließlich Humanismusforschung und empirischer Wissenschaftsforschung) und andererseits Religionskulturforschung einschließlich der Geschichte und Bedeutung des Konfessionalismus sowie der Konkurrenz von Religion und Wissenschaft einbezogen werden. In dem Forschungsfeld „Wechselwirkungen von Institutionen und Kulturen in Transformationsprozessen" überlappen und ergänzen sich vergleichende Studien zur Transformation in Mittelosteuropa, auch durch Betonung von Zeitgeschichte und Migrationsforschung, sowie zur Verfassungsentwicklung und Ordnungspolitik und schließlich die Fragestellungen einer Verwaltungsforschung, die neuere Theorieansätze wie Constitutional Design und Institutional Economics aufnimmt.

VIII.

Die Universität Erfurt sieht ihre besondere Verantwortung in einem leistungsfähigen und leistungsorientierten Ausbildungsangebot für die junge Generation. Hierzu zählt außer der Qualität des fachlichen Angebots insbesondere die Schaffung der Voraussetzungen für ein frühes Berufseintrittsalter. Klar strukturierte und primär auf Berufsbefähigung ausgerichtete Studiengänge gewährleisten den künftigen Absolventen der Universität Erfurt eine erfolgreiche Ausgangsbasis für den Wettbewerb am Arbeitsmarkt.

Die Universität beabsichtigt daher eine Organisation des Studiums, die zwischen einem grundlegenden wissenschaftsbasierten Fachstudium und einem von der Fächerstruktur weitgehend gelösten Graduiertenstudium deutlich unterscheidet und auf Straffung und Intensivierung zielt. Dies gilt, nicht zuletzt im Interesse der künftigen Studierenden, als wesentliches profilbildendes Element der Gründungskonzeption.

An der Universität Erfurt führt das berufsqualifizierende Fachstudium - den Interessen der Mehrheit der Studenten entsprechend - wissenschaftsorientiert, aber nicht überspezialisiert zu einem berufsqualifizierenden Abschluß. Dem Ziel eines effektiven und zügigen Studiums dient eine Reorganisation des studentischen Lernens über ziel- und aufgabendifferenzierte Prüfungsordnungen bei strikten zeitlichen Vorgaben und intensiver Betreuung ebenso wie die Einführung eines kumulativen Examenssystems.

Eine intensive Betreuung und selbstbestimmtes Lernen sind integraler Bestandteil dieses Konzepts. Gemeinsame Veranstaltungen einer kulturwissenschaftlichen Propädeutik sind als verbindlicher Bestandteil aller Studienordnnungen vorgesehen. Angestrebt wird weder eine umfassende Berufsfertigkeit noch die Ausbildung zum Wissenschaftler.

Nach dem berufsqualifizierenden Abschluß steht geeigneten Studenten die Möglichkeit zum forschungsorientierten Promotionsstudium offen, das stärker strukturiert und betreuungsintensiv in Form von Graduiertenkollegs gestaltet werden soll. Diese werden bevorzugt am Max-Weber-Kolleg angesiedelt werden.

IX.

Mit diesen wenigen etwas ausführlicher dargestellten Details aus dem Konzept der Universität Erfurt soll belegt sein, was ich diesem Referat vorangestellt habe: Universität - und ich ergänze, auch die Profilierung einer Universität bei ihrem Neubeginn oder bei ihrer Neugestaltung im laufenden Betrieb - beginnt im Kopf, deshalb auch die zahlreichen persönlichen Bezugnahmen. Versteht man Universität als ein aufgrund iterativer, nichtlinearer Rückkopplungsstrukturen sich selbst organisierendes System mit dezentraler Selbststeuerung unter zentraler Koordination, dann ist der Input an immateriellen und materiellen Gütern, an Energie und Ressourcen in Form von Ideen, Leistungsfähigkeit, Leistungsbereitschaft, Geld, Gebäuden und Geräten zu klären; es ist die Umwelt zu analysieren, auf die reagiert werden muß, also die Bestimmung der Gegenstände und Methoden, mit denen man nicht nur seinen Platz behauptet, sondern auch in der Lage ist, gestaltend auf die Umwelt einzuwirken; es ist die Freiheit für innovatorisches Handeln auf den Selbststeuerungsebenen der Fächer und Fakultäten zu gewährleisten und es sind deren Impulse aufzunehmen; und schließlich ist die zentrale Koordination und Steuerung des gemeinsamen Wollens sicherzustellen.

Lassen Sie mich zum Schluß auf einen Punkt noch gesondert eingehen. Die Universität Erfurt wird eine geisteswissenschaftlich orientierte Universität sein. Das Instrument, dessen sich alle Geisteswissenschaftler bei ihrer Arbeit bedienen, ist die Bibliothek und das in ihr zusammengetragene oder von ihr vermittelte Wissen. Für den Aufbau der Universität Erfurt wurde festgelegt, daß der erste Bau, der für diese Universität errichtet wird, das Gebäude der Universitätsbibliothek sein wird, daß der praktische Aufbau der Universität mit dem Aufbau der Universitätsbibliothek beginnen wird, und daß der allgemeine Studienbetrieb erst dann einsetzen wird, wenn die Bibliothek funktionsfähig ist.

In der letztgenannten Prämisse kommt ein weiteres in der Universitätsgründung vorgedachtes Prinzip zum Ausdruck: Der Aufbau erfolgt nicht zeitpunktorientiert, sondern ereignisorientiert. Das will sagen, daß der Aufbauvorgang selbst eine Abfolge von logisch aufeinander bezogenen Vorgängen und Maßnahmen ist, zu denen zum Beispiel die Konzeptentwicklung, die Beschaffung von materiellen Ressourcen und die Gewinnung von Mitarbeitern gehören. Für den Abschluß dieser Abfolge, mit dem dann berechtigterweise der Tätigkeitsbeginn einsetzen kann, wird nicht ein Zeitpunkt festgelegt, sondern der Eintritt eines bestimmt definierten Ereignisses, ohne den die Tätigkeit sinnvoll nicht durchgeführt werden kann.

Wird ein Zeitpunkt lange im Voraus für den Tätigkeitsbeginn festgelegt, wird der äußere und innere Erwartungsdruck so groß werden, daß der Tätigkeitsbeginn auch dann erfolgen muß, wenn wesentliche Voraussetzungen für die sinnvolle Durchführung der Tätigkeit nicht vorliegen. Mit der Ereignisorientierung ist diese fatale Folge ausgeschlossen, wenn als kritisches Ereignis dasjenige gewählt wird, dessen Eintritt am wenigsten substituierbar ist. Unter den in Erfurt gegebenen Umständen ist dies die Schaffung des Instrumentes Universitätsbibliothek. Der Zeitbedarf für die Schaffung dieses Ereignisses ist darüber hinaus so erheblich, daß in diesem Zeitraum mit an Sicherheit grenzender Wahrscheinlichkeit auch die Schaffung der anderen benötigten Ressourcen sowie die Gewinnung von Mitarbeitern erfolgreich und im ausreichenden Umfang gelingen wird.

Auch in anderen Details kam es mir darauf an, zumindest anzudeuten, daß das vorgängige Durchdenken des Aufbauprozesses in Schritten, Plänen, Entscheidungen und Handlungen unabdingbar ist, will man eine Situation vermeiden, die vom ersten Tag an ein ständiges Krisenmanagement erfordert. Aus diesem Grund habe ich Ihnen für das Rahmenthema „Ostprofile - Universitätskonzepte in den neuen Bundesländern" auch einen Blick auf ein Universitätskonzept vermittelt, das vor 25 Jahren in einem alten Bundesland entwickelt wurde. Das Konzept der Universität Erfurt ist nur dann verständlich, wenn die allerdings zufällige und inhaltlich völlig anders geartete Vorgängergründung in Bayreuth in die Betrachtung einbezogen wird. Das hat nicht dazu geführt und wird nicht dazu führen, daß die Universität Erfurt eine Kopie des Modells Bayreuth ist oder sein wird.

Das Modell Erfurt macht sich lediglich die Erfahrungen zunutze, die der mit der Bayreuther Gründung identische Erfurter Gründungsbeauftragte dort, in Bayreuth, gesammelt hat. Das Modell Erfurt nutzt die abstrakte Allgemeingültigkeit der für das Modell Bayreuth entwickelten Leitlinien. Das Modell Erfurt erhält jedoch in seiner realen Ausformung ein derart eigenständiges Profil, daß es den Anspruch erheben möchte, mit seinem Ergebnis und der Art seiner Erarbeitung Vorbild für die Profilierung der Universitäten in den neuen Bundesländern sein zu können. Ob dieser Anspruch zu Recht erhoben wird, kann allerdings ernsthaft frühestens in fünf, vielleicht gar erst in zehn Jahren oder später erörtert werden.

Peter Glotz

Die Erfurter Idee.
Hochschulpolitik in den neuen Ländern[1]

Fast jeder deutsche Politiker spricht - seit etwa 1994 - von einer neuen Priorität für Bildungs- und Forschungspolitik. Allerdings hat das bisher, anders als in England unter Tony Blair, kaum Auswirkungen gehabt. Obwohl die Budgetkürzungen bei Bund und Ländern weitergehen, findet man nicht den Mut, den Betroffenen zu sagen, daß sie Eigenbeiträge zu ihrer Ausbildung werden leisten müssen. Obwohl täglich von erneuerten Hochschulgesetzen gesprochen wird, muß man davon ausgehen, daß die einzelnen Hochschulen nicht wirklich „losgebunden" werden. Für eine Abhilfe schaffende „Reform von oben" ist aber der deutsche Föderalismus nicht mehr handlungsfähig genug. Also bleibt nur die Subversion, eine Strategie von unten.

Genau diesen Weg hat der Freistaat Thüringen - gegen hartnäckigen Widerstand im eigenen Land - mit der Neugründung der traditionsreichen Erfurter Universität eingeschlagen. Erfurt soll als Labor funktionieren. Die Frage lautet: Sind neue Abläufe und neue institutionelle Arrangements denkbar, die das unüberholte Humboldtsche Konzept auch funktionieren lassen, wenn dreißig oder vierzig Prozent eines Altersjahrgangs eine Ausbildung auf Hochschulen nachfragen?

Natürlich sollte man das Modell Erfurt nicht überlasten. Die (vermutlich) letzte Neugründung einer staatlichen Universität für die nächsten Jahrzehnte soll ein Laboratorium für neue Entwicklungen im Hochschulwesen werden. Aber keine Insel der Seligen, keine Wundermaschine, kein exterritoriales Feld. Modellversuche mit Globalhaushalten finden sich auch in Nordrhein-Westfalen und in Niedersachsen. Daß Budgetierung stärkere Rektoren und Dekane erfordert, hat sich überall in der Republik herumgesprochen. Die Technische Universität Chemnitz bemüht sich systematisch um virtuelle Seminare, virtuelle Archive, das Internet als Kommunikationsinstrument. Erfurt kann und wird nicht den Anspruch erheben, für zwei Millionen deutsche Hochschüler (und 350 deutsche Hochschulen) die gleiche Rolle zu spielen wie die Berliner Neugründung von 1809 für die 5000 preußischen Studenten. Wir sind ambitioniert, aber nicht größenwahnsinnig. Die „Erfurter

---

[1] Zuerst erschienen in: Hochschule Ost, Heft 2, 1997, S. 178 - 181.

Idee" kristallisiert sich um sechs Grundgedanken. Sie lassen sich folgendermaßen formulieren:

Kommunikation

Die Grundidee der deutschen Universitäten liegt im Streit der Fakultäten. Streit ist Kommunikation. Deswegen sind Massenuniversitäten eher Irrwege. Es ist kein Zufall, daß man vor zwei Jahrzehnten die Sorbonne in sieben Universitäten zerschlagen hat. Erfurt will 4000 Studenten, und möglichst nicht mehr, 120 Professoren, und möglichst nicht mehr. Wir wollen Traditionen wie beim Wissenschaftskolleg in Berlin; das regelmäßige Donnerstags-Dinner der Fellows: Die Wissenschaftler wissen, was der Zimmernachbar tut und denkt. Das Schlimmste: Di-Mi-Do-Professoren, die ihren Bindestrich verwalten und Studenten für eine Belästigung halten.

Transdisziplinarität

Die Musik spielt in den Schnittstellen. Am Beispiel vorgeführt: In neuen Medienberufen werden Qualifikationsmerkmale aus verschiedenen Wissens- und Forschungsgebieten verlangt. Um den sich beschleunigenden Wandel der Medien angemessen beschreiben und erklären zu können, ist interdisziplinär orientierte Grundlagenforschung notwendig. Es entwickeln sich neue Verbindungen zwischen Fernsehen, Video, Computer und Telefon. Solchen „Zusammenballungen" wollen wir in Erfurt nachspüren, mit unserer Forschung ebenso wie mit unseren Studienangeboten.

Cluster

Deswegen organisieren wir die Erfurter Universität um solche „Zusammenballungen" (Cluster), - konventioneller ausgedrückt - um Forschungsschwerpunkte. Wir beginnen mit vier Feldern:

1. Erforschung von „Sinn-Strukturen", also der Begegnung von Islam, Orthodoxie, Christentum, Judentum. Metaphysische Bedürfnisse existieren auch dort, wo verfaßte Religionen schwächer werden.

2. Kulturen und Institutionen in Transformationsprozessen. Was ist „Staat", wenn die Nationalstaaten an Macht verlieren? Was für neue Strukturen entstehen zwischen Staatenbund und Bundesstaat? Erfurt wird sich der Regionalismus- und Nationalismusforschung widmen, mit den Schwerpunkten

Südosteuropa, Polonistik, Bohemistik, der Erforschung der tschechischen Kultur, Sprache und Literatur. Universitätspartnerschaften sollen dabei helfen, z. B. zwischen Erfurt, Pilsen, Oppeln.

3. Staatswissenschaften. Im Zeitalter der Deregulierung muß der Begriff zurückgewonnen werden. Die Wirtschafts- und Rechtswissenschaftliche Fakultät soll als European School of Government entwickelt werden. Public Economics, Makro-Ökonomie, internationale Politik, Complexity Management sollen der Dominanz der Allokations- und Effizienz-Ökonomie entgegenwirken.

4. Medien. Der Computer als Medium der Medienintegration verwandelt die Sammlung, Aufbereitung, Präsentation von Informationen. Eine Punkt-anviele-Struktur bildet sich in eine Punkt-zu-Punkt-Struktur um; die Abkehr von linearen Erzählstrukturen, die Internationalisierung der Kommunikation, die individualisierte Kommunikationsabfrage verlangen neue Formen der „Medienkompetenz". Gleichzeitig entstehen neue AV-Berufe. Erfurt will ein Zentrum interdisziplinärer Medienforschung werden, durch die Zusammenarbeit von Kommunikations- und Literaturwissenschaft, Geschichte, Massenkulturforschung, Sozionik, Computer-Linguistik, Medienökonomie, Medienrecht.

Studientransparenz

Erfurt will den ostdeutschen Vorsprung an „Studierbarkeit" der Studiengänge bewahren: Kein Anfänger soll ratlos in ein Labyrinth gejagt werden. Unsere Stichworte heißen: Creditpoint-System, studienbegleitende Prüfungen, Tutorien, überschaubare Zahlen, ein aufeinander aufbauendes System von Bachelor, Master, Doktor.

Internationalität

In Erfurt wird die Wissenschaftssprache Englisch dem Deutschen gleichgestellt. Wir streben eine Drittelung an: ein Drittel Thüringer Studierende, ein Drittel Studierende aus Westdeutschland, ein Drittel Studierende aus dem Ausland. Über institutionalisierte Gastprofessuren werden Ausländer automatisch in Lehre und Forschung eingebunden. Erfurt strebt an, über Offices for Academic Affairs systematische Austauschprozesse mit 20 Universitäten aus unterschiedlichen Teilen der Welt zu organisieren (joint degrees).

Virtuelle Universität

Lehrende und Lernende in Erfurt werden den Personalcomputer als selbstverständliches Instrument einsetzen: zur Literaturrecherche, Studienberatung, Kommunikation, in der Standardausbildung. Im Endausbau sollen 15 bis 20 % der Lehre „virtuell" abgewickelt werden. Erfurter Lehrveranstaltungen werden in aller Regel auf dem Internet angeboten. Das Medienzentrum der Universität Erfurt wird in enger Kooperation mit der Industrie organisiert.

Natürlich ist die Entwicklung der Universität Erfurt im Fluß; alle Pläne stehen unter dem Gesetz der ständigen Revision. Erfurt konnte in seiner Grundordnung realisieren, worüber anderswo noch gestritten wird: handlungsfähiges Hochschulmanagement, ein Kuratorium von außen mit echten Befugnissen, z. B. bei der Auswahl der Hochschulspitze, der Evaluation, der Entwicklungsplanung; ein neues Studiensystem (Bachelor, Creditpoint System), Budgetierung, ein Minimum an Bürokratie. Ein Max-Weber-Kolleg (ohne Lebensplanstellen) mit hochrangigen Guest-Fellows soll langfristige transdisziplinäre Forschung betreiben. Ein Postgraduiertenkolleg - European School of Government - soll die politische Kultur der EU-Staaten aneinander annähern und Politiker, Spitzenbeamte, Diplomaten, aber auch Mitarbeiter der internationalen Organisationen ausbilden. Unsere Ziele sind Exzellenz und Effizienz, Praxisorientierung und gesellschaftliche Verantwortung. Erfurt will als Membran funktionieren, als dünnes, elastisches eingespanntes Blättchen, das zu Schwingungen angeregt werden kann und das als osmotische Barriere wirkt. Membranen sind keine starren Gebilde; sie werden nach Bedarf auf- und umgebaut. So versteht sich die Erfurter Idee.

Die Deutschen sollten sich klar machen: Nur mit fünf oder sechs solchen Ideen ist die Revitalisierung unserer Bildungspolitik denkbar. Was derzeit erkennbar wird, ist der von Roman Herzog in seiner „Berliner Rede" geschilderte sechsstufige Empörungsprozeß: Die Universitätskanzler kämpfen um die Macht der Universitätskanzler, die Universitätssenate um die Macht der Universitätssenate, und - versteckt hinter dem Rücken der von Reform redenden Politiker - kämpft die Ministerialbürokratie um die Macht der Ministerialbürokratie. Das Wahrscheinlichste ist, daß alles bleibt, wie es ist. Wenn alles so bleibt, wie es ist, wird's aber schrecklich; dann sinkt das deutsche Bildungswesen ab. Neben Geld ist ein Wind der Veränderung nötig, ein neuer „Spirit", eine neue Verbündung. Dazu bieten Neuaufbrüche nicht die einzige, wohl aber die beste Chance.

III.
Traditionen
Drei schwierige Kontinutitäten

Peer Pasternack

Demokratische Erneuerung und Kolonialisierung.
Prüfung zweier Klischees

Im Anfang war das Wort: zumindest bei der Umgestaltung der ostdeutschen Hochschulen. Es schillerte und hieß *demokratische Erneuerung*. Alsbald hatte sich dieser Begriff zum politischen Leitmotiv des Hochschulumbaus verfestigt. Damit war der Vorgang normativ erheblich beladen. Zugleich gingen und gehen die Meinungen von Akteuren und Beobachtern gravierend auseinander, ob die politische Gestaltung des Vorgangs dem hehren Anspruch gerecht geworden ist. Daneben sollte der ostdeutsche Hochschulumbau ein großangelegtes West-Ost-Transferprogramm realisieren. Dieses ist in differenzierter Stringenz umgesetzt worden. Kritiken daran speisen sich aus gegensätzlichen Quellen: Wo die einen 'noch zu viel Osten' sehen, entdecken die anderen 'schon zu viel Westen'. Das Schlagwort für letzteres ist *Kolonialisierung*.[1] Jedenfalls produziert eine beträchtliche Institutionen- und Verfahrensskepsis, der heute unter ostdeutschen Hochschulangehörigen zu begegnen ist, Erklärungsbedarf: Gibt es Zusammenhänge zwischen dem mehrjährigen Erlebnis der *demokratischen Erneuerung* und der aktuellen reservierten Haltung gegenüber den aus Westdeutschland importierten Strukturen?

1. Periodisierung

Der ostdeutsche Hochschulumbau seit 1989 läßt sich in zwei inhaltlich bestimmte Phasen periodisieren, deren Grenzen sich allerdings orts- und akteursspezifisch überlappten:

(1) Die erste kann als eine *romantische Phase des Aufbruchs* gekennzeichnet werden. Sie ist zeitlich grob auf das letzte Jahr der DDR - 1989/90 - zu datieren, endete jedoch mit unterschiedlich langen Desillusionierungsetappen.

Romantisch läßt sich diese Phase nennen, insofern sie wesentlich von identitären Ideen bestimmt war; die Hochschulen in dieser Zeit mit republikanischer Attitüde einem Autonomiebegriff anhingen, der mit einer permanent

---

1 Dieser Ausdruck hat sich gegenüber den gebräuchlicheren Worten „Kolonisation" und „Kolonisierung" durchgesetzt.

repetierten Bezugnahme auf die Humboldtschen Ideen legitimiert wurde; und insofern diese legitimatorische Berufung im eigentlichen eher eine romantische Flucht war, an der sich eine merkwürdige Mischung aus Rückwärtsgewandtheit und Regeneration akademischer Kultur beobachten ließ, was nicht zuletzt in der Wiederaneignung traditionaler akademischer Symbolik augenfällig wurde.

In dieser romantischen Phase wurden Initiationen in zuerst basisdemokratische, dann repräsentativdemokratische Handlungsroutinen geleistet. Im Hochschule-Umwelt-Verhältnis dominierte hier die endogene Entwicklung - einschließlich endogen verursachter Stillstands- und Blockademomente.

(2) Die zweite Phase des Hochschulumbaus war jene der *strukturierten Umgestaltung der Hochschulen*. Sie begann mit den Abwicklungsbeschlüssen vom Dezember 1990 und setzte sich fort mit der Schaffung gesetzlicher Grundlagen für den Hochschulumbau, den Hochschulstrukturplanungen und deren Umsetzung.

Seitens der hochschulinternen Akteure war diese Phase durch eine erhebliche Pragmatisierung der Ansprüche und des Handelns gekennzeichnet. Im Hochschule-Umwelt-Verhältnis dominierte hier die exogene Steuerung bei vornehmlich endogener Programmumsetzung. Die Hochschulen definierten selbst keine wesentlichen Erneuerungsziele (mehr), sondern waren nur noch an der Ausgestaltung der Instrumentierung und, per Anweisung, dem Programmvollzug beteiligt.

Zeitlich eingrenzen läßt sich die Phase der strukturierten Umgestaltung auf die Jahre 1991 bis 1995.

(3) Ab 1996 dann waren die Problemlagen der ostdeutschen Hochschulen denen in Westdeutschland weitgehend ähnlich. Es begann die im eigentlichen *Sinne gesamtdeutsche Phase der Hochschulentwicklung*.

Die Entwicklung ist seither vornehmlich dadurch gekennzeichnet, daß auch die ostdeutschen Hochschulen im Zuge der öffentlichen Haushaltssparpolitik rigiden finanziellen Zwängen unterliegen. Sie sind also in erster Linie damit beschäftigt, die Ergebnisse des Hochschulumbaus - z. B. Ausstattungen, Fächeretablierungen, auch Hochschulneugründungen - zu verteidigen.

2. Die Akteure

Nehmen wir zunächst die Akteure des Hochschulumbaus in den Blick, so ist eingangs festzuhalten:[2] Die Notwendigkeit eines Umbaus war im Grundsatz von niemandem bezweifelt worden. „Es war zumindest öffentlich keine Stimme vernehmbar, die für den Erhalt des Status quo der Jahre 1989/90 plädierte. Insofern gab es über die sich bildenden Lager hinweg einen gemeinsamen Ausgangspunkt."[3]

Das gilt auch entgegen der Außenwahrnehmung mancher hochschulinterner Bestrebung als restaurativer. Denn war die Neustrukturierung innerhalb der Hochschulen im Grundsatz auch nicht strittig, so mußte doch die Einschätzung ihrer notwendigen Gründlichkeit naturgemäß sehr unterschiedlich ausfallen: nämlich abhängig von der jeweiligen Prognose individueller sozialer Betroffenheit. Der Reformeifer der „management- und politikerfahrenen alten Kader" etwa mußte „dadurch gebremst sein, daß sich nicht wenige von ihnen selber hätten abschaffen müssen, wenn sie mit der Selbsterneuerung ernst gemacht hätten."[4]

Sodann: Keiner der beteiligten Akteure bestritt, daß es bei diesem Umbau um eine *demokratische Erneuerung* gehen müsse. Abermals in aller analytischen Unterkühltheit: Auch wer in der DDR im Interesse staatssozialistischer Herrschaftssicherung demokratische Entscheidungserzeugung und Machtkontrolle für entbehrlich gehalten hatte, mußte nun keineswegs heucheln, wenn er jetzt demokratische Prozesse als situationsadäquat betonte. Schließlich, so das schwer zu widerlegende Argument, seien ja veränderte Rahmenbedingungen gegeben.

Die politischen Instanzen sahen 1990 vornehmlich Insuffizienzen in den hochschulischen Erneuerungsprozessen. Der Vorwurf an die Hochschulen

---

2   Empirische Beispiele, die im folgenden zum Beleg einzelner Thesen angeführt werden, stammen vorzugsweise aus der Leipziger Universität und der Humboldt-Universität zu Berlin (HUB). Das ergibt sich aus den zur Verfügung stehenden Erfahrungen, aus denen der Verfasser hier schöpft: In Leipzig war er vom Februar 1990 bis November 1995 als Senatsmitglied unmittelbar am Universitätsumbau beteiligt. In der HUB hatte die ostdeutsche Konferenz der StudentInnenschaften (KdS), deren Sprecher der Verfasser war, ihre Geschäftsstelle.

3   Neidhardt, Friedhelm: Konflikte und Balancen. Die Umwandlung der Humboldt-Universität zu Berlin 1990 - 1993, in: Mayntz, Renate (Hrsg.): Aufbruch und Reform von oben. Ostdeutsche Universitäten im Transformationsprozeß, Frankfurt/M. 1994, S. 33 - 60, hier S. 34.

4   Ebd., S. 38.

lautete, sie hätten trotz genügender Zeit keine zureichenden Anstrengungen zur Selbsterneuerung unternommen.

Was unter *zureichenden Anstrengungen* zu verstehen wäre, kann nur im Rahmen eines Werturteils festgestellt werden. Verläßliche Parameter für eine objektivierende Betrachtung stehen dafür nicht zur Verfügung, da der betrachtete Vorgang so beispiellos wie unvergleichlich mit anderen Vorgängen war. Festgestellt werden kann aber: Die Hochschulen hatten 1990 durchaus Selbstreformversuche unternommen, die jedoch - in der Tat - zumindest gebremst waren. Wie ist diese Gebremstheit zu erklären?

Gerechterweise wäre hier vorab auf die begrenzten Eigenreformpotentiale von Hochschulen überhaupt (und namentlich der deutschen) hinzuweisen. Doch gibt es eine Differenz zwischen ost- und westdeutschen Hochschulen, die deren Reformschwächen unterschiedlich begründet: Wo in der westdeutschen verbeamteten Wissenschaft die *Absicherung* der individuellen Positionen dazu führt, daß Flexibilität und Innovation nicht erzwungen werden, da lähmte in Ostdeutschland die *Unsicherheit* der Perspektive eine flächendeckende Ausbreitung der Reformneigung.

Eine soziologisch informierte Erklärung muß berücksichtigen, welcherart die extern gesetzten Rahmenbedingungen waren: Es wurde von politischer Seite eine solche hochschulinterne Selbsterneuerung verlangt, die eine soziale, berufliche, akademische Perspektive für die potentiellen Erneuerer weder garantierte noch kalkulierbare Prognosen darüber ermöglichte. Alsbald war hingegen zu vermuten, daß die Wissenschaftler mehr zu verlieren hatten als ihre Ketten. Nicht allein der Gewinn wissenschaftlicher Freiheit stand ins Haus. Es drohte auch, zumindest für einen Großteil, der Verlust des Arbeitsplatzes.

Sodann: Als externe Reaktion auf den gebremsten Charakter der internen Reformen mußten die Hochschulen nicht zwangsläufig mit dem - später eingetretenen - autoritären Staatseingriff rechnen. Denn es gab eine verbal betonte Selbstbindung der politischen Administrationen an demokratische Verfahrensweisen.

Schließlich wurden die Aktionskapazitäten der hochschulischen Akteure durch zweierlei absorbiert: Zum einen galt es, die Arbeitsfähigkeit der Einrichtungen aufrechtzuerhalten. Zum anderen wurden neue Strukturen und Verfahren zunächst mit großem Aufwand debattiert, waren dann gegen Widerstände umzusetzen und hernach - da neu - auch erst zu trainieren.

Sahen nun also die politischen Instanzen vornehmlich Insuffizienzen in den hochschulischen Erneuerungsprozessen, so suchten sie ihre daher bald folgenden Eingriffe aber auch darüber hinaus zu legitimieren:

„Von ungleich größerer Bedeutung für die zu treffenden Entscheidungen war das außerordentlich kritische Urteil weiter Teile der ostdeutschen Öffentlichkeit in Bezug auf die Situation an den Hochschulen. Diese Sicht war vor allem durch den nicht unbegründeten Eindruck motiviert, an den Hochschulen gäbe es einflußreiche Kräfte, die diese als Bollwerk gegen die demokratische Erneuerung im Osten Deutschlands nutzen wollten."[5]

So Hans Joachim Meyer, letzter DDR-Bildungs-, dann sächsischer Wissenschaftsminister, rückblickend. Aus diesen Wahrnehmungen resultierten externe Interventionen, mit denen die Administrationen steuernd einzugreifen versuchten. Die Eingriffe ähnelten sich länderübergreifend in ihrer Instrumentierung. Neben den Abwicklungen waren dies: der Erlaß von Gesetzen und Verordnungen wie von autoritativen Ad-hoc-Anweisungen; die Bildung von Personalüberprüfungs-Kommissionen zusätzlich zu den bereits hochschulintern initiierten; das Instrumentarium des Arbeitsrechts incl. der Regelungen des Einigungsvertrages, die Teile des bundesdeutschen Kündigungsschutzrechts außer Kraft setzten; schließlich die Hochschulfinanzierung und die damit zusammenhängenden Hochschulstrukturentscheidungen.

Den dieserart umgesetzten Umbau der ostdeutschen Hochschulen kennzeichneten dann ambivalente Kompromisse, die Unverträglichkeiten zusammenführten. Das betraf sowohl Zieldefinitionen, Strukturierung und Instrumentierung wie Prozeßvollzug. Vorrangig zu beobachten war es am zentralen Strang des Hochschulumbaus: dem Personalumbau, bestehend aus Personalstruktur-Neugestaltung und Personalüberprüfung.

In einer strukturfunktionalistischen Perspektive ergab sich der Kompromißcharakter dieses Personalumbaus infolge zweier Umstände, die aus politischen, nicht zuletzt Wählerentscheidungen resultierten: Der politische Systemwechsel in Ostdeutschland mußte zwar in einer Geschwindigkeit durchgeführt werden, in der ein solcher üblicherweise nur durch gewalttätige Revolutionen gelingen kann. Zugleich aber konnte nicht auf das Arsenal gewalt-

---

5   Wobei die „Kräfte" differenziert werden „zwischen den Kräften des gestürzten Herrschaftssystems, die sich an ihre Positionen klammerten, und jenen Vertretern sozialistischer und radikaldemokratischer Vorstellungen, die zur zusammengebrochenen Ordnung in mehr oder weniger klarem Dissens standen." Vgl. Meyer, Hans Joachim: Erneuerung und Bewahrung. Die Entwicklung der Hochschulen in den neuen Bundesländern, in: Forschung und Lehre, 19 (1997), S. 511 - 514, hier S. 512.

tätiger revolutionärer Instrumente zurückgegriffen werden. Kurz: In revolutionärer Geschwindigkeit war ein evolutionärer Wandel umzusetzen.

Dies mündete in die Kompromisse zwischen Unverträglichkeiten, mit denen auch die Ambivalenz des Wandels programmiert war: Aus dem Charakter des Systemwechsels als eines grundstürzenden Vorgangs konnten einerseits revolutionäre Forderungen - etwa: radikaler Elitenwechsel - abgeleitet werden. Dem stand andererseits das Gebot legalen Handelns, also die Forderung nach Rechtsbindung jeglicher Prozeßelemente gegenüber. Für beide Positionen wiederum wurde normative Absicherung im Demokratiegebot gesucht.

Mit den Personalkommissionen war hierfür das - nach Reichweite, Eingriffstiefe, Einsatzdauer und Folgen - Primärinstrument einer *personellen Erneuerung* der ostdeutschen Hochschulen entwickelt und installiert worden. Der Form nach vermittelte es nichtjustitiable Strafansprüche mit dem Gebot legalen Handelns. Die von den Personalkommissionen durchgeführten Verfahren waren in ihrem positivistischen Kern Beurteilungen individualbiographischer Vergangenheit zum Zwecke der Gewinnung einer Sozialprognose über die Eignung (resp. Nichteignung) für den Öffentlichen Dienst im Staatswesen der Bundesrepublik Deutschland. Funktional war dieses Anliegen in das Zumutbarkeitskriterium übersetzt worden. Auf Grundlage der von den Kommissionen gewonnenen Erkenntnisse stellten die zuständigen Wissenschaftsminister die Un-/Zumutbarkeit der einzelnen Personen fest.

3. Die Demokratieverständnisse der Akteure

Bei all dem wurde kein weiteres Wort verbal derart beansprucht wie das der Demokratie. Ebenso gehörte der Vorwurf des undemokratischen Charakters bestimmter Vorhaben, Intentionen, Taten und Unterlassungen zum polemischen Standardrepertoire aller Seiten in den geführten Auseinandersetzungen. Wenn beantwortet werden soll, ob der formulierte demokratische Anspruch im realen Prozeß von Entscheidungserzeugung und -vollzug tatsächlich umgesetzt wurde, ist zunächst eines zu vergegenwärtigen: Was eigentlich war unter dem Demokratischen in der *demokratischen Erneuerung* verstanden worden?

Die eher zur Kritik des staatlichen Handelns neigenden innerhochschulischen Akteure hatten immer wieder einen Punkt kritisiert: Die Obstruktionen seitens der politischen Administrationen hätten authentische demokratische Formen unterlaufen, wie sie 1989/90 an den Universitäten selbst entwickelt worden waren. Der Begriff der *Basisdemokratie* war dabei der zentrale Argumentationsanker. Als empirische Beispiele wurden vornehmlich viertelparitätische bzw. anderweitig HRG-abweichende Gremienzusammensetzungen, Vetorechte oder Sperrminoritäten in den Selbstverwaltungsgremien, die StudentInnenräte mit ihrem personalisierten Mehrheitswahlrecht oder Runde-Tisch-ähnliche Kommissionen genannt.

In der Tat beriefen sich hochschulintern 1989/90 nahezu alle Fraktionen auf die Basisdemokratie. Hatten sie jedoch eine einheitliche Vorstellung davon?

An der Leipziger Universität beispielsweise forderte am 11. Juni 1990 eine Professorengruppe den „basisdemokratischen Aufbau" der Universität und die „basisdemokratische Kontrolle der Neubesetzung" aller Sektionsleitungen.[6] Doch die gleiche Gruppe hatte sechs Tage zuvor einen Appell an die staatliche Obrigkeit gesandt: „Da nach unserer Meinung die Universität Leipzig nicht die Kraft zur Selbstreinigung hat, bitten wir Sie dringend um Maßnahmen nicht nur für die Universität Leipzig, sondern für das gesamte Hochschulwesen der DDR", fand sich Bildungsminister Meyer aufgefordert.[7] War das noch basisdemokratisch?

Die Auflösung bietet ein nochmaliger Blick in das Basisdemokratie-Papier vom 11.6.1990: Der Erneuerungsprozeß müsse „von unten nach oben geschehen", hieß es da. Deshalb müßten an allen Sektionen die Leitungen mittels geheimer Wahl neu gewählt werden.[8]

Das nun war ein Anruf klassisch repräsentativer Demokratie, in der das Demokratie- mit dem Amtsprinzip verbunden wird. Der Bezug zur Basis stellte sich bei den Autoren darüber her, daß nicht mehr - wie früher - von oben nach unten kommandiert, sondern von unten nach oben legitimiert werden solle: 'Basisdemokratie' als Mißverständnis also. Die Amtsbesetzungen sollen durch Beauftragung von unten zustande kommen und - anders als früher - dem Wahlpublikum verantwortlich sein. Das Publikum verschafft sich derart Sicherheit vor Amtsinhaber-Willkür und ein Recht zur Mitentscheidung: Das

---

6 Erklärung einer Initiativgruppe zur demokratischen Erneuerung der Universität, in: Universitätszeitung der Karl-Marx-Universität Leipzig, 24 (1990), S. 1.

7 Leipziger Professoren vermissen geistige Erneuerung in der Karl-Marx-Universität, in: Frankfurter Allgemeine Zeitung, 5.6.1990, S. 4. - Da die Conclusio, zumal sie von Mathematik-Professoren formuliert ist, etwas überrascht, sei ausdrücklich auf die Selbstverständlichkeit hingewiesen, daß diese aussagenlogische Havarie korrekt zitiert ist.

8 Erklärung einer Initiativgruppe (Anm. 6), a. a. O.

war „basisdemokratische Kontrolle" in den Worten der Professoren, tatsächlich aber das liberale Modell einer Vetretungsdemokratie, die Bürgerbeteiligung nicht ausschließt.

Aber auch die aus personalisierten Mehrheitswahlen hervorgehenden StudentInnenräte und die viertelparitätisch zusammengesetzten Selbstverwaltungsgremien stellten keine rein basisdemokratischen Modelle dar. Sie mischten vielmehr - vergleichbar dem Rätesystem - basis- mit repräsentativdemokratischen und korporativen Elementen.

Die Erklärung dafür liefert der Charakter der *romantischen Phase des Aufbruchs*: Die spontane, weil unvorbereitete demokratische Initiation der Akteure hatte zum spontanen Rückgriff auf abrufbare, weil internalisierte Diskussionsbestände geführt. Das waren beispielsweise durch die Gorbatschowschen Reformdebatten aktualisierte rätedemokratische Gedanken, wie sie in den endachtziger Jahren unter dem Begriff der „Betriebsdemokratie" diskutiert wurden; konsensuale Orientierungen, die aus dem identitärgemeinschaftlichen Charakter des DDR-Sozialismus, also dem weitgehenden Ineinsfallen von Staat und Gesellschaft, herrührten; Forderungen nach Herstellung der *Volksdemokratie*, die sich aus dem Ernstnehmen der vorgegebenen SED-Programmatik speisten („Alles mit dem Volk, alles für das Volk"), da mangels unmittelbarer Erfahrungen mit Alternativen die erlebbare Gesellschaft nur mit ihren eigenen selbstformulierten Ansprüchen verglichen werden konnte;[9] schließlich medial aufgenommene Kenntnisse der westlichen Vertretungsdemokratien, an denen weniger die parlamentarischen Konfliktrituale, sondern vornehmlich die formalisierten Verfahren faszinierten.

Derart kam es in den Hochschulen zur spontanen Vermischung unterschiedlicher Demokratiemodelle. Infolgedessen war eine verwirrende, unvermittelte Gleichzeitigkeit wie Vermischung sich widersprechender Elemente in den Diskussionen, aber auch den Versuchen institutioneller Gestaltung zu beobachten.

Doch nicht nur innerhalb der Hochschulen, auch seitens der politischen Administrationen wurde fortdauernd betont, daß eine *demokratische* Erneuerung zu realisieren sei. Die politischen Maßnahmen wurden ausdrücklich über diese Bezugnahme legitimiert, wenn etwa DDR-Bildungsminister Meyer den

---

9   Ulrich, Heinz: Resignation und Entpolitisierung - die Studierenden auf dem Rückzug, in: Förster, Peter u. a.: Jugend Ost. Zwischen Hoffnung und Gewalt, Opladen 1993, S. 208 - 216, hier S. 209.

ML-Lehrer-Abberufungs-Beschluß vom Mai 1990 als eine „notwendige
Maßnahme in einer außergewöhnlichen Situation..., die aber im Hinblick auf
die demokratische Erneuerung... unumgänglich ist", bezeichnete.[10]

Als der Minister dann der Leipziger Universität mitteilte, daß das in Erarbeitung befindliche Universitätsstatut nur vorläufigen Charakter tragen könne,
und daß „eine endgültige Fassung... nur auf der Grundlage entsprechender
Rahmenregelungen des Ministeriums für Bildung und Wissenschaft
moeglich" sei,[11] wurde sein Verständnis von *demokratischer Erneuerung*
deutlicher. Es war das einer - kaum verwunderlich - staatszentrierten Demokratie.

Damit wiederum standen die politischen Funktionsträger keineswegs allein,
sondern stimmten auch mit Teilen der hochschulinternen Öffentlichkeiten
überein. So befürwortete etwa der Leipziger Kirchenhistoriker Kurt Nowak
die Abwicklungsbeschlüsse, weil diese ihre Legitimation aus den „Prinzipien
der repräsentativen parlamentarischen Demokratie" bezögen. Dagegen würden die Gegner der Beschlüsse ihr Demokratieverständnis, nämlich das der
direkten Demokratie, setzen.[12] Gefordert worden war, wie hier anzumerken
ist, von den gegen die Abwicklung Protestierenden, angemessen an den
Strukturentwicklungen beteiligt zu werden.[13] Doch in dem Demokratieverständnis, das aus Nowaks Aussage sprach, gab es Partizipation allein als
direktdemokratische Fiktion.

---

10 Meyer, Hans Joachim: (Brief an den Rektor der Karl-Marx-Universität), 12.6.1990,
   dok. in: StudentInnenrat der Universität Leipzig (Hrsg.): Eine Uni wendet sich. Die
   (Karl-Marx-)Uni Leipzig zwischen Herbst '89 und Abwicklung. Textsammlung. Un-
   kommentiert, Leipzig 1991, S. 40f., hier S. 40.
11 Meyer, Hans Joachim: (Fernschreiben an den Rektor der KMU), 22.6.1990, dok. ebd.,
   S. 50.
12 Nowak, Kurt: Hochschule im Spannungsfeld politischer Zwecke und wissenschaftlicher Verantwortung. Impressionen aus Leipzig, in: Beiträge zur Hochschulforschung,
   4 (1991), S. 371 - 381, hier S. 373f.
13 Vgl. Reader zur Abwicklung und den studentischen Protesten Dez. '90/Jan. '91 in
   Leipzig, hrsg. von den roten Studenten, die ihre roten Professoren an ihrer roten Uni
   retten wollten, Leipzig 1991.

4. Demokratie und Recht

Indes: Auch abgesicherte repräsentativ-demokratische Verfahren hätten dem Hochschulumbau durchaus einen explizit demokratischen Charakter sichern können. Noch einmal Hans Joachim Meyer, nun bereits sächsischer Wissenschaftsminister: „Ich wußte", so kommentierte er die von ihm betriebene Abwicklungsentscheidung, „es war ein harter Schritt, ein Urteil über Gerechte und Ungerechte, über Kompetente und Inkompetente. (...) Auf die Ansätze zur Selbstheilung zu vertrauen, schien vermessen, sie scheinbar zu ignorieren war gleichwohl hart und für den Einzelnen wohl ungerecht."[14]

Damit hatte er einen entscheidenden Punkt angesprochen: Demokratie sollte nach Ansicht wesentlicher Teile der hochschulischen Akteure legitime, das hieß: rechtmäßige, das hieß in verbreiteter Wahrnehmung: durch Gerechtigkeit ausgezeichnete Entscheidungsgänge sichern. Dahinter steckte ein emphatischer Begriff von wenn schon repräsentativer, dann rechtsgebundener Demokratie.

Mit einem solchen emphatischen Demokratiebegriff nicht in Einklang zu bringen war es beispielsweise, wenn die Berliner Wissenschaftsstaatssekretärin Steffi Schnoor ihrer Hoffnung Ausdruck verlieh, „daß die Gerichte künftig den Handlungs- und Finanzierungsspielraum der öffentlichen Hand stärker berücksichtigen",[15] nachdem ein Gericht die Abwicklung vorläufig untersagt hatte: Aus dem Schnoor-Satz ließ sich leicht eine exekutive Aufforderung zur judikativen Rechtsbeugung herauslesen.

Auch der Berliner Wissenschaftssenator Erhardt vermochte den emphatischen Demokratiebegriff nicht zu bedienen, als er eines der Urteile im Kündigungsfall des Rektors Fink mit dem Satz kommentierte: „Es gibt ordentliche Gerichte, und es gibt Arbeitsgerichte".[16] Gleiches galt für den Ehrenausschußvorsitzenden der Humboldt-Universität, Bert Flemming, zugleich SPD-Abgeordneter, als er mitteilte: Das Ergänzungsgesetz zum Berliner Hochschulrecht versage deswegen den Humboldtianern die verfassungsrechtlich

---

14 Meyer, Hans Joachim: Zwischen Kaderschmiede und Hochschulrecht, in: Hochschule Ost, 6 (1992), S. 20 - 35, hier S. 33.

15 Zit. nach Höppner, Marion: Chronik der wichtigsten hochschulpolitischen Ereignisse an der und rund um die Humboldt-Universität zu Berlin seit dem Herbst 1989, o. O. (Berlin) 1993, S. 35, unveröff.

16 Zit. nach: Der entlassene Rektor Fink muß weiter beschäftigt werden, in: F.A.Z., 3.4.1992, S. 2.

garantierten Mitspracherechte in den Gremien, weil viele nicht nach rechts-
staatlichen Maßstäben in ihre Ämter gekommen seien. Das Gesetz wolle
daher „Demokratie zum Teil aussetzen". Der Kanzler der Humboldt-
Universität, Rainer Neumann, bis dato hochschulpolitisch sehr zurückhaltend, klärte daraufhin, entgeistert, Flemming über das rechtsstaatliche Ein-
maleins auf: Es gehöre zum Wesen von Grundrechten, „daß diese nicht auszusetzen sind."[17]

Dennoch: Alle beteiligten Parteien hatten von sich gefestigte Selbstbilder als
Demokraten. Die Minister beriefen sich auf die übergeordnete Legitimation
durch demokratische Wahlen. Daraus leiteten sie die Berechtigung zum direkten Durchgriff auf die dezentralen Ebenen der Hochschulen ab. Universitätsangehörige formulierten dagegen ein partizipatives Demokratieverständnis, wenn sie etwa forderten: „Eine demokratische Erneuerung ohne demokratische Mitwirkung ist nicht möglich".[18]

Stand dieses Demokratieverständnis gegen das autoritätenfixierte, so läßt sich
letzteres nicht allein den politischen Funktionsträgern zuschreiben. Es hatte
auch innerhalb der Universitäten Befürworter, die Demokratie auf zwei formale Prinzipien reduzierten: Wahlen zur Besetzung von Ämtern einerseits
und die rechtliche Nachprüfbarkeit von im Amtshandeln getroffenen Entscheidungen andererseits. Ein solches Verständnis war beispielsweise handlungsmächtig geworden, als der Akademische Senat der Universität Leipzig
1992 zwar Probleme bei einzelnen Kündigungsbegründungen anerkannt
hatte, es jedoch vorzog, diese zu individualisieren: Jedem Betroffenen stünde
der Rechtsweg offen, wohingegen es dem Senat besser anstünde, „sich zu der
Personalpolitik des SMWK[19] zu bekennen".[20]

Liefern die wie auch immer verschiedenen Selbstbilder der Akteure als Demokraten aber schon eine hinreichende Erklärung für die Karriere des De-
mokratiebegriffs im Umbau des ostdeutschen Hochschulsystems? Bedeutsam
scheinen zwei weitere notwendige Bedingungen gewesen zu sein:

---

17 Küpper, Mechthild: Die Humboldt-Universität. Einheitsschmerzen zwischen Abwick-
    lung und Selbstreform, o. O. (Berlin) 1993, S. 79.
18 Vorbereitungsgruppe der Konzilsgruppe Wissenschaftliche Mitarbeiter (der Hum-
    boldt-Universität zu Berlin): (Anlage zum) Aufruf Vorbereitungsgruppe der Konzils-
    gruppe Wissenschaftliche Mitarbeiter an die Konzilsdelegierten, Berlin, den 4.1.1991,
    S. 1, unveröff.
19 Sächsisches Staatsministerium für Wissenschaft und Kunst.
20 Senatsprotokolle Universität Leipzig vom 8.12.1992, S. 21, und vom 12.1.1993,
    S. 22f., unveröff.

Zum einen konnte mit Hilfe des Demokratiepostulats eine deutliche Kon-
fliktglättung innerhalb des Umbauprozesses der Hochschulen erreicht werden: Das Postulat sicherte die Annahme ab, trotz unterschiedlicher Interessen
gebe es einen gemeinsamen Grundbestand an Demokratieverständnis. Zum
anderen mobilisierte der permanente Demokratie-Bezug legitimatorisches
Potential für die Modalitäten des ostdeutschen Hochschulumbaus: Die poli-
tisch-administrativen Träger der Definitionsmacht konnten damit an die Debatten derjenigen ankoppeln, die den Prozessen dadurch demokratische Ressourcen erschlossen, daß sie in den Hochschulen die demokratische Mitwirkung personifizierten.

Für das zwiespältige Erscheinungsbild des Hochschulumbaus sorgte im Kern
das diesen Prozeß bindende Recht. Die gerichtliche Überprüfbarkeit staatlicher Maßnahmen erzwang eine Mäßigung des gouvernementalen Steue-
rungshandelns und führte mitunter Korrekturen unangemessener staatlicher
wie auch universitätsinterner Maßnahmen herbei.

Die auf diese Weise in ihren Handlungsmöglichkeiten beschränkten Akteure
argumentierten dagegen jacobinisch: „Die Abwicklungen sind ein hochpoliti-
scher Befreiungsschlag, der arbeitsrechtliche Zwänge beseitigt", hieß es bei
dem Leipziger Kirchenhistoriker Nowak.[21] Ebenso bekannte sich der sächsische Minister Meyer ausdrücklich zur personengruppengebundenen Ausset-
zung üblicher Standards. Einerseits betonte er, das von ihm vertretene
„Prinzip des Erneuerns und Bewahrens" habe eine „differenzierte Beurteilung des Einzelfalls" bedeutet, schränkte dies aber andererseits dezidiert ein:
„Mit Ausnahme derjenigen Einrichtungen, deren bisherige Aufgabenstellung
mit der bisherigen Staats- und Gesellschaftsordnung fest verbunden war...",
womit er die abgewickelten Institute meinte.[22]

Eine Maßnahme von solcher Eingriffstiefe wie die Abwicklung konnte dann
auch nicht ohne Auswirkungen auf den Gesamtprozeß bleiben. In der retro-
spektiven Betrachtung erwiesen sich die Abwicklungen als die demokratischen Maßstäbe verderbende Diskursfolie. Sämtliche nachfolgenden Maßnahmen wurden vor diesem Hintergrund betrachtet und bewertet. Alles weitere fand sich dann als vergleichsweise 'nicht so schlimm' beurteilt, was
sachlich durchaus zutreffend war: Denn es griff jedenfalls geringer in individuelle Rechte ein als die Abwicklung.

---

21 Nowak, Kurt (Anm. 12), S. 373.
22 Meyer, Hans Joachim: „Der Wissenschaftsminister ist kein Richter...", in: Hochschule
   Ost, 6 (1993), S. 50 - 58, hier S. 50.

So ist in der Folgezeit beispielsweise die Konstruktion der Personalkommissionen universitätsintern niemals Anfragen ausgesetzt gewesen: Einerseits waren diese - parajuristische Verfahren durchführenden - Kommissionen einem Geschworenengericht vergleichbar, das zugleich die Vertretung der Anklage übernommen hatte. Andererseits waren sie infolge der Letztentscheider-Funktion der Minister für die 'Strafzumessung' nicht zuständig. Derart gab es keine strukturierte Verantwortlichkeit der in diesen Kommissionen Tätigen: Sie waren für abschließende Entscheidungen nie zuständig, zudem nicht auskunftsbefugt, kurz: nicht kontrollbar und folglich unkontrolliert.

Mit der Bewertungsfolie Abwicklung im Hintergrund war jedenfalls die Voraussetzung geschaffen worden, normabweichenden Vorgängen den Status der Hinnehmbarkeit zuzuerkennen. Die Sedimentierung dieser Perspektive zeigt sich dann beispielhaft in der Unbefangenheit, mit der 1996 eine juristische Dissertation von einer „personellen *Reinigung* des öffentlichen Dienstes des Beitrittsgebietes" spricht.[23]

5. Dichotomisierungen

Dieser Sedimentierung war auch durch eine Reihe ideologischer Diskurselemente Vorschub geleistet worden. Hatte am Anfang in den Universitäten die Beschwörung einer korporativen Einheit gestanden, so wurden alsbald eher schlicht anmutende Dichotomisierungen diskurs- und handlungsmächtig:

Mit einer mythologisierten korporativen Einheit, die bestehende Konflikte vornehmlich mit historischen Bezugnahmen zu überdecken suchte, waren anfangs alle Universitätsangehörigen in eine Gemeinschaft gleicher Interessen hineindefiniert worden. Die daraus abgeleiteten Orientierungen konnten zweierlei bedienen: Zum einen die weitverbreitete Unfähigkeit zu konfliktuellem Handeln, die mit der gesellschaftlich vorherrschenden konsensualen Stimmung korrespondierte; zum anderen die Verweigerungshaltung gegenüber der Einsicht, daß die allseits geforderte Reform auch konkrete Opfer kosten würde.[24]

---

23 Opolony, Bernhard: Die Kündigungsgründe des Einigungsvertrages, Opladen 1996, S. 21. (Herv. im Zitat p.p.)
24 Middell, Matthias: Überstanden? Einige Nachbetrachtungen zur „IV. Hochschulreform" der DDR aus der Perspektive des Jahres 1993, in: Pasternack, Peer (Hrsg.): IV.

Relativ problemlos waren in dieser Zeit z. B. Rehabilitierungsbemühungen in Gang zu setzen. Diese erwiesen sich als der am wenigsten schmerzvolle Prozeß: Sie konnten naturgemäß nicht mit Besitzstandsverlusten verbunden sein, dagegen aber vielfach mit individuellen Statusverbesserungen. Sie nahmen niemandem, aber sie gaben einigen etwas. Zudem waren Rehabilitierungen symbolpolitisch außerordentlich effizient. Das erleichterte ihre weitgehend allgemeine Akzeptanz. Alle sonstigen Umbauprozesse hatten dagegen erheblich größere Anlaufschwierigkeiten. Insgesamt betrachtet, dürfen die Rehabilitierungsvorgänge zu den eher erfolgreichen Aspekten der weitverzweigten Bemühungen im Spannungsfeld von Vergangenheitsaufarbeitung und Personalumbau gezählt werden. Doch, bemerkenswerterweise, kann eine solche Diagnose allein für den Teilprozeß gestellt werden, der von keiner einzigen Seite mit Konflikten beladen wurde.

Zudem: Gab es mit den Rehabilitierungen auch Ansätze kritischer Aufarbeitung der Universitätsgeschichte in der DDR, so entsprang daraus nicht unbedingt eine dauerhafte Berücksichtigung der problematischen Aspekte dieser Geschichte dergestalt, daß sie als Negativfolie für aktuelles Handeln Verwendung gefunden hätte. Beispielsweise ging die Leipziger Universitätsleitung 1993 dazu über, eine alte Übung ihrer Vorgänger aus den vergangenen Jahrzehnten wieder aufzunehmen und mißliebige Universitätsangehörige durch Hausverbote fernzuhalten. Daraufhin angesprochen, verwahrte sich ein Prorektor „gegen einen Vergleich der getroffenen Entscheidung... mit Hausverboten aus politischen Gründen in der Zeit nach 1933 und 1945."[25]

Darin wurde ein Muster sichtbar: die - kognitiv verwurzelte - argumentative Dichotomie des Davor und Danach. In dieser Wahrnehmung gab es die „fast sechzigjährige Beherrschung der Universität Leipzig durch zwei totalitäre Regime verschiedener Provenienz",[26] und es gibt ein Danach, bestimmt vom „Geist der Demokratie".[27] Diese Dichotomisierung der Betrachtung transzendierte das Danach und entzog es damit einer konkret vergleichenden Beurteilung, die über ein Raster von „damals ganz schlimm - heute in jedem Fall besser" hinausgeht.

Hochschulreform. Wissenschaft und Hochschulen in Ostdeutschland 1989/90. Eine Retrospektive, Leipzig 1993, S. 161 - 180, hier S. 176.

25 Senatsprotokoll Universität Leipzig vom 5. 10. 1993, S. 12, unveröff.

26 Eine Formulierung, die wenigstens noch die Verschiedenheit der Folgen außer acht läßt.

27 Weiss, Cornelius: Antrittsrede des neuen Rektors, in: Leipziger Universitätsreden N.F. Heft 72, Leipzig 1991, S. 21 - 28, hier S. 21.

Solchen Perspektiven waren ebenso Politiker verhaftet, etwa wenn der sächsische Wissenschaftsminister forderte: „Maßgebend für die (Weiterbeschäftigungs-)Entscheidung ist... die Erwartung, daß die Betreffenden vorbehaltlos (sic!) für die freiheitliche demokratische Grundordnung eintreten."[28] Eine derartige Formulierung mußte erstaunen: Demokratisierung war damals zumindest spontan weithin mit der Auffassung verbunden, die Zeit der administrativen Abschaffung von Vorbehalten sei vorbei.

Weitere Dichotomisierungen in den Debatten machten sich an der Konstruktion einander gegenüber stehender Kollektivakteure fest. Zuerst war die Trennlinie zwischen früheren SED-Mitgliedern und Nicht-SED-Mitgliedern dominierend. Dann wurden Naturwissenschaftler und Gesellschaftswissenschaftler als geborene Träger guter bzw. schlechter Eigenschaften definiert. Der erste größere Struktureingriff im Dezember 1990 trennte fortan Abgewickelte und Nichtabgewickelte. Mit den Überprüfungen durch die Personalkommissionen fand auch an den Hochschulen die Opfer/Täter-Dichotomie Eingang. Hier korrespondierte eine Selbstheroisierung derjenigen, die sich in der DDR politisch herauszuhalten versucht hatten, mit einer Dämonisierung derjenigen, die als per se verantwortlich betrachtet wurden.

6. Die Formationsregeln des Erneuerungsdiskurses

In Auswertung des bislang Dargelegten lassen sich nun die Formationsregeln des Erneuerungsdiskurses formulieren.

(I) Die Bezugnahme auf die Demokratie war ritualisiert. Wer sich diesem Ritual entzog, hatte die Exkommunikation aus dem Diskurs zu gewärtigen. Das Wort *Demokratie* erfüllte die Funktion einer rhetorischen Klammer in der Erneuerungsdebatte. Solcherart wurde die Anschlußfähigkeit an die fundamentale Legitimation des ostdeutschen Hochschulumbaus zu wahren gesucht. Diese Legitimation bestand in der verfassungsrechtlichen Bindung, welcher der Rahmenvorgang des Hochschulumbaus - die deutsch-deutsche Neuvereinigung - ausgeliefert war. *Demokratie* also war der durchgehende Ordnungsfaktor des Erneuerungsdiskurses: Er ermöglichte das Miteinandersprechen und -handeln der im übrigen höchst gegensätzlichen Akteure.

---

28 Sächsisches Staatsministerium für Wissenschaft, Der Minister: (Schreiben) An den Rektor der Universität Leipzig. Betr.: Auflösung von Teileinrichtungen Ihrer Hochschule. 12. Dez. 1990, S. 2, unveröff.

(II1) Blieb die 'Demokratie' bis zum Schluß als rhetorische Konstante gültig, so hatte die *Basisdemokratie* nur in der ersten, der romantischen Phase des Umbaus organisierende Wirkungen im diskursiven Feld entfalten können.

(II2) In der zweiten Phase - der Phase der strukturierten Umgestaltung - wurde der Diskurs dann wesentlich mittels einer Komplexitätsreduktion durch *Dichotomisierung* formiert. Die Debatten waren fortan binär codiert: „systemnah/systemfern", „belastet/unbelastet", „unzumutbar/zumutbar". Die Agenten dieser Komplexitätsreduktion argumentierten jacobinisch.

(III) Sicherte der auch in der zweiten Phase fortwirkende Ordnungsfaktor 'Demokratie' zwar noch die Kommunikationsfähigkeit, so etablierte sich zugleich und in betonter Abgrenzung zur Dichotimisierung ein oppositioneller Diskursstrang. In diesem wurde streng *rechtspositivistisch* argumentiert gegen den *jacobinisch* auftretenden dominierenden Strang. Beiden Strängen lagen jeweils spezifische Interessen zugrunde:

(IV1) Bei den *jacobinisch Argumentierenden* gab es zunächst das Interesse der Benachteiligten des DDR-Systems, einen Strafanspruch gegen die seinerzeitigen Systemträger durchzusetzen. Voraussetzung dafür war eine Delegitimierung des *ancien régime*. In diesem Anliegen trafen sich die Benachteiligten mit den aktuell amtierenden politischen Funktionsträgern. Deren Delegitimierungsbemühungen zielten auf politische Machtsteigerung durch systemkompatible Hochschulen, die kein „Bollwerk gegen die demokratische Erneuerung im Osten Deutschlands"[29] werden sollten.

(IV2) Dagegen repräsentierte der *rechtspositivistische Diskursstrang* zwei nur bedingt zu vermittelnde Interessen, deren Träger deutlich voneinander absetzbar sind: Zum einen gab es da die alte akademische Positionselite. Sie sah in einer rechtspositivistischen Argumentation das einzig verbliebene Rückzugsfeld, von dem aus noch sinnvoll auf den Angriff aus dem politischen Raum reagiert werden könne. Zum anderen traten auch solche Akteure, die von diesem Angriff individuell nicht betroffen waren, betont rechtspositivistisch auf. Diese fühlten sich aber mit anderer Begründung herausgefordert als die alte DDR-Elite: Sie sahen in der Auflösung überkommener rechtlicher Standards Gewaltenteilungsbalancen außer Kraft gesetzt und infolgedessen institutionelle Voraussetzungen des bestehenden politischen Systems gefährdet.

---

29 Meyer, Hans Joachim: Erneuerung und Bewahrung, a. a. O., S. 512.

7. Ambivalenzen der Erneuerung

Entsprechungen zu dieser Diskursarchitektur fanden sich im praktischen Prozeßvollzug. Einerseits gab es die Bindung an das Recht und an formalisierte Verfahren. Andererseits wurde diese mitunter überformt durch die höhergewichtete Bindung an politische Zielsetzungen. Hier zeigte sich bei den radikalen Erneuerern ein strategisches Dilemma zwischen ihren leitenden Absichten und dem zur Verfügung stehenden Instrumentarium. Die Neustrukturierung der ostdeutschen Hochschulen war daher durch Inkonsistenz gekennzeichnet. Das sich bietende Bild enthält Elemente der Demokratisierung wie der ausdrücklichen Demokratiesuspendierung.

Die eine Seite berief sich dabei auf das „außerordentlich kritische Urteil weiter Teile der ostdeutschen Öffentlichkeit in Bezug auf die Situation an den Hochschulen",[30] die andere auf das Grundgesetz. Die Politik meinte die Hochschulautonomie zeitweise aussetzen zu müssen, da die Hochschulen noch nicht autonomiefähig seien, worauf Universitätsangehörige Parallelen zur DDR entdeckten. Manche hielten Basisdemokratie für situationsadäquat, wohingegen die neuen Funktionsträger auf stattgefundene Wahlen verwiesen. Diejenigen, die ohne amtsbewehrten Einfluß waren, betonten das Demokratische an der *demokratischen Erneuerung*, während die Amtsinhaber darin die Erneuerung akzentuierten. Die einen wollten einen schnellen und gründlichen Elitenwechsel an den Hochschulen, die anderen legales Handeln der Exekutive. Genügten vielen Beteiligten Wahlen und die Möglichkeit des Klageweges, um den Vorgängen demokratischen Charakter attestieren zu können, so forderten andere aktive Partizipation an den Entscheidungsprozessen. Stand das Berliner Abgeordnetenhaus nicht an, „Demokratie zum Teil aussetzen" zu wollen, entgegnete die Humboldt-Universität, „daß es zum Wesen von Grundrechten gehöre, daß diese nicht auszusetzen sind."[31]

Damit nun wird der entscheidende Dissens über den demokratischen Charakter der *demokratischen Erneuerung* deutlich. Er bestand in einer widerstreitenden Verknüpfung von Zieldefinition und Prozeßinstrumentierung für den grundsätzlich nicht im Streite stehenden Hochschulumbau:

Für die einen bedeutete das Leitbild *demokratische Erneuerung* primär die Beschreibung eines zu erreichenden Zustandes: Die Hochschulen sollten erneuert werden, um hinfort demokratische sein zu können. Dabei müsse ggf.

---

30 Ebd.
31 Küpper, Mechthild, a. a. O., S. 79.

eine zeitweilige Suspendierung demokratischer Regeln um des übergeordneten Zweckes willen inkauf genommen werden. - Für die anderen beschrieb *demokratische Erneuerung* nicht allein die Zielprojektion, sondern auch bereits den dorthin zurückzulegenden Weg: Die Hochschulen könnten nur dann demokratische werden, wenn der Erneuerungsvorgang selbst schon den Maßstäben genüge, die diesbezüglich billigerweise anzulegen seien.

Dieser Dissens war zwar nicht allein einer zwischen Hochschulen und politischen Entscheidungsträgern, sondern ging durch die Hochschulen selbst hindurch. Er bildete sich gleichwohl besonders deutlich an der Grenze zwischen Hochschulen und Politik ab. Das wurde in herausgehoben illustrativer Weise am Beispiel der Berliner Humboldt-Universität deutlich:

Sie stand von Beginn an im Lichte besonderer öffentlicher Aufmerksamkeit. Als Hauptstadt- und größte ostdeutsche Hochschule sah sie sich selbst augenscheinlich auch in einer symbolischen Rolle. Die spezifische Berliner West-Ost-Situation brachte konfliktorische Zuspitzungen mit sich. Stärker als andere ostdeutsche Hochschulen war die Humboldt-Universität mit der Differenz von demokratischen Ansprüchen eines elementaren gesellschaftlichen Aufbruchs einerseits (Ostdeutschland) und administrativen Routinen eines politisch nicht in Frage gestellten Entscheidungsstruktursystems andererseits (West-Berlin) konfrontiert. Wo die Senatsverwaltung für Wissenschaft und Forschung nach effizientem und damit schnellen Zugriff auf die um ein Selbstverständnis ringende Universität strebte, da antwortete ebendiese mit dem Anspruch: „Erneuerung... nicht nur, aber auch mit den vorhandenen Menschen!"[32]

Der hochschulinterne Konflikt über (a) die demokratische Entwicklung zu einer demokratischen Hochschule oder (b) die Demokratisierung unter temporärem Verzicht auf demokratische Verfahren fand also seine Entsprechung in dem externen Konflikt zwischen Humboldt-Leitung und Senatsverwaltung. Damit lief er letztlich auf eine auch aus anderen Bereichen vertraute Frage hinaus: Sind in einer beliebigen Interessenkollision die Ansprüche der Grundrechtsträger, d. h. der Bürger und Bürgerinnen, oder die des Hoheitsträgers, d. h. des Staates, den jeweils anderen vorzuordnen?

Hiermit ist der *zentrale politische Konflikt* des ostdeutschen Hochschulumbaus identifiziert: Die einen hielten es für eine unerläßliche Bedingung der

---

32 Fink, Heinrich: Thesen zur Entwicklung der Humboldt-Universität, in: Bündnis 2000, 23 (1991), S. 7.

Herstellung demokratischer Hochschulverhältnisse, das demokratische Ziel mit demokratischen Verfahren zu erreichen. Die anderen sahen mit genau diesen demokratischen Verfahren das demokratische Ziel gefährdet.

8. West-Ost-Transfer

Die beschriebenen Konfliktlagen bauten zunächst auf ostinternen Differenzen auf, doch wurden sie parallel überformt durch den west-östlichen Institutionen- und Personaltransfer.[33] Wolfgang Kaschuba verdanken wir den Hinweis, daß sich die dabei entstehende Situation durchaus im Stile eines ethnologischen Feldtagebuchs beschreiben ließe:

> „Fremde rücken in das Gebiet einer indigenen Stammeskultur vor, sie übernehmen dort die Schlüsselpositionen der Häuptlinge und Medizinmänner, zerstören einheimische Traditionen, verkünden neue Glaubenssätze, begründen neue Riten. Das klassische Paradigma also eines interethnischen Kulturkonflikts, nur daß sein Schauplatz nicht in Papua-Neuguinea liegt, sondern ganz unexotisch nah, in Berlin, Unter den Linden."[34]

Um die Perspektive nicht zu verzerren, ist freilich vorab auf einen Umstand hinzuweisen: Es gab zwar, vor allem in Berlin und Sachsen, exorbitant hohe Entlassungsquoten an den ostdeutschen Hochschulen. (An der Universität Leipzig etwa hatten zwei Drittel des 1990 beschäftigten Personals ihren Arbeitsplatz räumen müssen.) Doch sind diese Quoten nicht allein dem Umstand zuzuschreiben, daß die ostdeutschen Wissenschaftler im mehr oder weniger freien Besetzungswettbewerb unterlegen waren. Viel stärker ist hier der allgemeine Personalstellenabbau verantwortlich gewesen.

Diejenigen Ostdeutschen indes, die sowohl diesen Abbau wie auch den Wettbewerb um neu ausgeschriebene Stellen erfolgreich überstanden haben, zeichneten sich zwar meist durch eines aus: Flexibilität.[35] Doch trat diese an den Ost-Hochschulen (aber nicht nur dort) in zweierlei Formen auf: als kreative Beweglichkeit und als anpasserische Wendigkeit.

---

33 Empirische Grundlage der im folgenden formulierten Einschätzungen sind, soweit nicht anders nachgewiesen, Interviews, die der Verfasser im Zuge eines Forschungsprojekts 1995 geführt hatte; vgl. die Veröffentlichung der Projektergebnisse in: Pasternack, Peer: Geisteswissenschaften in Ostdeutschland 1995. Eine Inventur, Leipzig 1996.

34 Kaschuba, Wolfgang: Neue Götzen, alte Rituale. Die Berliner Humboldt-Universität im Kulturkonflikt, in: Süddeutsche Zeitung, 20./21.3.1993, S. 49.

35 ... ohne daß nun gleich der Umkehrschluß gälte, alle anderen hätten sich durch Inflexibilität ausgezeichnet.

Erstere eignete sowohl DDR-Karrieristen, gespeist aus trainiertem Durchsetzungsvermögen, wie DDR-Nonkonformisten, begründet in Konfliktfähigkeit, die auf individueller Autonomie beruht. Anpasserische Wendigkeit hingegen kennzeichnete den klassischen Mitläufertyp. Er ist zu flexibler Verhaltensanpassung solange fähig, als die neuen Rahmenbedingungen strukturelle Ähnlichkeiten zu den vorangegangenen aufweisen. Der entscheidende Unterschied zwischen beiden Flexibilitätsformen ist: Die Kreativ-Beweglichen suchen sich gegebenenfalls ihre Möglichkeiten selbst. Die Anpasserisch-Wendigen jedoch müssen die Möglichkeiten geboten bekommen: Andernfalls versagen die ihnen zur Verfügung stehenden subjektiven Handlungspotentiale vor den Anforderungen der geänderten Bedingungen.

Trotzdem gibt es zwischen beiden Gruppen an den Hochschulen eine unterschwellige Kohärenz, welche die Fremd- und Selbstzuordnung unter dem Titel *ostdeutsch* perpetuiert. Das bewirken nicht allein biographisch-kulturelle Gemeinsamkeiten. Hinzu tritt vielmehr: Beide Gruppen haben bisweilen manches in Kauf zu nehmen, das sich nicht ohne weiteres von selbst versteht und als ostspezifische Benachteiligung empfunden wird.

Zunächst war die deutsch-deutsche Vereinigung im Wissenschaftsbereich ein asymmetrischer Vorgang. Daraus resultierte die Empfindung der Verdrängung. Dies konnte bei der Neubesetzung nicht unbesetzter Positionen, aus je individueller Ost-Sicht, schwerlich anders sein. Da war es im konkreten Einzelfall auch keine Hilfe, die Durchmischung im allgemeinen begrüßenswert zu finden. Sodann trugen und tragen einige Berufungs- und Beschäftigungsmodalitäten jedenfalls nicht dazu bei, die Unterschiede zu vernebeln: Ungleiche Verhandlungsmacht bei Berufungen, Ost-West-Verdrängungen im Mittelbau, 84%-Gehälter oder die Renten der Ost-Professoren offenbarten eine gewisse Einseitigkeit der Chancenverteilung. In zahlreichen Instituten sind die Ost-West-Beziehungen mit einer hierarchischen Brechung parallelisiert: Ostdeutsche besetzen vornehmlich untergeordnete Stellen im Mittelbau. In einigen Einrichtungen finden sich die ostdeutschen Professoren durchgehend auf den C3- und die westdeutschen Kollegen auf den C4-Stellen. Dies mündet unter anderem in eine schwächere Vertretung der Ostdeutschen in den Gremien der hochschulischen Selbstverwaltung und eine westdominierte Diskussionskultur.

Der Assimilationsdruck auf die Ostdeutschen verdichtete solche Erfahrungen zur Wahrnehmung eines umfassenden und unhinterfragbaren Anpassungszwanges. Die Notwendigkeit, um ein Beispiel zu nennen, kaufmännisches Verhalten entwickeln zu müssen, um sich die Mittel für ein Forschungsprojekt zu sichern, und dies als akademische Kulturtechnik akzeptieren zu sollen: dieser Zwang wurde nicht durchweg als Gewinn an Freiheitsgraden empfunden.

Sodann: Der Ost-West-Durchmischung steht keine vergleichbare West-Ost-Durchmischung in Westdeutschland gegenüber. Der West-Anteil an der ostdeutschen Professorenschaft ließe sich gewiß mit dem Hinweis auf eine unbestreitbare Tatsache erklären: Es gibt in der Bundesrepublik mehr West- als Ostdeutsche. Auf der anderen Seite hat es innerhalb von sieben Jahren keine - der Anzahl nach - potentialadäquaten Ost-Berufungen nach Westdeutschland gegeben. Darin ein ganz unzweifelhaft korrektes Ergebnis zu sehen, wird wohl nur gelingen, so man Berufungsverfahren für ein ausschließlich rationalen Kriterien folgendes Geschehen hält: Womit sie die einzigen derart ausgezeichneten sozialen Vorgänge wären.[36] Freilich hält sich beharrlich als eine der "Legitimationslegenden der Universität" die Annahme, daß immer und nur die Schlechten auf der Strecke blieben.[37]

Auch die landläufigen Einwände, die ostdeutschen BewerberInnen hätten nur schmale Publikationslisten, ungenügende Auslandserfahrungen und ähnliche Mängel aufzuweisen, greifen unterdessen immer weniger. Waren diese Mängel bekanntermaßen (oft) nicht durch die Bewerber und Bewerberinnen verschuldet und sagten insoweit nur bedingt etwas über individuelle Qualifikationen aus, so sind sie nach sieben Jahren auch großteils behoben. Wesentlicher dürften hier die Ungleichverteilungen des wissenschaftsspezifischen kulturellen Kapitals in Gestalt wissenschaftlichen Prestiges, Machtkapitals

---

36 Vgl. genauer zum ostdeutschen Berufungsgeschehen: Meyer, Hans Joachim: Zwischen Abbruch und Neuaufbau. West-Östliches im Berufungsgeschehen, in: Mitteilungen des Hochschulverbandes 5/1993, S. 296 - 298; Stand der personellen Erneuerung in den neuen Ländern - eine Zwischenbilanz, in: Mitteilungen des Hochschulverbandes, 5 (1993), S. 308 - 310 und 6 (1993), S. 387; Brentjes, Sonja/Pasternack, Peer: Berufungsverfahren Ost: Der Spagat zwischen Selbst- und Fremdergänzung, in: Hochschule Ost, 4 (1994), S. 28 - 43; Burkhardt, Anke: „Besser als befürchtet - schlechter als erhofft". Zum Stand des Berufungsgeschehens an ostdeutschen Hochschulen aus Frauensicht, in: Hochschule Ost, 2 (1995), S. 107 - 121; Zimmermann, Karin: Wissenschaftliche Netzwerke im deutsch-deutschen Wissenschaftstransfer, in: Lang, Sabine/Sauer, Birgit (Hrsg.): Wissenschaft als Arbeit - Arbeit als Wissenschaftlerin, Frankfurt/M, New York 1997, S. 247 - 262. Länger ist die Bibliographie zu diesem Thema übrigens nicht.

37 Simon, Dieter: Westliche Theorie - östliche Realität. Zur Neuordnung der Hochschul- und Forschungslandschaft im wiedervereinigten Deutschland, in: Köhler, Gerd/Köpke, Andreas (Hrsg.): „Wissenschaft als Beruf". Die Dokumentation der 15. GEW-Sommerschule '95, Frankfurt/M. 1996, S. 207 - 216, hier S. 207.

und Kapitals an intellektueller Prominenz zwischen Ost und West sein. Überdies ergab sich für die ostdeutschen Wissenschaftler aus dem Zwang, nachholend formale Qualifikationsnachweise zur Hebung ihres wissenschaftlichen Prestiges zu erlangen, eine zentrale Entscheidungsfrage: In welchem Umfang vermögen sie die zusätzlichen Zeitopfer zur (wiederum nachholenden) Erlangung wissenschaftlichen Machtkapitals zu erbringen, ohne, angesichts begrenzter Zeitressourcen, möglichen wissenschaftlichen Prestigegewinn zu verspielen?[38]

9. Wahrnehmungsmuster und Legitimitätsdefizite

Aus diesen Erfahrungen ergaben sich auf seiten der Ostdeutschen deutliche Legitimitätsdefizite für den erfahrenen Umbauprozeß. Ein wesentlicher Teil des Befundes begründet sich aus dem weitgehenden individuellen Verlust bisher gültiger sozialer Wahrnehmungsmuster. Es war die Konfrontation mit einem völlig neuen System von - nicht zuletzt informellen - Codierungen zu realisieren. Alte Vertraut- und Gewißheiten, in die man hineingewachsen war, waren auszutauschen gegen neue Unvertraut- und Ungewißheiten, in die man plötzlich und vorbereitungslos geriet. Die bisherige personale Souveränität wurde so zunächst infrage gestellt.

Als erster Orientierungspunkt in solch unbekannten Verhältnissen werden naheliegenderweise deren formalisierte Regeln genommen. Diese sind weitgehend einsichtig, die Akteure sind bekannt, deren Ziele meist formuliert - und trotzdem stellen sich vielfach nicht die erwarteten Ergebnisse ein. Solche Kontingenzerfahrungen, geschuldet der vorläufig defizitären Beherrschung nunmehr gültiger sozialer Codierungsregeln, verschafften dem durchlebten Vorgang das erste Legitimitätsdefizit. Sein zweites Legitimitätsdefizit wuchs ihm dadurch zu, daß offenkundige Differenzen zwischen erfolgreich durchgesetzten Partikularinteressen externer Akteure und systemischen Rationalitäten bestehen.

Nun gibt es in den sozialen Erfahrungen und kulturellen Bezügen unbestreitbar Ost-West-Unterschiede. Das wird insbesondere in den jeweiligen fachlichen Biographien manifest. Daraus begründen sich differierende Habitusformen, Wissenschaftsverständnisse und Lehrkulturen. Deren heutige Wahrnehmungen produzieren in beiden Gruppen jeweils immanent weitgehend einheitliche Bewertungen. Diese „kognitive 'Mechanik' der Kategorisie-

---

38 Vgl. Zimmermann, Karin (Anm. 36), S. 256.

rung"[39] generalisiert, in unterschiedlich zugespitzten Formulierungen, insoweit, als sie die je 'andere Seite' als intern gering differenzierte Population auffaßt. In den Wahrnehmungskollektiven Ost und West aktualisieren Selbst- wie Fremdzuordnungen eine Reihe von Stereotypen. Dem entspricht auch, daß die öffentliche Debatte, die dazu - über die Hochschulen hinaus - geführt wird, „in zwei einander ausschließende Diskurse zerlegt" ist:

„In dem einen Diskurs wird der Vereinigungsprozeß im großen und ganzen als gelungen angesehen. Innerhalb dieses Diskurses werden Probleme der Vereinigung (...) auf die Altlasten des DDR-Systems zurückgeführt, werden die Ostdeutschen zu mehr Geduld aufgefordert, und es wird ihnen Aktivitätszurückhaltung, Institutionenskepsis und Autoritarismus vorgeworfen. Die andere Position hält Mahnwache vor den bedrohten Beständen der ostdeutschen Lebenswelt, fordert von den Westdeutschen eine höhere Opferbereitschaft, rechnet Vereinigungsprobleme der kolonialisierenden Form der Wiedervereinigung zu und sieht den Vereinigungsprozeß als überstürzt und im großen und ganzen als mißlungen an."[40]

Aus den Perzeptionen (einschließlich Mißperzeptionen), zusammen mit den nach Ost- oder West-Herkunft differenzierten Beschäftigungsmodalitäten, konstituiert sich an den Hochschulen eine mehr oder weniger diffuse Stimmungslage. Bestandteil dieser sind beobachtbare Abneigungen zwischen Ost- und Westdeutschen, und wo diese vorkommen, treffen sie kollektiv. Zuneigungen gibt es als individuelle. Das funktioniert jeweils in beide Richtungen.

Zunächst muß dies nicht verwundern. Die Mitglieder einer Gruppe streben, aufgrund eines Bedürfnisses nach einem zufriedenstellenden Selbstkonzept, nach positiver sozialer Identität und möglichst großer Unterscheidung von anderen Gruppen.[41] Hierzu müssen sie sich in wichtigen Vergleichsdimensionen überlegene Positionen zuschreiben. Das ist selbstredend mit entsprechend abwertenden Einschätzungen der jeweiligen Vergleichsgruppe verbunden. Doll et al. ermittelten beispielsweise, daß sich das dominante Urteilsverhalten der Westdeutschen als eine „indirekte Diskriminierung" der Ostdeutschen deuten läßt, durch die sie, die Westdeutschen, eine positive soziale Distinktheit zu bewahren suchen. Sie schrieben ausschließlich sich selbst „Kompetenz-" und „Arbeitstugendmerkmale" (zuverlässig, fleißig, ideenreich und dgl.) stark zu, den Ostdeutschen hingegen nur zwei weniger

---

39 Tajfel, Henri: Gruppenkonflikt und Vorurteil. Entstehung und Funktion sozialer Stereotypen, Bern/Stuttgart 1982, S. 101.
40 Pollack, Detlef: Sozialstruktureller Wandel, Institutionentransfer und die Langsamkeit der Individuen, in: Soziologische Revue, 4 (1996), S. 412 - 429, hier S. 412.
41 Tajfel, Henri (Anm. 39), 101ff.

wichtige 'moralische' Merkmale, nämlich „bescheiden" und „rücksichts-voll".[42]

Verschiedene der weiter oben beschriebenen Umstände des Zusammenwir-kens von Ost- und Westdeutschen an den Ost-Hochschulen bewirken, daß die Bedeutung der jeweiligen kategoriellen Zugehörigkeit in den Interaktionssi-tuationen relevant bleibt. Rippl stellte in Auswertung empirischer Daten fest: Unter solchen Umständen werden Generalisierungen von individuellen Er-fahrungen auf die Gruppenebene vorgenommen und sind in Beziehungen mit hohem Kategorisierungsniveau negative Kontakterfahrungen wahrscheinli-cher. Folglich werden in Kontaktsituationen - wie sie an den Hochschulen alltäglich sind - negative Erfahrungen mit Individuen auf die Gruppenebene übertragen. Kontakte allein jedenfalls gäben wenig Grund zu der Hoffnung, positivere Einstellungen zwischen Ost- und Westdeutschen zu fördern.[43]

Die von den ostdeutschen Hochschulangehörigen empfundenen Legitimitäts-defizite des erlebten Prozesses und mithin seiner Ergebnisse münden in ver-einfachende Urteilsstrategien. Diese finden in dem Rückbezug auf solche Wahrnehmungsmuster und informellen Codes, die souverän beherrscht wer-den, ihr Referenzmedium. Das zeigt sich in den fortdauernden Selbst- und Fremdzuordnungen innerhalb des Kollektivrasters Ostdeutsche/West-deutsche. So spiegelt sich auch im Hochschulbereich ein über diesen hinaus feststellbarer Umstand: Die einheitsstaatliche neue Bundesrepublik Deutsch-land ist ein Staat mit zwei Gesellschaften.

Daneben ist freilich auch des öfteren zu vernehmen, daß es keineswegs nur Konfliktlinien zwischen Ost und West gebe. Als eines der Motive dieser Relativierung ist zu orten, daß manche auch ein wenig enerviert sind von der deutsch-deutschen Nabelschau. Sie möchten deshalb darauf aufmerksam machen, daß Konflikte und Differenz in jeglichen sozialen Bezügen eine wenig überraschende Normalität darstellen.

---

42 Doll, Jörg/Mielke, Rosemarie/Mentz, Michael: Formen und Veränderungen wechsel-seitiger ost-westdeutscher Stereotypisierungen in den Jahren 1990, 1991 und 1992, in: Kölner Zeitschrift für Soziologie und Sozialpsychologie, 3 (1994), S. 501 - 514.
43 Rippl, Susanne: Vorurteile und persönliche Beziehungen zwischen Ost- und West-deutschen, in: Zeitschrift für Soziologie, 4 (1995), S. 273 - 283, hier S. 281f.

10. Ausblick

Angesichts des letztgenannten Befunds soll hier zumindest eines bezweifelt werden: daß das in der öffentlichen Debatte erörterungsreiche Ringen um eine innere Einheit die adäquate Reaktion auf Ost-West-Diskrepanzen sei. Wo von 'innerer Einheit' gesprochen wird, liegt der Verdacht nahe, daß das Vermögen unausgeprägt ist, mit Differenz umzugehen. Darum jedoch ginge es: Souveränität im Umgang mit den hier in Rede stehenden Differenzen zu erlangen. Dabei könnte es hilfreich sein, die Bedingungen, unter denen Ost-West-Kontaktsituationen stattfinden, so zu gestalten, daß ebenjene Souveränität für alle Beteiligten ermöglicht ist.

Dem würde es vermutlich entgegenkommen, das Ziel der staatsbürgerlichen Integration von West- und Ostdeutschen nicht mit dem flankierenden Streben nach kultureller Integration zu überfrachten. Es muß keineswegs anstrebenswert sein, daß sich Ost- und Westdeutsche kulturell demnächst nicht stärker voneinander unterscheiden, als Westdeutsche untereinander sich unterscheiden. Bedeutend mehr ließe sich u. U. einem Prozeß der Interkulturation abgewinnen: Wanderer zwischen Ost und West wie West und Ost - und das sind irgendwann und irgendwie alle - behalten zugleich einen Teil ihres soziokulturellen Erbes, gewinnen einen Teil an Neuem hinzu und entwickeln einen Bereich an gemischter Kultur.[44]

Was könnte in diesem Rahmen an den Hochschulen interkulturiert werden? Von seiten der ostdeutschen Wissenschaftler zum ersten die Reformerfahrenheit aus den letzten Jahren. Das war eine gewiß harte Schule. Sie wäre ohne die - zum zweiten - in vierzig DDR-Jahren notgedrungen erworbenen Improvisationskünste vermutlich nicht zu bewältigen gewesen. Drittens kann sich der - zunächst - Nachteil, die interessenpolitischen und diskursiven Hintergründe zahlreicher westdeutscher Konfliktlagen nicht zu kennen, u. U. zum Vorteil wenden: Insoweit sich daraus eine gewisse Unbefangenheit der Fragestellung resp. Infragestellung zu ergeben vermag. Zum vierten ist die Kooperationsbereitschaft unter ostdeutschen Wissenschaftlern stärker ausgeprägt und weniger von individueller Nutzenmaximierung geprägt: Es wird auch dann kooperiert, wenn der gegenseitige Gewinn sich nicht zweifelsfrei 50 : 50 verhält. Damit zusammen hängt, fünftens, ein geringer ausgeprägtes Prestigedenken. Sodann bringen, Punkt sechs, ostdeutsche Wissenschaftler

---

44 Endruweit, Günter: Integration oder Interkulturation? Soziologische Hypothesen zum Identitätsproblem türkischer Arbeitnehmer und ihrer Familien in Deutschland, in: Zeitschrift für Kulturaustausch, 3 (1981), S. 261 - 267.

Kenntnisse über osteuropäische Gegebenheiten ein und entsprechende Kontakte mit. Schließlich haben sie, siebtens, intensivere Erfahrungen mit Gruppenarbeit im Studium oder auch mit Fern- und Abendstudiengängen.[45]

Westdeutsche Wissenschaftler nun - das ist bekannter, läßt sich folglich kürzer sagen - bringen Strukturkompetenzen mit, westorientierte Internationalität, konfliktgeneigtere Auseinandersetzungsformen, was mitunter stärkere Durchsetzungsfähigkeit, etwa gegenüber der Universitätsverwaltung, bedeutet, desweiteren Beziehungen zu ihren Herkunftshochschulen mit entsprechenden Kooperationspotentialen und ein gewisses Training im Netzwerkmanagement.

Dies zusammenzuführen, ohne es um jeden Preis vereinheitlichen zu wollen, können zweierlei Wege beschritten werden. Der eine wird appellativ vermittelt: Chancengleichheit, etwa bei Berufungen und Einstellungen, ist strikt zu binden an Eignung und Leistungsfähigkeit. Auf unterschiedliche Diskurskulturen soll mit der Ausbildung von kommunikativen Übersetzungsfähigkeiten reagiert werden. Das Freihalten der Hochschule und Wissenschaft von Ideologisierungen sollte sich unter fortdauernder Vergegenwärtigung der DDR-Erfahrungen an den ostdeutschen Hochschulen von selbst verstehen. Aus der Umsetzung solcher Selbstbindungen ergäben sich gleichsam selbstläufig beachtliche Kooperations- und Reformkapazitäten.

Der zweite zu beschreitende Weg hätte den genannten Zielen strukturelle Sicherungen und Entfaltungsräume zu verschaffen. Manches wird hier auch getan, wäre fortzuführen und gegebenfalls zu modifizieren. Zwei Beispiele seien genannt:

Als die alarmierende Meldung umging, daß die Anzahl der Habilitationen in Ostdeutschland zwischen 1990 und 1994 um 82% zurückgegangen ist,[46] reagierte die Volkswagen-Stiftung recht schnell: Sie legte ein kleines „Habilitationsprogramm für die neuen Bundesländer" auf, mit dem in Gei-

---

45 Vgl. Weiss, Cornelius: Hat der Systemwechsel in Ostdeutschland der Wissenschaft neue Impulse gebracht?, in: Bulmahn, Edelgard (Hrsg.): Vereinheitlicht? Die deutsch-deutsche Wissenschaftslandschaft - Chancen und Herausforderungen, Münster 1997, S. 89 - 91, hier S. 91.
46 Statistisches Bundesamt: 1994 neuer Höchststand der Habilitationen im früheren Bundesgebiet. Weiterer Rückgang in Ostdeutschland, in: Hochschule Ost, 1 (1996), S. 160.

stes-, Rechts-, Wirtschafts- und Sozialwissenschaften für vier Jahre 40 Habilitationsstellen an ostdeutschen Universitäten geschaffen wurden.

So verdienstvoll eine solche Initiative ist: Zugleich läßt sich an ihr doch gut illustrieren, was mit der oben genannten Unbefangenheit der Infragestellung gemeint war. Ein Umstand des VW-Stiftungs-Programms war nämlich in Westdeutschland niemandem aufgefallen, da er dem traditionellen Patronagemodell der DFG entsprach, wurde von interessierten ostdeutschen Wissenschaftlern indes sogleich als eingebaute Wettbewerbsverzerrung identifiziert: Bewerben konnten sich um die Habilitationsstellen nicht die Interessenten selbst; vielmehr beantragten die Hochschulen für die Personen. Wie sich denken läßt, kamen derart nicht zwangsläufig die Besten zum Zuge, sondern nur diejenigen, bei denen sich hinreichende fachliche Qualifikation mit guten Beziehungen zu einer Hochschule (resp. zu einem Hochschullehrer) verband.

Jedenfalls: Solange es noch signifikante Ost-West-Unterschiede in den Qualifizierungsaktivitäten gibt und diese sich aus Strukturdefiziten in der ostdeutschen Wissenschaft ergeben, wird es nötig bleiben, Sonderangebote wie dieses VW-Stiftungs-Programm zu unterbreiten. Wenn dabei dann noch die Bedeutung bestimmter Netzwerkzugehörigkeiten verringert würde, wäre eine Erfahrung aus sieben Jahren Einheitspolitik sachdienlich verarbeitet.

Das zweite Beispiel: Dringlich ist es, den ostdeutschen Hochschulen aus einem aktuellen Dilemma einen produktiven Ausweg zu eröffnen. Die Hochschulen betreiben seit geraumer Zeit Werbung für sich mit dem einleuchtendsten Argument, das es für sie gibt: Ihre Größenordnungen seien überschaubar, der Massenbetrieb des Westens unbekannt, die Studierenden kennten sich und ihre Professoren, es gehe geradewegs familiär zu. Derart versuchen sie, Studentenmassen anzulocken, mit deren Kommen freilich eben dieses Argument hinfällig würde.

Der Hintergrund der Werbeanstrengungen ist die nur gemächliche Steigerung der Studentenzahlen infolge geringerer Studierneigung der ostdeutschen Gymnasiasten und schwächerer studentischer West-Ost-Wanderung im Vergleich zur Ost-West-Wanderung. Dies ist gefährlich, denn es läßt die ostdeutschen Haushaltspolitiker immer einmal wieder die gefürchtete Frage raunen: Ist es denn angesichts der mäßigen Nachfrage wirklich nötig, diesen Umfang hochschulischer Angebote vorzuhalten?

So werden die ostdeutschen Hochschulen in eine Zwangslage gebracht: Entweder ist anzustreben, den Massenbetrieb einzuführen, um die vorhandene

Ausstattung zu retten. Oder die überfüllten Seminare finden sich hergestellt nicht durch mehr Studierende, sondern durch weniger Lehrende, weil die Stellenstreichungen fortgesetzt werden.

Die strukturell wesentlichsten Elemente der Neuordnung der ostdeutschen Hochschullandschaft waren zweierlei: Zum einen die Herstellung des freien Studienzugangs - eine befreiende Erfahrung nach 40 Jahren rigider Zulassungspolitik auf der Grundlage permanent unzutreffender Bedarfsprognosen und einer Auslese, die sich an politischen Kriterien wie (bis in die siebziger Jahre) sozialer Schichtzugehörigkeit orientierte. Das andere wesentliche Element bestand in der Neugründung zahlreicher Hochschulen in die Fläche und der Wiederbelebung vieler Fächer, die im Zuge planwirtschaftlicher Konzentrationsanstrengungen nur noch an einzelnen Standorten vertreten waren. Hierdurch gibt es nunmehr ein weitgehend flächendeckendes Angebot sämtlicher Fächer. Dies erleichtert nicht nur Studienentscheidungen, sondern bringt auch regionale Effekte.

Solches zu erhalten, wird nicht allein das Ergebnis von Erfolgen in Forschung und Lehre sein. Vermutlich ausschlaggebender werden politische Entscheidungen wirken. Diese vermögen um so besser auszufallen, je nachhaltiger die erwähnten Strukturdifferenzen zwischen DDR und heutigen ostdeutschen Bundesländern mit ihren politischen Implikationen den Entscheidern bewußt sind und bleiben.

Günther Hecht

Hat die Technische Universität Chemnitz-Zwickau eine Zukunft?[1]

Nach Ankündigung dieses Vortragstitels bin ich oft mahnend gefragt worden, ob damit nicht ein negatives Bild unserer Universität gezeichnet würde. Ich kann nicht verhehlen, daß mit dieser Ankündigung eine gewisse Provokation beabsichtigt ist angesichts der deutschlandweiten Diskussion über die reformunfähigen Universitäten oder, wie Jürgen Mittelstraß es formuliert hat, „Die unzeitgemäße Universität"[2]. Die nicht gerade überzeugende Gesamtentwicklung des Wirtschaftsstandortes Deutschland sowie die ungelösten globalen Probleme der Menschheit, die teilweise Folgen der Anwendung von wissenschaftlichen Ergebnissen sind, zwingen die „scientific community" und damit jede Universität zu einer eigenen kritischen Standortbestimmung. Ich möchte meinen Vortrag als einen öffentlichen Versuch in dieser Richtung werten, um die Diskussion darüber sowohl innerhalb unserer Universität als auch in der Region verstärkt in Gang zu setzen.

In meinem Vortrag werde ich von den Aufgaben und der Struktur der Universitäten in der Vergangenheit ausgehen, den gegenwärtigen Zustand beschreiben und analysieren sowie notwendige zukünftige Entwicklungen vorstellen, soweit sie heute erkennbar sind. Abschließend möchte ich Ihnen dann die Chancen aufzeigen, die die Technische Universität hat, sich in Zukunft erfolgreich zu positionieren.

I. Zur Geschichte der Universität

Betrachten wir die Universitäten am ausgehenden Mittelalter und zu Beginn der Neuzeit, so waren sie in Deutschland wie folgt strukturiert:

Es gab als Einführung in ein Fachstudium zunächst die Artistenfakultät, die jeder Student durchlaufen mußte. Hier absolvierte er das Studium der „sieben freien Künste" - Grammatik, Logik, Rhetorik, Mathematik, Physik, Astronomie und Musik. Daran schloß sich ein Studium an einer der vier Fakultäten (Theologie, Medizin, Jura und Philosophie) an. Das technische Wissen, des-

---

1 Vortrag am 14. November 1995 im Rathaus der Stadt Chemnitz.
2 Mittelstraß, Jürgen: Die unzeitgemäße Universität, Frankfurt/M. 1994.

sen Vermehrung und Weitergabe, war nicht Gegenstand der Universitäten, sondern fand in Werkstätten statt. Die Universitäten waren scholastisch geprägt und der Autoritätsbeweis stand hoch im Kurs. Beginnend vom Ende des 15. Jahrhunderts entstanden die neuen wissenschaftlichen Erkenntnisse in hohem Maße außerhalb der Universitäten, wie Kopernikus, Kepler, Descartes, Leibniz u. a. belegen. In den außeruniversitären Forschungseinrichtungen der öffentlichen Hand und der Wirtschaft ist heute den Universitäten im gewissen Sinne eine ähnliche Herausforderung erwachsen.

Hinzu kam, vor allem durch Galilei, eine Zusammenführung des empirischen Wissens mit naturwissenschaftlichem Wissen. Die Mechanik wird zu einer Naturwissenschaft. Die Grundlagen einer engen Verbindung von Naturwissenschaft und Technik werden gelegt, die letztendlich unsere heutige Welt bestimmt. Verkürzt gefaßt entstand so im 18. Jahrhundert eine Krise der Universitäten mit negativen Folgen für deren Existenzbedingungen. Als Konkurrenz zu den Universitäten entstehen Akademien und andere Bildungseinrichtungen. Schon zu Beginn des 18. Jahrhunderts formuliert Leibniz seine These „theoria cum praxi" - heute noch Wappenspruch der Leopoldina, der ältesten deutschen Gelehrtengesellschaft. Leibniz schreibt: „Wenn wir die Disziplinen an und für sich betrachten, sind sie alle theoretisch; wenn wir sie unter dem Gesichtspunkt der Anwendung betrachten, sind sie alle praktisch."[3] Daran sollten wir heute beim Streit um die Abgrenzung der Grundlagenforschung von der angewandten Forschung denken.

Der Plan Wilhelm von Humboldts für eine höhere Lehranstalt in Berlin Anfang des 19. Jahrhunderts war der Versuch, die Gebrechen der Universitäten und die Unvollkommenheiten der Akademien zu überwinden. Die Gründung der Universität zu Berlin im Jahre 1810 war der Beginn einer fruchtbaren Reform im deutschen Hochschulwesen. Mit Aufnahme des Lehrbetriebes 1810 gliedert sich die Universität zu Berlin - wie sie damals genannt wurde - in vier Fakultäten, Jura, Theologie, Philosophie und Medizin. Um Ihnen einen Eindruck von dem Lehrinhalt zu geben, zeige ich Ihnen die Zusammenstellung der angeschlagenen Vorlesungen der Philosophischen Fakultät, gehalten von Michaelis 1810 bis Ostern 1811.[4]

---

3   Leibniz, Gottfried W.: Deutsche Schriften I - II, hrsg. von G. E. Gruner, Berlin 1838/1840, Bd. II, S. 268.
4   Gädicke, Johann Christian: Nachrichten für angehende Studierende in Berlin, Berlin 1811, gedruckt bei den Gebrüdern Gädicke.

In der Philosophischen Facultät.

Bei dem Hrn. Prof. Fichte:
über die Thatsachen des Bewußtseins   4 Rthlr.
Bei dem Hrn. Prof. Ermann:
Physik.   4 Rthlr.
Bei dem Hrn. Prof. Heindorf:
Horaz   1 Fr.d'Or.
Bei dem Hrn. Hofrath Hirt:
Baukunst   1 Fr. d'Or.
Bei dem Hrn Ob.Medic. Rath Klaproth:
Experimental Chemie   2 Fr. d'Or.
Bei dem Hrn. Prof. Rühs:
Geschichte des Mittelalters   1 Fr. d'Or.
Bei dem Hrn. Staatsrath Thär:
über die Gewerbe der Landwirthschaft im Allgemeinen   2 Fr. d'Or.
über einzelne Gegenstände der Landwirtschaft   2 Fr. d'Or.
Bei dem Hrn. Prof. Weiß:
Mineralogie   2 Fr. d'Or.
Bei dem Hrn Geh.Rath Wolf:
Thucydides   4 Rthlr.
Tacitus   5 Rthlr.
Bei dem Hrn. Ober Baurath Eitelwein:
Mechanik und Hydraulik   1 Fr. d'Or.
Bei dem Hrn. Prof. Fischer
Physik   2 Fr. d'Or.
Bei dem Hrn. Prof. von der Hagen:
über die Niebelungen   5 Rthlr.
Bei dem Hrn. Geh.Rath Hermbstädt:
allgem. Experimental Chemnie   2½ Fr. d'Or
agronomische Chemnie   2½ Fr. d'Or.
technische, ökonomische und med. Waarenkunde   2 Fr. d'Or.
Abriß der Technologie   2 Fr. d'Or.
Bei dem Hrn. Staatsrath Hoffmann:
Staatswirthschaft   1 Fr. d'Or.
Einleitung zur politischen Arithmetik   ½ Fr. d'Or.
Bei dem Hrn. Prof. Zeune:
Erdkunde   4 Rthlr.
Disputatorium   2 Rthlr.
Bei dem Hrn. Prof. Burja:
Mathematische Encyclopädie $ Rthlr.

Bei dem Hrn. Prof. Grüson:

1.) *Epipedometrie, Stereometrie, Trigonometrie,*
2.) *Buchstabenrechnung und Algebra,*
3.) *Analysis endl. Größen,*
4.) *Theorie der Curven,*
5.) *Optische Wissenschaften,*
6.) *Statik, Hydrostatik und Aerometrie,*
7.) *Machinenlehre.*   jedes 1 Fr. d'Or.

Inhaltlich war die Integration der Kunst der Werkstätten in die Philosophische Fakultät vollzogen und diese damit in den Rang von Wissenschaften erhoben.

Um die Zielstellung der Humboldtschen Reform ein wenig zu erhellen, zitiere ich einige Passagen aus seinem Antrag auf Errichtung der Universität zu Berlin vom Juli 1809[5]:

„Dies vorausgeschickt, sieht man leicht, daß bei der inneren Organisation der höheren wissenschaftlichen Anstalten alles darauf beruht, das Prinzip zu erhalten, die Wissenschaft als etwas noch nicht Gefundenes und nie ganz Aufzufindendes zu betrachten und unablässig sie als solche zu suchen."

„Denn nur die Wissenschaft, die aus dem Inneren stammt und ins Innere gepflanzt werden kann, bildet auch den Charakter um, und dem Staat ist es ebensowenig als der Menschheit um Wissen und Reden, sondern um Charakter und Handeln zu tun."

„Was nun aber das Äußere des Verhältnisses zum Staat und seine Tätigkeit dabei betrifft, so hat er nur zu sorgen für Reichtum an geistiger Kraft durch die Wahl der zu versammelnden Männer und für Freiheit in ihrer Wirksamkeit."

Freilich wußte auch Humboldt schon von der Gefahr, die der Freiheit droht durch einen gewissen Geist, der in den Anstalten entstehen und das Aufkommen eines anderen ersticken kann. Wenn wir heute die Diskussionen über die Neugestaltung des Abiturs als Eingangsvoraussetzung für ein Universitätsstudium verfolgen, finden sich deutliche Parallelen bei Humboldt.

„Auf der anderen Seite aber ist es hauptsächlich Pflicht des Staates, seine Schulen so anzuordnen, daß sie den höheren wissenschaftlichen Anstalten gehörig in die Hände arbeiten. Dies beruht vorzüglich auf einer richtigen Einsicht ihres Verhältnisses zu denselben und der fruchtbar werdenden Überzeugung, daß nicht sie als Schulen berufen sind, schon den

---

5 Müller, Ernst (Hrsg.): Gelegentliche Gedanken über Universitäten, Leipzig 1990, S. 267.

Unterricht der Universitäten zu antizipieren, noch die Universitäten ein bloßes, übrigens gleichartiges Komplement zu ihnen, nur eine höhere Schulklasse sind, sondern daß der Übertritt von der Schule zur Universität ein Abschnitt im jugendlichen Leben ist, auf die die Schule im Falle des Gelingens den Zögling so rein hinstellt, daß er physisch, sittlich und intellektuell der Freiheit und Selbständigkeit überlassen werden kann, vom Zwange entbunden, nicht zu Müßiggang oder zum praktischen Leben übergehen, sondern eine Sehnsucht in sich tragen wird, sich zur Wissenschaft zu erheben.

Ihr Weg, dahin zu gelangen, ist einfach und sicher. Sie muß nur auf harmonische Ausbildung aller Fähigkeiten in ihren Zöglingen sinnen; [...]"

Eine so ausgestaltete höhere wissenschaftliche Anstalt war für Humboldt die Idealvorstellung und allem Bestehenden überlegen.

Dieses Humboldtsche Universitätsideal und seine drei Säulen

- Freiheit der Wissenschaft,
- Einheit von Lehre und Forschung und
- Bildung durch Wissenschaft

wurden zum Muster einer modernen Universität bis in unsere Zeit und werden immer noch aufs Neue beschworen, da sie wesentlich zum Erfolg der deutschen Universitäten in der Vergangenheit beigetragen haben. Taugen sie auch uneingeschränkt für die Zukunft oder haben sich die Voraussetzungen grundlegend geändert?

Die gegenwärtige Diskussion um die Zukunft der Universitäten ist in der Tat eine Hinterfragung der Tragfähigkeit der Humboldtschen Universitätsidee für die zukünftige Entwicklung der Universitäten. Die Meinungen darüber sind nach wie vor kontrovers.

Betrachtet man die Reformuniversität Berlin bei ihrer Gründung, so kann man trotz aller idealistischen Überhöhung sagen, daß sie keine esoterische Gelehrtenrepublik war. Die Einheit von Lehre und Forschung führte nicht nur zur Selbstergänzung mit jungen Köpfen, sondern es wurden wissenschaftlich gebildete und zur Wissenschaft befähigte Absolventen entlassen, die sich sowohl im Staatsdienst als auch in der Wirtschaft bestens bewährten und den veränderten Anforderungen gewachsen waren. Letztere ergaben sich aus den gesellschaftlichen und wirtschaftlichen Veränderungen und aus der Entwicklung der Wissenschaft selbst. Diese Universitätsreform des preußischen Wissenschaftspolitikers Wilhelm von Humboldt, der 1809 zum Chef der neugebildeten „Sektion des Cultus und öffentlichen Unterrichtes" ernannt wurde, hat die Entwicklung der deutschen Universitäten und der sich aus technischen Bildungseinrichtungen entwickelnden technischen Hochschulen und technischen Universitäten prägend beeinflußt. Das Ansehen und die wissenschaftlichen Erfolge der deutschen Universitäten in der Vergangenheit bis zur Gegenwart sprechen eher für das Humboldtsche Konzept.

Was hat sich seit der Gründung der Berliner Reformuniversität verändert, das uns zwingt, über Reformen der jetzigen Universitäten nachzudenken?

Zu Humboldts Zeiten studierten nur wenige Prozent (2 % bis 3 %) eines Jahrganges, während es heute fast ein Drittel ist. Vor allem in den alten Bundesländern haben sich Massenuniversitäten herausgebildet, wo sich eine Gemeinschaft von Lehrenden und Lernenden kaum noch realisieren läßt. Für ostdeutsche Universitäten trifft das zur Zeit nur für einige wenige Fächer in einzelnen Universitäten zu. Die Folge davon sind Überschreitungen der Regelstudienzeiten. Das Alter der Absolventen steigt an, so daß viele erst mit 30 und mehr Jahren in den Beruf gehen. Da das Maximum der Kreativität und Leistungsfähigkeit eines Menschen normalerweise zwischen Anfang 20 bis 35 liegt, verschenken wir als Gesellschaft enorm viel Humankapital. Andererseits wird auch der Beginn des Studiums nach der Erlangung der Hochschulreife durch das Erlernen eines Berufes oder die Aufnahme anderer Tätigkeiten hinausgezögert.[6]

So hatten 35 % der Studienanfänger 1994/95 eine vorherige Berufsausbildung. Dieser Trend hatte im Studienjahr 1993/94 ein Maximum und betrifft zunehmend auch Universitäten und nicht nur Fachhochschulen. Viele junge Menschen sehen in der Doppelqualifizierung angesichts des unsicheren Arbeitsmarktes eine größere Chance. So lag der direkte Übergang von der Schule zum Studium im Wintersemester 1994/95 bei 44 % in den alten und bei 50 % in den neuen Bundesländern. Auch die ansteigenden Abiturientenzahlen im Osten wirken sich entsprechend verzögert für die Hochschulen aus. Daher sind die Prognosen für die Studienanfänger in Sachsen unsicher. Betrachtet man die Prognosen und die Realität der Zahl der Studienanfänger in der Bundesrepublik, so hat sich die Kultusministerkonferenz stets nach unten verschätzt.[7]

---

6   Falk, Rüdiger/Weiß, Reinhold: Zukunft der Akademiker. Beiträge zur Gesellschafts- und Bildungspolitik, Institut für deutsche Wirtschaft, Köln, Band 186.

7   Pawlowsky, Peter: Standortsicherung durch Wissenschaftsentwicklung, Thesenpapier vom 8.9.1995, unveröffentlicht.

Entsprechend den steigenden Studentenzahlen stieg auch der Anteil der akademisch Ausgebildeten an den Gesamtbeschäftigten, vor allem in den letzten vier Jahrzehnten. Lag der Anteil von Fachhochschul- und Universitätsabsolventen an allen Erwerbstätigen noch zu Beginn der sechziger Jahre bei ca. 3 Prozent, so war er Mitte der sechziger Jahre schon bei 7 Prozent angelangt. 1991 wurde bereits ein Anteil von über 11 Prozent registriert. Die Zunahme der Beschäftigung von Akademikern konzentriert sich vor allem auf den öffentlichen Dienst, die Organisationen ohne Erwerbscharakter sowie den Dienstleistungssektor, hier vor allem auf die „freien Berufe". Im Bereich der Dienstleistungen, die von Unternehmen oder von freien Berufen erbracht werden, waren 1991 fast die Hälfte aller im Erwerbsleben beschäftigen Akademiker tätig. Das verarbeitende Gewerbe lag gerade bei 19 %. Bis jetzt nimmt die Zahl der akademisch Ausgebildeten weiter zu. Aussagen zur Bedarfsentwicklung, auch nach Ausbildungsrichtungen, sind unsicher, da die Entwicklung des Wirtschaftsstandortes Deutschland im gegenwärtigen Strukturwandel und im internationalen Wettbewerb noch viele Fragen offen läßt.

Seit dem Beginn des 19. Jahrhunderts hat sich das Wissen der Menschheit exponentiell vermehrt. So war der Zuwachs an Wissen von 1800 bis 1966 sechzehnfach. Seitdem verdoppelt es sich alle 5 Jahre. Die Ergebnisse der Wissenschaft wurden bestimmender Bestandteil der technischen und gesamtwirtschaftlichen Entwicklung und gewannen damit gravierenden Einfluß auf die menschliche Gesellschaft. Durch den Strukturwandel in den Industriegesellschaften verändert sich gegenwärtig das System der Wertschöpfung. Wissen und „Know-how" werden die wichtigsten Produktionsfaktoren und bestimmen damit die Wertschöpfung. Unternehmen werden zu Wissen verarbeitenden und Wissen produzierenden Systemen.

Wissen im Sinne von Informationsverarbeitungs- und Problemlösungsfähigkeiten stellt in der sich abzeichnenden Informationsgesellschaft die zentrale Kompetenz von Arbeitskräften und Unternehmungen dar. Die Ressourcen Wissen und Information verbrauchen sich auch nicht durch deren Nutzung, sondern werden optimiert und erweitert. Da auf Grund der Globalisierung der Märkte und des Zugriffs auf Informationen Wissen und Know-how überall erreichbar wird, ist der Vorsprung, den ein Unternehmen, ein Land besitzt, schnell einholbar. Der Imitationsschutz für unterschiedliche Arten des Know-how ist jedoch verschieden lang.

Unter diesem Aspekt kommt dem gesamten Bildungssystem, insbesondere den Universitäten, eine besondere Bedeutung zu. Die Universitäten sind von ihrer Zielstellung her Orte der Forschung und damit Quellen des Wissens. Ihre Absolventen werden nicht nur wissenschaftlich ausgebildet, sondern auch mit den modernsten Methoden der Forschung vertraut gemacht und damit befähigt, neues Wissen zu schaffen. Für eine Universität ist die Qualität der Forschung mindestens so wichtig wie die Qualität der Lehre. Eine einseitige Gewichtung der Lehre würde das Wesen der Universität zerstören. Lehre und Forschung müssen für die Universität auch in Zukunft eine Einheit bilden. Universitäre Bildung fördert eine Verzahnung von theoretischem, fachlichem und allgemeinbildendem Grundlagenwissen und schafft damit Kompetenzen für Planungs-, Analyse- und Problemlösungsfähigkeiten in unterschiedlichen Anforderungssituationen. In der Forschung - der Wissensgewinnung - sind den Universitäten in Gestalt der außeruniversitären Forschungseinrichtungen Konkurrenten und Partner zugleich entstanden. Der Vorteil einer Universität liegt in der Vielfalt der Disziplinen, die es gestatten, komplexe Forschungsaufgaben durchzuführen und in den immer wieder nachkommenden Studentengenerationen und Nachwuchswissenschaftlern, die vorurteilsfrei und in ihrer kreativsten Phase an der Universität wirken. Das war schon Humboldts Argument. Ich zitiere: „Der Gang der Wissenschaft ist offenbar auf einer Universität, wo sie immerfort in einer großen Menge und zwar kräftiger, rüstiger und jugendlicher Köpfe herumgewälzt wird, rascher und lebendiger."[8]

Das exponentielle Anwachsen des Wissens mit der schon genannten Verdopplungszeit von 5 Jahren läßt Wissen und damit erworbene Kompetenzen schnell altern. Konnte vor ca. 100 Jahren ein Absolvent im allgemeinen mit seinem auf der Universität erworbenen Wissen in seiner Berufszeit auskommen, ist dies heute nicht mehr möglich. Eine wesentliche Komponente seines Berufslebens wird die ständige Weiterbildung sein. Ähnliches gilt für alle Bildungsarten. Wie hoch der Anteil bereits ist, läßt sich aus den jährlichen Ausgaben von ca. 32 Milliarden DM für die betriebliche Weiterbildung ablesen. Die Universitäten sind gemäß dem Hochschulrahmengesetz und den einzelnen Landesgesetzen verpflichtet, Programme zur wissenschaftlichen Weiterbildung anzubieten. Die wissenschaftliche Weiterbildung kann in Zukunft eine gleichrangige Bedeutung wie Lehre und Forschung erlangen. Hier erwächst den Universitäten in verstärktem Maße ein zukünftiges Aufgabenfeld.

Verbunden mit dem Anwachsen des Wissens und der Wissenschaftler entwickelte sich die heutige Vielfalt der Disziplinen und Gebiete. Das führte zu

---

8 Müller, a. a. O., S. 267.

einer Aufteilung in viele unterschiedliche Fakultäten und Fachgebiete mit den entsprechenden Studiengängen. In Extremfällen ist es heute schon so, daß Wissenschaftler eines Faches so weit spezialisiert sind, daß sie Schwierigkeiten mit der fachlichen Kommunikation untereinander haben, ganz zu schweigen über Fächergrenzen hinweg. Besonders groß ist dieser Abstand zwischen den Geisteswissenschaften auf der einen und den Natur- und Ingenieurwissenschaften auf der anderen Seite. In diesem Zusammenhang hat C. P. Snow die Theorie von zwei unterschiedlichen Kulturen eingeführt.[9] In der Tat ist es äußerst schwierig, zwischen beiden Lagern den wissenschaftlichen Dialog herzustellen. Andererseits verlangen komplexe Problemlösungen unterschiedlicher Größe zwingend eine solche interdisziplinäre Zusammenarbeit, oft noch zusätzlich mit gesellschaftlichen Gruppen und der Politik. Denken wir nur an Probleme des Umweltschutzes, der Technikfolgenabschätzung und Technikbewertung, von Bevölkerungswachstum und Ressourcenverbrauch. Auf die Zunahme der Komplexität im Bereich der Produktion hatte ich bereits hingewiesen.

Begegnen wir diesem Trend mit neuen Studiengängen, die transdisziplinär das notwendige Wissen vermitteln oder bilden wir weiterhin disziplinär aus und befähigen unsere Absolventen zur Kommunikation und Zusammenarbeit mit Vertretern anderer Fachgebiete in unterschiedlich zusammengesetzten Projektgruppen während des Studiums? Letzteres setzt die Vorbildwirkung der Lehrenden voraus, die aber überwiegend noch in einer disziplinären Welt groß geworden sind. Angesichts der oftmals auftretenden Schwierigkeiten, Forschungsverbunde innerhalb einer Fakultät zu organisieren, stellt die Überwindung des rein disziplinären Denkens eine große Aufgabe dar. Trotzdem dürfen wir nicht verkennen, daß für die fortschreitende Forschung auf allen Gebieten eine zunehmende Spezialisierung erforderlich ist und der Student auf mindestens einem Spezialgebiet das wissenschaftliche Arbeiten erlernen muß. Wissen soll sich zu einem Verständnis für die Zusammenhänge ordnen. Um mit Goethe zu sprechen: „Das Besondere unterliegt ewig dem Allgemeinen; das Allgemeine hat sich ewig dem Besonderen zu fügen."

II. Die Perspektiven der TU Chemnitz-Zwickau

Das sind aus meiner Sicht die allgemeinen wissenschaftsinhärenten, wirtschaftlichen und politischen Problemstellungen für einen Wandel der Universitäten, die auch die Technische Universität Chemnitz-Zwickau für ihre

---

9   Snow, Charles P.: The Two Cultures, London 1959.

weitere Entwicklung zu beachten hat, will sie in Zukunft in Lehre, Forschung und Weiterbildung wettbewerbsfähig sein und ihre Aufgaben in der Region wahrnehmen. Wie ist sie dafür ausgelegt, mit Ausrüstungen ausgestattet und in welcher geistigen Verfassung steht sie den neuen Problemen gegenüber?

Die Technische Universität Chemnitz-Zwickau wurde im Ergebnis der Hochschulerneuerung im Freistaat Sachsen durch Zusammenführung der Technischen Universität Chemnitz und der Pädagogischen Hochschule Zwickau geschaffen. Im Hochschulstrukturgesetz des Freistaates Sachsen vom 10. April 1992 wurde das Profil festgelegt:[10]

„Die Technische Universität Chemnitz-Zwickau umfaßt insbesondere folgende Wissenschaftsgebiete:

Ingenieurwissenschaften, Werkstoffwissenschaften, Mathematik, Naturwissenschaften, Informatik, Wirtschaftswissenschaften, Geistes- und Sozialwissenschaften, Erziehungswissenschaften."

Die Sächsische Hochschulkommission, die Landesregierung und der Sächsische Landtag haben in gemeinsamer Abstimmung den Fächerkanon und die personelle Ausstattung vorgegeben. Die Universitätsleitung wurde dazu gehört. Die Fakultäten konnten bei der inhaltlichen Ausgestaltung der Professorenstellen ihre Vorschläge einbringen, letztendlich wurde jedoch die Entscheidung darüber vom Sächsischen Staatsministerium für Wissenschaft und Kunst in Abstimmung mit der Sächsischen Hochschulkommission gefällt. Damit sind wir in den Wissenschaftsgebieten festgelegt. Einen gewissen Handlungsspielraum haben wir nur innerhalb und zwischen den Wissenschaftsgebieten beim Ausscheiden von Professoren. Eine Genehmigung durch das Ministerium muß dafür in jedem Fall eingeholt werden. Die Wissenschaftsgebiete wurden durch Senatsbeschluß in sieben Fakultäten geordnet.

Die Philosophische Fakultät ist mit 60 Professorenstellen die größte. Sie hat aber auch die größte Vielfalt der Fächer. In dieser Fakultät erfolgte die eigentliche Erweiterung des Spektrums der Wissensgebiete und damit der Studiermöglichkeiten an unserer Universität.

Betrachten wir das Fächerspektrum bezüglich des Studierverhaltens der angehenden Studenten, haben wir nur wenige, die gegenwärtig im Trend liegen.

---

10 Sächsiches Hochschulstrukturgesetz vom 10. April 1992, § 4 (4).

Das sind z. B. Betriebswirtschaft, Soziologie, Sozialpädagogik, Magisterstudiengänge. Viele attraktive Fächer, die hohe Studienanfängerzahlen bringen, fehlen in Chemnitz vollständig, so z. B. Jura, Architektur, Bauwesen, Kommunikationswissenschaft, Psychologie, Medizin, Biologie, um nur einige zu nennen. Die traditionell vorhandenen und früher dominierenden Ingenieurwissenschaften und die Lehrerbildung sind nicht nur bei uns stark rückläufig.

Noch immer ist das volle Studienangebot in Chemnitz nicht allen studierwilligen Abiturienten in unserem Einzugsgebiet bekannt. Das gilt für einen Umkreis von 100 bis 150 km, aus dem über 80 % unserer Studenten kommen. Wir stehen in diesem Gebiet in direkter Konkurrenz mit den anderen drei sächsischen Universitäten und mit den in unserer Nähe liegenden Fachhochschulen in Zwickau und Mittweida. In der gegenwärtigen Diskussion um die Verteilung der eng begrenzten Haushaltmittel nimmt die Zahl der Studenten, unabhängig von deren Fachrichtung, eine zentrale Stellung ein. Geht man von unseren „Produkten" aus, die wir der Gesellschaft zur Verfügung stellen, sind dies jedoch in erster Linie Absolventen, Nachwuchswissenschaftler, Forschungsleistungen und Dienstleistungen für die Region. Deren Zahl und Umfang sowie deren Qualität wäre ein besseres Maß. Bezüglich der Absolventen könnten diese selbst nach einigen Jahren Berufstätigkeit bzw. die „Abnehmer" die Ausbildungsqualität einschätzen.

Die Qualität der Forschung an den Universitäten wird durch verschiedene Gremien bewertet, da es hier seit langem einen harten Wettbewerb um Spitzenleistungen und Fördermittel gibt. Mittel der Deutschen Forschungsgemeinschaft für einzelne Themen und Schwerpunkte zu erhalten, gilt als Beweis der wissenschaftlichen Qualität der Forschung. Für eine Universität als Ganzes zählen vor allem die bewilligten Sonderforschungsbereiche und Innovationskollegs. Sie sind Ausdruck dafür, daß auf diesen Themenfeldern die Universität eine Spitzenstellung einnimmt. Graduiertenkollegs der Deutschen Forschungsgemeinschaft, an Universitäten eingerichtet, zeugen vom hohen Stand der Forschung auf diesem Wissensgebiet und dienen der intensiven Förderung von Nachwuchswissenschaftlern. Hier hat unsere Universität sich einen sehr guten Stand erarbeiten können.

Von fünf Sonderforschungsbereichen in Sachsen hat die TU Chemnitz-Zwickau zwei, während die drei anderen Universitäten nur einen haben. Der dritte steht zur Genehmigung im Senat der DFG an. Darüber hinaus sind wir mit einem Teilprojekt an einem SFB der Universitäten in Hannover und Braunschweig beteiligt. Da beide Chemnitzer Sonderforschungsbereiche schwerpunktmäßig in den Ingenieurwissenschaften liegen, spricht das für das hohe Niveau dieser Disziplinen in Chemnitz.

Verbunden damit konnten wir unseren technischen Ausrüstungsstand in den meisten Bereichen auf ein sehr hohes Niveau bringen. Das betrifft auch die rechentechnische Ausrüstung der Universität und hier vor allem das Rechenzentrum. In der Vernetzung unserer Universität und in der Leistungsfähigkeit des Rechenzentrums haben wir einen führenden Platz in Deutschland. Davon profitiert schon in hohem Maße die Region. Auf Grund dieser guten Voraussetzungen für die Forschung wurden wir für auswärtige Graduiertenstudenten und Doktoranden sehr attraktiv.

Die Qualität der Forschung ist aber für einen angehenden Studenten noch kein zwingendes Argument, an eine Universität zu kommen. Es sei denn, er ist durch die Schule und durch allgemein verständliche Darstellungen für das Fach begeistert worden.

Die vorgenannten Schwierigkeiten, die aus der zu geringen Ausbildungsbelastung vieler Fächer an sächsischen Hochschulen resultieren, trifft die Universitäten auf Grund ihres verordneten Profils unterschiedlich. Die Gesamtkapazität des sächsischen Hochschulwesens wurde entsprechend dem Studierverhalten und den bevölkerungsbezogenen Studentenzahlen der alten Bundesländer, insbesondere Baden-Württembergs, ausgelegt. Damit müßte Sachsen im stationären Zustand bei 90.000 Studenten liegen. Gegenwärtig sind es etwas über 65.000.

Die Zahl ist im Steigen begriffen. Durch den verzögerten Studienbeginn von Abiturienten ist die steigende Abiturientenzahl der letzten beiden Jahre noch nicht voll in Studentenzahlen umgeschlagen. Dadurch werden diese Planungszahlen und die damit verbundenen Kapazitäten an Hochschulen von einigen Ministern der Sächsischen Staatsregierung angezweifelt und Kürzungen im Hochschulwesen angemahnt, die uns bisher schon mit der Rücknahme von ca. 100 Etatstellen betroffen haben. Anfang des Jahres 1996 will das Kabinett nochmals zu dieser Situation Stellung nehmen.

Die Frage der Studienanfänger an der TU Chemnitz-Zwickau nimmt somit für die kurzfristige Entwicklung eine zentrale Stellung ein. Langfristig werden Umfang und Qualität unserer „Produkte" wichtig sein. Daher müssen wir gegenwärtig beides zugleich mit hohem Einsatz betreiben. Das gilt für jeden Mitarbeiter unserer Universität, da sonst Arbeitsplätze verlorengehen können. Wir verstärken personell die Bereiche der zentralen Studienberatung und der Öffentlichkeitsarbeit. Auch die Fakultäten sind in die Offensive gegangen und haben die Arbeit mit den Gymnasien intensiviert.

Betrachtet man jedoch die Belegung der Leistungskurse in den Gymnasien, dann werden dort Mathematik, Physik und Chemie wesentlich weniger frequentiert als geisteswissenschaftliche Fächer. Damit werden wir es auch in Zukunft schwer haben, für unsere mathematisch-naturwissenschaftlichen und ingenieurwissenschaftlichen Fächer ausreichend Studenten zu gewinnen. Das Argument, daß in der sich abzeichnenden Informationsgesellschaft die „Handelsware" verpacktes Wissen in hohem Maße Wissen aus diesen Bereichen sein wird und unsere Absolventen große Chancen haben, dort tätig sein zu können, zieht bisher wenig. Wie ist es sonst zu verstehen, daß auch in den alten Bundesländern die Anfängerzahlen in einigen Naturwissenschaften und den Ingenieurwissenschaften drastisch gefallen sind?

Wir werden nicht in der Lage sein, den Ersatzbedarf zu befriedigen. Für Sachsen zeichnet es sich jetzt schon ab. Damit wäre aber der Wirtschaftsstandort Deutschland mehr in Gefahr als durch alle Diskussionen um Arbeitszeit, Löhne, Urlaub, so schwierig diese Fragen im internationalen Wettbewerb auch sind. Hört man dann von Kürzungen in diesen Bereichen des Hochschulwesens, nicht nur aus Sachsen, so beschleicht mich manchmal das böse Gefühl, daß das, was der amerikanische Finanzminister Morgenthau 1944 nicht erreicht hat, Deutschland zu de-industrialisieren und ein Agrarland daraus zu machen, die heutigen Finanzminister und Politiker schaffen könnten. Wo soll denn sonst die Wertschöpfung als Grundlage für unseren Lebensstandard herkommen? Anzeichen eines kollektiven Konsumverzichtes in Deutschland sehe ich nicht. Auch jene, die die Technik negativ belegen, nutzen gewöhnlich alle Annehmlichkeiten der neuesten technischen Entwicklung. Bei den Politikern aller Parteien müßten die Alarmglocken klingen für eine Umsteuerung dieser Entwicklung im Denken und Handeln der Menschen. Auch die schon genannten globalen Herausforderungen der Menschheit sind nicht durch Verzicht auf Wissenschaft und Technik zu lösen, sondern nur mit verantworteter Wissenschaft und Technik.

Andererseits herrscht gegenwärtig in den Schwellenländern Asiens, in China und Indien eine starke Technikeuphorie.[11] Junge Menschen drängen dort vor allem zu den Ingenieurwissenschaften. Ich habe Ihnen gezeigt, welchen Zeitraum das Know-how Imitationsschutz hat. Wissen und Kapital sind beweg-

---

11   Nagavajara, Chetana: The Plight of the Humanities in Thailand, AvH-Magazin, Nr. 65, Juli 1995, S. 3 - 12.

lich und überall verfügbar. Mit einem Markt von 2 bis 3 Milliarden Menschen in Asien könnten wir in Europa leicht zum Appendix werden.

Daß dem noch nicht so ist, beweist die Ansiedlung von High-Tech-Unternehmen in Sachsen. Siemens hätte nicht gebaut und AMD würde wohl nicht erwägen, hier zu bauen, wenn nicht aus der Vergangenheit ausgezeichnet ausgebildete Naturwissenschaftler und Ingenieure vorhanden wären. Zur Evaluation des Standortes in Sachsen durch AMD gehörte als erstes die Evaluation des Niveaus der Ausbildung in Dresden und Chemnitz und deren Kapazität. Wissen und Kompetenz in einer Region sind die Standortfaktoren der Zukunft. Sie auch in Chemnitz zu erhalten, ist für die Entwicklung der Region von grundlegender Bedeutung.

Entscheidend für die Wahl des Hochschulstandortes durch die Studienanfänger ist natürlich auch der Hochschulort. In einer Spiegelumfrage[12] bei Studenten über die Qualität der einzelnen Universitäten und deren Fakultäten 1989/90 war die Universität Hamburg nur auf den hinteren Plätzen. Andererseits stiegen die Immatrikulationszahlen stetig an. Umfragen bei Erstsemestern ergaben für die Wahl des Hochschulstandortes Hamburg studienfremde Motive.[13] So waren für jeden zweiten private und freundschaftliche Beziehungen ein ausschlaggebender Grund. Die Attraktivität der Stadt Hamburg gaben jeweils 50 % an, genau so viele das Gefühl, Hamburgerin oder Hamburger zu sein. Für fast 90 % der Befragten war einer dieser drei Gründe Ursache für die Wahl des Studienortes. Das Renommee der Wissenschaft oder die Ausstattung der Universität hingegen wurden nur von einer kleinen Minderheit von ca. 4 % als ausschlaggebendes Motiv bezeichnet. Auch wenn diese Ergebnisse aus der Erziehungswissenschaftlichen Fakultät stammen und für Natur- und Ingenieurwissenschaften hoffentlich etwas anders liegen, geben die Zahlen zu denken. Deutlich wird jedoch: das Image des Hochschulortes ist ganz entscheidend für die Studienwahl.

Ich hoffe sehr, in unserem gemeinsamen Interesse, daß Chemnitz eine studentenfreundliche und attraktive Stadt wird. Mit dem Slogan „Wo andere sich erholen - können Sie studieren" werden wir wohl nie werben können, wohl aber mit dem Satz: „Kommen Sie nach Chemnitz - dann wird etwas aus Ihnen". Trotzdem sehe ich noch viele Möglichkeiten der Stadt, sich an pas-

---

12 Der Spiegel, Dez. 1989.
13 EWI-Report - Nachrichten und Kommentare aus dem Fachbereich Erziehungswissenschaft der Universität Hamburg, Nr. 2., WS 1990.

sender Stelle öffentlich zur Universität zu bekennen und dies auch ins Bewußtsein ihrer Bürger zu bringen.

Zum Thema Studienwerbung noch eine Anmerkung: Abiturienten sind häufig über den fachlichen Gegenstand der einzelnen Wissensgebiete nicht richtig bzw. nicht umfassend informiert. Das trifft andererseits auch generell für einen großen Teil der Bevölkerung zu. Aus Uninformiertheit und Unkenntnis der Betroffenen entstehen häufig Ängste vor den Folgen von Naturwissenschaft und Technik. Bei den Heranwachsenden entsteht eine Aversion, ein Vorurteil gegen diese Fächer. Als spätere Abiturienten werden sie diese Fächer meiden. Auf diesem Gebiet haben wir als Wissenschaftler das Feld fast ausschließlich den Medien überlassen. In der Tradition großer Wissenschaftler, von Faraday angefangen über Helmholtz, Ostwald, C. F. v. Weizsäcker, um nur einige zu nennen, war die allgemeinverständliche Darstellung der letzten Ergebnisse des Fachgebietes der Unterrichtung seiner Mitmenschen genau so wichtig wie die fachwissenschaftliche Publikation. Da die Wissenschaft heute eine politische Dimension bekommen hat und der mündige Staatsbürger über politische Parteien entscheidet, sollten wir versuchen, ihn umfassend zu informieren. Es ist gleichzeitig die überzeugendste Studienwerbung bei Eltern, Lehrern und Schülern. Alle Wissenschaftler unserer Universität sollten diese Möglichkeiten nutzen. Es ist auch gleichzeitig eine öffentliche Rechenschaftslegung über unser Tun.

Wie begegnen wir als Universität dem allgemeinen Entwicklungstrend unter den bereits vorgestellten engen Rahmenbedingungen?

In der Phase der Neustrukturierung der Universität war es uns möglich, das Wissenschaftsministerium und die Hochschulkommission davon zu überzeugen, in Chemnitz die Verfahrenstechnik und die Chemie als Studienfach und als Fachgebiet aufzubauen. Leider wurde uns damals die Biotechnologie verwehrt. Da sich abzeichnete, daß die großtechnische Realisierung der Biotechnologie einen Schwerpunkt der künftigen Entwicklung darstellt, wurde eine Professur für Werkstoffkunde in eine Professur für Bioverfahrenstechnik umgewandelt, deren Besetzung gegenwärtig läuft. Bei dieser Gelegenheit wurde eine Studienrichtung konzipiert, die in erheblichem Maße biologische, chemische und elektrotechnische Gebiete enthält. Eine noch freie Professorenstelle in der Elektrotechnik wurde dafür ebenfalls mit einer entsprechenden Widmung ausgeschrieben, um die Prozeßautomatisierung in Forschung und Lehre vertreten zu können. Die Umwandlung einer freien Stelle der Chemie für die biophysikalische Seite scheiterte bisher am Wissenschaftsministerium. Solche fächer- und fakultätsübergreifende Ausbildungsrichtungen werden in Zukunft wichtiger.

In der direkten Vorbereitung für das Wintersemester 1996/97 ist die Ausbildung von Wirtschaftsingenieuren und Diplomingenieuren für Mechatronik.

Es kommt auch vor, daß ein einzelnes Fach in einer Fakultät sich grundlegend ändert. Beispiel dafür ist der Übergang von der graphischen Technik zur Printmedientechnik. Bei Realisierung dieser Besetzung wären wir in Europa einmalig, ähnliches gibt es nach Aussagen der Industrie nur noch in den USA.

Gute Erfolge können wir mit den Aufbaustudiengängen Wirtschaftsingenieur, Sozialpädagogik und Technikfolgenabschätzung-Umwelt verbuchen. Als deutschlandweite Neuheit, die auch im Ausland Aufmerksamkeit erregte, führten wir in diesem Studienjahr den 4-semestrigen Aufbaustudiengang Informations- und Kommunikationssysteme ein, wo wir zukünftig in jedem Semester immatrikulieren werden. Dieser Aufbaustudiengang ist in zweierlei Hinsicht neu. Einerseits ist es eine echte Fortbildung für Berufstätige, um den neuen Entwicklungen auf diesem Gebiet gerecht zu werden. Unter den Eingeschriebenen, über 50 % davon aus den alten Bundesländern, befinden sich auch Professoren anderer Fachrichtungen. Andererseits besteht das Neue an dem Aufbaustudiengang darin, daß er ohne Präsenz der Studenten vor Ort nur über die Netzverbindung, d. h. mittels der Technik durchgeführt wird. Damit beschreiten wir Neuland für die Zukunft. Spontan haben sich fast 200 interessiert, 58 davon konnten eingeschrieben werden.

An diesen Beispielen können Sie erkennen, wie flexibel Fakultäten und einzelne Wissenschaftler reagieren. Manche tun sich noch schwer, aber die Bereitschaft wächst, neue Wege zu wagen und alte Fach- und Fakultätsgrenzen zu überwinden. Unsere Fähigkeit für anstehende Reformen in der Lehre, der Forschung und der Wissenschaftsorganisation ist ein wesentlicher Wettbewerbsfaktor. Wir wollen aber keine Reformen der Reformen wegen oder weil die Industrie heute Absolventen mit besonderen Kenntnissen fordert. Universitäre Bildung ist für längere Zeit angelegt. In 5 bis 10 Jahren stehen von seiten der Industrie andere Anforderungen. Uns würde es ergehen wie in der Geschichte vom Hasen und dem Igel. Grundlage des universitären Studiums muß eine gute theoretische Ausbildung, verbunden mit einer fundierten Grundlagenausbildung und einer hohen Allgemeinbildung, bleiben mit der Fähigkeit zum ständigen Lernen. Hüten wir uns vor der Aufgabe dieser Prämissen, wir geben damit die Universität auf. Um aber die Art und den

Umfang der Reformen besser abschätzen zu können, haben wir uns bei der VW-Stiftung im Rahmen einer Ausschreibung um die dafür notwendigen Fördergelder beworben.[14] Damit würden wir deutschlandweit in die Forschung anderer Universitäten eingebunden. Die sich daraus ergebenden Reformen hoffen wir dann mit Hilfe des Wissenschaftsministeriums realisieren zu können, zumal der Herr Staatsminister in einem persönlichen Gespräch den Antrag ausdrücklich unterstützte.

Wir haben in der Region zwei sehr leistungsfähige Fachhochschulen in Zwickau und Mittweida, die bei der Einwerbung von Studenten, vor allem bei den Ingenieurwissenschaftlern und Physikern, Konkurrenten und zugleich Partner in der Forschung und dem Wissens- und Technologietransfer in die Region sind. Wir haben mit beiden Einrichtungen eine gute Zusammenarbeit und wollen es auch in Zukunft so halten.

Die Technische Universität ist eingebettet in die westsächsische Region, von den Studenten her noch in Ostthüringen und das südliche Sachsen-Anhalt. Es ist der bereits genannte Umkreis. Unseren Sitz haben wir in Chemnitz und Zwickau. Wir betrachten es als eine wesentliche Aufgabe der Universität, am wirtschaftlichen und gesellschaftlichen Aufbau dieser Region mitzuwirken. Die vielfältigen Verbindungen zu Kommunen und gewerblichen Unternehmen sind Ausdruck dafür. Ich kann mit Fug und Recht sagen, daß alle Universitätsangehörigen dafür ein Gespür haben. Angesichts der knappen Finanzen haben wir für Diplom- und Belegarbeiten unserer Studenten, deren Themen gemeinsam mit Kommunen und Unternehmen erarbeitet wurden, kein Geld verlangt, obwohl wir auch an allen Ecken noch viel benötigen würden. Bisher war diese Form des Wissens- und Technologietransfer sehr erfolgreich, und mancher Student hat so einen Arbeitsplatz gefunden. Diese Form des Technologietransfer ist die effizienteste. Wir wollen die Zusammenarbeit weiter intensivieren. Dabei kommt uns die gute Kooperation mit der Industrie- und Handelskammer Südwestsachsen sehr zustatten. Gemeinsam mit der Stadt Chemnitz und dem Landkreis Chemnitz haben wir ein Technologiezentrum mit innovativen Firmen geschaffen, das in Ostdeutschland seinesgleichen sucht. Gegenwärtig sind wir dabei, für kleine und mittlere Betriebe ein Forschungs- und Transferzentrum für den Mittelstand an der Universität aufzubauen. Dieses wird fakultätsübergreifend arbeiten, um alle Aspekte der Betriebe berücksichtigen zu können. Die wirtschaftliche Gesun-

---

14 Söllner, Alfons/Wolff, Klaus Dieter: Projektantrag für die Ausschreibung der VW-Stiftung „Leistungsfähigkeit durch Eigenverantwortung", Juli 1995.

dung der Region bedeutet auch für die Universität eine deutliche Verbesserung der Standortbedingungen.

Einen wesentlichen Aspekt für die Attraktivität unserer Universität möchte ich nicht unerwähnt lassen. Das ist der Umgang mit unseren Studenten. Wir haben keine Überlast, sondern Wettbewerb um Studenten. Der Student ist unser Kunde. Vom Umgang mit Studenten an unserer Universität und von seinem Wohlbefinden in den Fakultäten und auch im Wohnheim des Studentenwerkes hängen ganz wesentlich unsere Bemühungen ab, Studenten für Chemnitz zu gewinnen, denn deren Mundpropaganda ist sehr wirksam. Ich habe manchmal das Gefühl, daß einige Angehörige unserer Universität, ob in den Fakultäten oder in der Verwaltung, das nicht begriffen haben. Der Schaden, der uns dadurch entsteht, ist immens. Darum möchte ich alle Studenten ermutigen, sich nicht damit abzufinden, sondern sich bei den jeweiligen Dekanen und Abteilungsleitern darüber auszusprechen. Auch ich habe trotz der angespannten Zeit noch jedem Studenten, der es wünschte, einen Gesprächstermin gegeben.

Betrachten wir die Technische Universität Chemnitz-Zwickau, so haben wir ein Fächerspektrum, das zwar nicht optimal ist, aber tragfähig für die Zukunft. Wir sind von der Größe her eine überschaubare Universität und für die in Zukunft wichtig werdenden interdisziplinären und transdisziplinären Studiengänge und Forschungsvorhaben ausgezeichnet gerüstet. Die Bereitschaft dazu ist in hohem Maße bei Professoren, wissenschaftlichen Mitarbeitern und Studenten vorhanden, wie ich es Ihnen demonstriert habe. Wir haben einen hohen Ausbildungsstandard und eine umfangreiche, qualitativ hochwertige Forschung als Markenzeichen unserer Universität. An diesen Fakten wird niemand vorbei können. Wir sind durch unser Wirken für die Region ein wesentliches Entwicklungspotential, das von keiner anderen Institution übernommen werden kann.

Die Wurzeln unserer Universität wurden 1836 vom Sächsischen Industrieverband mit Sitz in Chemnitz bei der sächsischen Landesregierung initiiert. Industrie und Stadt haben in Zeiten einer großen wirtschaftlichen Rezession mit hohen finanziellen Mitteln für den weiteren Ausbau durch Errichtung des Hauptgebäudes 1877 in der Straße der Nationen gesorgt, um den wirtschaftlichen Aufschwung in der Region zu fördern. Ich bin überzeugt, daß wir auf unserem weiteren Weg in die Zukunft die Unterstützung der Stadt Chemnitz und die der Industrie- und Handelskammer als Vertreterin der gewerblichen Wirtschaft der Region bekommen werden, die wir benötigen.

Marlis Dürkop

Die Humboldt-Universität zu Berlin - eine persönliche Bilanz

> „Die Freiheit erhöht die Kraft und führt, wie immer die größe-
> re Stärke, allemal eine Art der Liberalität mit sich. Zwang
> erstickt die Kraft und führt zu allen eigennützigen Wünschen
> und allen niedrigen Kunstgriffen der Schwäche. Zwang hin-
> dert vielleicht manche Vergehung, raubt aber selbst den ge-
> setzmäßigen Handlungen von ihrer Schönheit. Freiheit veran-
> laßt vielleicht manche Vergehung, gibt aber selbst dem Laster
> eine minder unedle Gestalt."
> (aus: Wilhelm von Humboldt: „Ideen zu einem Versuch, die
> Grenzen der Wirksamkeit des Staats zu bestimmen", Stuttgart
> 1967, Kapitel VIII: Sittenverbesserung, S. 113)

I. Aufgaben der Leitung im Umbruch[1]

Nach der Wende waren an der Humboldt-Universität ungewöhnliche Aufgaben zu bewältigen, das war zu Beginn der Amtszeit vorhersehbar, wenn auch
nicht deren Fülle und Komplexität. Verlangt war gleichzeitiger Abbau, Organisation des laufenden Betriebes und eine zukunftsgerichtete Planung.
Wenig stabile regionale Rahmenbedingungen und große Planungsunsicher-
heit erschwerten die Arbeit. Dies forderte von der gesamten Leitung hohe
Konfliktbereitschaft und außergewöhnliche Zeitbudgets.

1. Das Profil der Humboldt-Universität stärken

Nach einer langen Zeit des Umbaus beginnt sich das Profil unserer Universität zu schärfen. Die Namen der Gründer Wilhelm und Alexander von Humboldt stehen für eine reformorientierte Universität, diesem Ziel sieht sich die
Leitung auch für die Zukunft verpflichtet. Die Universität steht heute dort,
wo alle Universitäten der Bundesrepublik stehen, vor der Überprüfung unserer gerade geschaffenen Strukturen, ob sie denn den Anforderungen moderner wissenschaftlicher Bildung und Ausbildung, der Forschung sowie der

---

1 Dieser Abschnitt ist identisch mit dem 6. Kapitel des Rechenschaftsberichts der Präsidentin der Humboldt-Universität zu Berlin, 1992 - 1995, vorgelegt dem Konzil im Januar 1996.

Verwaltung gewachsen sind. Die Leitung der Humboldt-Universität war bereit, sich diesen Notwendigkeiten zu stellen, ohne daß vieles von dem, was geplant und beschlossen wurde, bislang umgesetzt werden konnte.

Das oberste Leitbild der Arbeit heißt Qualität, Qualität in Lehre und Forschung. Das ist zunächst leichter gesagt als getan und bedarf vielfältiger Anstrengungen der Umsetzung. Doch die Leitung konnte den Eindruck gewinnen, daß Professoren/Professorinnen, wissenschaftliche Mitarbeiter und Mitarbeiterinnen und die übrigen Angehörigen dieser Universität sich in diesem Ziel einig sind und entsprechende Maßnahmen und Schritte zur Verbesserung des Angebotes in Lehre und Forschung begrüßen und unterstützen. Die große Nachfrage der Studierenden nach unserem Studienangebot scheint eine Bestätigung dieses Anspruches zu sein. In immer mehr Fächern wird die Universität darüber zu befinden haben, wie sie diesen Anspruch auf Qualität in der Lehre gleichberechtigt neben dem Anspruch auf freien Zugang zur Universität gewährleisten will.

Das zweite Leitbild orientiert sich an der Tradition dieser Universität, nimmt sowohl die großen wissenschaftlichen Impulse auf, die von der Berliner Universität ausgingen, verwandelt sie in moderne Fragestellungen und trägt somit bei zur Wiederherstellung eines wissenschaftsgeschichtlichen Bewußtseins einzelner Disziplinen. Zur Traditionspflege gehört auch, die wechselhafte Geschichte dieser Universität anzunehmen, die Zeit des Nationalsozialismus, der Kriegszeiten, der DDR aufzugreifen, sie nicht nur ins Gespräch zu bringen, sondern zum Gegenstand von Forschung zu machen.

Unser drittes Leitbild ist das der Internationalität. Nach 40jähriger großer Isolation dieser Universität geht nun die Freiheit von Forschung und Lehre mit Weltoffenheit eine gute Verbindung ein. Das Interesse an Europa ist ebenso groß wie das an den USA oder den östlichen Ländern. Auf verschiedenen Auslandsreisen durfte die Präsidentin erfahren, welch großes Ansehen die Berliner Universität weltweit genießt, dieses wertvolle Kapital gilt es zu pflegen. Die Beschreibung einer Drehscheibe Humboldt-Universität in der Drehscheibe Berlin dürfte wohl zutreffend sein. Es stellt sich allerdings manchmal der Eindruck her, daß die Besucher und Studierenden unserer Universität diese Funktion schon sehr viel deutlicher wahrnehmen als Berliner Entscheidungsträger.

Alle drei Leitbilder freilich bedürfen einer Grundidee, verlangen Zutrauen in die Kreativität der wissenschaftlichen Tätigkeit von Menschen. Um dieses zu verwirklichen, bedarf es immer noch der Universität als eines gemeinsamen

Ortes der Lehrenden und Studierenden, der verschiedenen Disziplinen im Austausch. Die Einzigartigkeit wissenschaftlicher Arbeit ist unsere Legitimation, daran festzuhalten bedeutet nicht, sich dem Fortschritt oder der Modernität zu verschließen, sondern diesem ein festes Fundament zu geben.

In den härtesten Zeiten des Umbaus wurde die Präsidentin wegen des Fehlens von Visionen kritisiert. Dieses Bedürfnis der Universitätsmitglieder ist verständlich, es ist zu bedauern, daß Zukunftsbilder hinter Arbeitsdruck und unangenehmen Aufgaben verschwunden waren. Die Erhaltung von Visionen ist in den vergangenen Jahren in der Tat eine Aufgabe für sich selbst gewesen. Ausgehend von der Grundüberzeugung, daß Freiheit von Forschung und Lehre nach wie vor wesentlich kreative Grundmomente der Arbeit an der Universität darstellen, ist ein wichtiges Handlungsziel der Präsidentin die Herstellung von Freiräumen. In diesem Sinne wurde die Gestaltung von Verwaltung und Selbstverwaltung in Angriff genommen - nicht ohne Risiken. Die Dezentralisierung von Entscheidungen und Ressourcen beispielsweise, das bedeutet In-Kauf-nehmen von unsicheren Einübungsphasen für die Universitätsmitglieder, der Erfolg stellt sich erst später ein.

Gerade in den vergangenen Umbruchzeiten wurde in den Gremien der Humboldt-Universität deutlich, welche soziale Gestaltungsmacht im Rahmen von Universitätsautonomie möglich ist. Der Beitrag der Präsidentin zum Erhalt solcher Gestaltungsfreiräume hat darin bestanden, versteinernde Polarisierungen in Gremien zu vermeiden, Wünsche nach der starken Hand zu versagen und unterschiedliche Erfahrungen von Ost und West zu erkennen und aufzugreifen. Die sachorientierte Beteiligung aller Statusgruppen im Akademischen Senat ist für mich eine der erfreulichsten Erfahrungen meines Hochschullebens.

An dem neuen fachlichen Profil der Humboldt-Universität haben unzählige Personen mitgewirkt. Fachstrukturen, die Denomination von Professuren, die Festlegung von Studieninhalten wurden weitgehend von den Struktur- und Berufungskommissionen bestimmt. Diese haben unabhängig voneinander gearbeitet, und so besteht eine wichtige Aufgabe der Universitätsleitung darin, interdisziplinäre Verbindungen zwischen den Fächern im nachhinein herzustellen. Hier gibt es innerhalb der Universität Projekte und Vorhaben, deren Realisierung nun angesichts der finanziellen Zwänge wesentlich schwieriger geworden ist. Die Universität hatte noch nicht ausreichend Zeit zum Erproben des neuen Profils, hoffentlich wird ihr eine Entfaltung gegönnt werden.

Eine erste große Belastungsprobe hat das Profil der gerade errichteten Fächer durch die hohe Sparauflage in Form der pauschalen Minderausgabe erfahren müssen. Die Universität hat sich trotz massiven Druckes von außen dazu entschlossen, an einem Vollangebot festzuhalten, auf die Schließung gerade eingerichteter Fächer zu verzichten. Einige Schwerpunktsetzungen, insbesondere in den Naturwissenschaften, können allerdings nicht mehr in der geplanten Form verwirklicht werden.

Es ergeben sich Profilverschiebungen. So hat die Universität in mehrfacher Weise für die Folgen der Auflösung der Akademie der Wissenschaften einzutreten. Ein beträchtlicher Anteil an noch verfügbaren Stellen, die eigentlich der Flexibilität in Forschung und Lehre dienen sollten, mußte zur Integration von acht Max-Planck-Arbeitsgruppen verwendet werden, hier werden künftig weitere produktive Schwerpunkte in der Universität entstehen. Eine neue Profilbildung der Charité wird sich hoffentlich nach Abschluß der äußerst schwierigen Fusion mit dem Virchow-Klinikum ergeben, diesem Beschluß lagen sachfremde Ziele zugrunde.

Nicht nur eine Verbesserung der Arbeitsbedingungen, sondern einen qualitativen Sprung erhofft sich die Universität durch die Neubauten für die naturwissenschaftlichen Fächer in Adlershof. Rechtzeitig werden hier erhebliche Anstrengungen zu erbringen sein, um ein Auseinanderfallen der Universität in die drei Bereiche Naturwissenschaften. Geistes- und Sozialwissenschaften und Medizin zu verhindern.

Ihren Platz in der Berliner Hochschullandschaft hat sich die Humboldt-Universität erst wieder erobern müssen. Zwar wurde von der Idee der Schließung der Humboldt-Universität unmittelbar nach der Wende schnell abgerückt, doch in einzelnen Fächern haben sehr lange Auseinandersetzungen stattgefunden und scheinen immer noch kein Ende gefunden zu haben. Insbesondere im investiven Bereich hat sich die Universität an dem Vorhandenen der West-Universitäten zu orientieren. Deutlich wurde dieses am Beispiel des Neubaus der Inneren Medizin der Charité, der erst nach vierjähriger Wartezeit in Folge der Zustimmung der Charité zur Fusion mit dem Virchow-Klinikum begonnen werden konnte.

Die Leitung ebenso wie die Fakultäten und die Entwicklungsplanungskommission der Humboldt-Universität haben sich sehr früh und deutlich zum Prinzip der Kooperation mit den anderen Berliner Universitäten bekannt. Auf der fachlich-wissenschaftlichen Ebene gibt es vielfältige Kooperationen, etwa in Sonderforschungsbereichen, Graduiertenkollegs oder einzelnen Projekten. Die wechselseitige Anerkennung von Studienleistungen zwischen den Universitäten legt ebenfalls Zeugnis ab von lebendigen Austauschbeziehungen. Gestört allerdings wurde die Zusammenarbeit durch die Teile-und-Herrsche-Strategie der Politik im Rahmen der pauschalen Minderausgaben, hierdurch wurde die Kooperationsbereitschaft aller Einrichtungen auf eine harte Probe gestellt. Um so erfreulicher ist die langsam wieder stattfindende Annäherung zwischen den Universitätsleitungen zu beurteilen. Die Bereitschaft zur Schwerpunktsetzung und Abstimmung der Angebote untereinander in Berlin wächst. Daraus kann allerdings nur dann eine produktive Konkurrenz werden, wenn den Universitäten hinreichend Planungssicherheit und Gestaltungsruhe gegeben wird.

Die Evaluierungsprozesse im Ostteil der Stadt haben offensichtlich auch im Westen Tabus aufgebrochen und somit neue Reformmöglichkeiten eröffnet. Unübersehbar ist ein aktueller Vorteil der Humboldt-Universität: Die tiefgreifenden Erneuerungsprozesse haben der Universität eine erfreuliche Beweglichkeit verliehen, an der es Fachbereiche im Westteil der Stadt noch fehlen lassen. Dies wird der Universität hoffentlich in den künftig anstehenden weiteren Veränderungen im Zusammenhang der Fusion Berlin und Brandenburg zugute kommen.

2. Die Universität im gesellschaftlich-öffentlichen Pozeß vertreten

Neben der Kernaufgabe, Leistungen in Forschung und Lehre zu erbringen, hat eine Universität wichtige Funktionen in der Gesellschaft wahrzunehmen, die die Präsidentin durch ihre Präsenz und Tätigkeit zu unterstützen hat.

Das Studium der nun 185jährigen Geschichte zeigt, daß die Berliner Universität seit Anbeginn in die gesellschaftlich-historischen Ereignisse jeder Epoche eingebunden gewesen war.

Die Humboldt-Universität versteht sich heute nach langer Abgeschlossenheit offensiv als „öffentlicher Ort". Sie will an den Vorgängen in der sie umgebenden Hauptstadt Berlin teilhaben. Diese Funktion ist beiderseits angenommen worden.

Zu beobachten ist eine zunehmende Einbeziehung der Universität in die Bundesrepräsentanz in Berlin, dies wird befördert durch die drei internationalen Schwerpunkte der Universität, das Großbritannien-Zentrum, das Institut für Skandinavistik sowie das Zentrum für Japanische Sprache und Kultur, in deren Zusammenhang die Präsidentin viele hochrangige ausländische Besucher und Veranstaltungen an der Universität begrüßen kann und häufig Einladungen zu wissenschaftlichen und gesellschaftlichen Veranstaltungen ausgesprochen werden.

Die gesellschaftliche Bedeutung ist ablesbar an dem starken öffentlichen Interesse, das unserer Universität entgegengebracht wird. Nicht nur eine Vielzahl von Delegationen wollen sich über die Entwicklung der Humboldt-Universität in jüngster Zeit informieren, dasselbe gilt für die Politik. So hatte die Universitätsleitung in der vergangenen Legislaturperiode des Abgeordnetenhauses von Berlin regelmäßig ausführlich über unterschiedlichste Entwicklungen und Ereignisse aus der Universität zu berichten.

Das Medieninteresse an der Humboldt-Universität darf ebenso als außergewöhnlich bezeichnet werden. Die Öffentlichkeitsarbeit fordert hohen Einsatz, bietet uns jedoch andererseits die Möglichkeit zur Vermittlung von Anliegen der Universität. Nach Amtsantritt bestand ein Ziel der Leitung darin, die Humboldt-Universität aus den „negativen Schlagzeilen" herauszubringen. Dies gelang bis zum Beginn des Jahres 1994, als die Vorgänge um die versäumten Kündigungen die positive Entwicklung wieder umkehrten. Dieses Tief konnte in diesem Jahr überwunden werden, beginnend mit einer sehr positiv aufgenommenen Pressekonferenz der Dekane.

Fraglos stand und steht im Zentrum des öffentlichen Interesses an der Humboldt-Universität deren Auseinandersetzung mit der jüngsten Vergangenheit. In diesem Zusammenhang haben in der Universität tiefgreifende Prozesse stattgefunden, die zumeist leider hinter spektakulären Einzelfällen verborgen bleiben. Dabei war der Präsidentin durch den notwendigen Persönlichkeitsschutz Zurückhaltung auferlegt, wo sie eine breitere öffentliche Erörterung für notwendig gehalten hätte. Die Kriterien über „Zumutbarkeit bzw. Unzumutbarkeit" bezüglich einer Weiterbeschäftigung sind im Laufe der notwendigen Entscheidungen eindeutiger geworden.

Der Ehrenausschuß hat dem Akademischen Senat im Frühjahr dieses Jahres einen ausführlichen Bericht gegeben, danach wurden im Zeitraum von 1992 bis 1995 380 Erkenntnisfälle behandelt. Eine Kündigung wurde in 19 % dieser Fälle ausgesprochen, Auflösungsverträge haben 7 % der Betreffenden akzeptiert, für die verbleibenden 74 % wurde eine Weiterbeschäftigung für möglich gehalten. Die Überprüfung aller Mitarbeiter und Mitarbeiterinnen kann im wesentlichen als abgeschlossen betrachtet werden, Einzelfälle werden weiterhin zu behandeln sein.

Universitäten sind im ehemaligen Ostdeutschland die wenigen Orte, in denen über politische Fragen der Vergangenheitsbewältigung zumindestens noch der Versuch der Transparenz unternommen wird. Dennoch würde ich die interne Auseinandersetzung in der Humboldt-Universität als zu zurückhaltend bezeichnen. Wo liegen die Ursachen dafür?

Eine größere Anzahl politisch belasteter Personen ist unmittelbar nach der Wende auf der Basis von Ruhestandsregelungen aus der Universität ausgeschieden. Die eindeutig in MfS-Verfahren Belasteten verlassen in der Mehrzahl der Fälle auf der Basis eines Auflösungsvertrages stillschweigend die Universität, Nachfragen gibt es meist nur von den unmittelbar Vorgesetzten, manchmal von Studierenden. Der personelle Erneuerungsprozeß hat alle an der Universität Verbleibenden in einen Zustand materieller und existenzieller Unsicherheit gebracht, der der öffentlichen Diskussion heikler politischer Fragen mit Sicherheit nicht förderlich war. Nachdem nun aber der Zugewinn an persönlicher Freiheit zunehmend erfahren werden kann, sollte nach einer Phase der Verstetigung ein Diskussionprozeß erneut beginnen. Aus der (persönlich sehr belastenden) Kenntnis vieler Vorgänge heraus muß ich darauf bestehen, die Akten nicht zu schließen. Selbst öffentliche Skandalisierung muß die Universität im Interesse der Sache auch künftig noch auf sich nehmen wollen.

Nach dem Neuaufbau der Fächer besteht ein dringendes Anliegen der Universitätsleitung darin, der Universitätsgeschichte stärkere Ressourcen zu geben, um die Universität instandzusetzen, sich der Verpflichtung zur wissenschaftlichen Vergangenheitsaufarbeitung zu stellen. Unterstützt werden Absichten des Lehrstuhls für Wissenschaftsgeschichte, im Hinblick auf das 200jährige Jubiläum im Jahre 2010 eine Geschichte der Universität im 20. Jahrhundert zu erarbeiten.

Auch die Bewältigung der zweiten, bislang unzureichend bearbeiteten Dekade der Universitätsvergangenheit - der NS-Zeit - kann nur an wenige Vorarbeiten aus der DDR anknüpfen. Hier steht ebenfalls die wissenschaftliche Bearbeitung der Rolle der Universität in dieser Zeit noch aus.

Die Humboldt-Universität hat mit einzelnen Aktivitäten der Wiedergutmachung begonnen. So wurde 1993 der Wissenschaftler Konrad Jarausch eingeladen, in einem öffentlichen Vortrag über die Vertreibung jüdischer Studierender und Wissenschaftler aus der Universität zu berichten. Wissenschaftler und Studierende haben sich im Jahre 1995 intensiv an den Aktivitäten zum 50. Jahrestag des Kriegsendes am 8. Mai beteiligt. Die Präsidentin war in

Gedenkveranstaltungen zur Ermordung Dietrich Bonhoeffers eingebunden. Einige Fakultäten haben durch die Ehrenpromotion emigrierter jüdischer Wissenschaftler einen Beitrag geleistet (Prof. Neumann/Mathematik, Prof. Coser/Sozialwissenschaften, Prof. Leontief/Wirtschaftswissenschaften, Prof. Riesenfeld/Rechtswissenschaften). Die Präsidentin hat im Sommer 1995 in der New York University über eine Emigrantenzeitschrift zu einem Treffen von Absolventen der Berliner Universität vor dem Zweiten Weltkrieg gebeten.

Das Treffen in New York war ein erster Schritt zum Aufbau eines Alumni-Systems an der Humboldt-Universität. Öffnung der Universität, das bedeutet auch, organisatorische Grundlagen schaffen für die Einbeziehung von Ehemaligen und Freunden der Universität. Dies nicht nur mit dem Ziel, Sponsoren zu gewinnen, sondern die Bindung an die Humboldt-Universität zu stärken und damit vielleicht auch der Universität in Deutschland wieder zu einem besseren Bilde zu verhelfen. Die Präsidentin bemüht sich, internationale Erfahrungen des Fund-Raising beim Aufbau eines solchen Systems nutzbar zu machen, die Bildung von Fakultätsgesellschaften, der Humboldt-Universitätsgesellschaft sind erfolgt. Anzustreben ist die Gründung einer Stiftung, um mehr finanzielle Beweglichkeit der Universität zu erreichen.

Als unzureichend, wenn nicht gar beschämend, muß der Prozeß politischer Rehabilitierung in der DDR von der Universität Ausgeschlossener bezeichnet werden. Zwar wurden bis zum Sommer 1995 von der Rehabilitierungskommission der Humboldt-Universität 268 Rehabilitierungsanträge bearbeitet, es gelang aber der Universität trotz mehrerer Anläufe nicht, Stellen für die Wiedereingliederung von früheren Universitätsangehörigen unter erleichterten Voraussetzungen bereitzustellen oder sie entsprechend zu besetzen. Lange Diskussionen gab es ferner über ein Verfahren, in der Vergangenheit Benachteiligte nunmehr zum Studium zulassen zu können. Mehrere Vorschläge der Universität wurden von der Landesregierung verworfen, weil keine „Rechtsgrundlage bestände". Es ist immerhin gelungen, in die Zulassungsvoraussetzung einen Passus aufzunehmen, der die Immatrikulation der genannten Personen nun auch in NC-Studiengängen ermöglicht. Insgesamt konnte die Rehabilitierung nur eine moralisch-politische sein, dies wird von den meisten politisch Benachteiligten zu Recht als unzulänglich empfunden. Anzustreben wäre, daß die Universität nach Wegen der inhaltlichen Auseinandersetzung mit diesem Personenkreis sucht.

Der zweite große Komplex öffentlichen Interesses ist der in der Tat einzigartige historische Vorgang des Zusammenwachsens von Ost und West in der

Humboldt-Universität, den man durchaus als ein gesellschaftliches Experiment bezeichnen könnte. Sowohl die Zusammensetzung der Professorenschaft als nun auch zunehmend die der Studierenden schafft ein neuartiges kulturelles Klima. Ungeachtet einzelner Auseinandersetzungen kann wohl behauptet werden, daß die damit verbundenen Prozesse von den Beteiligten überwiegend positiv und anregend erfahren werden. Es finden Bereicherungen der individuellen Biographie statt, Handlungsspielräume in Forschung und Lehre erweitern sich um die Ost- bzw. Westdimension, alle Universitätsangehörigen haben teil an der Wiedergewinnung deutscher Geschichte und der Traditionen der Universität. Hier liegt eine der größten Zukunftschancen der Humboldt-Universität, die nicht nur für das menschliche Miteinander, sondern für das Aufgreifen neuer wissenschaftlicher Fragestellungen bedeutsam werden kann. Von der Leitung wird ein gedeihlicher Prozeß des Zusammenwachsens von Ost und West auch künftig Ausgleich bei unabhängiger politischer Positionierung verlangen.

3. Der Humboldt-Universität zu Berlin eine neue Gestalt geben

Mit den hier im Rechenschaftsbericht vorgestellten Ergebnissen der Umgestaltung der Universität dürfen wir zufrieden sein. Die Gestalt der Humboldt-Universität darf nach Abschluß der wesentlichen Strukturierungsprozesse wohl als gelungen bezeichnet werden. Die Bereitschaft der Universität, Veränderungen mitzutragen. war ungewöhnlich groß, doch dürfte sie jetzt als ausgeschöpft bezeichnet werden. Selbstkritisch ist von der Präsidentin einzuräumen, daß die Aufgabenfülle, der ständige Problemdruck zu wenig Muße zu ruhiger Betrachtung anstehender Fragen gelassen haben, für Gespräche mit Universitätsangehörigen blieb viel zu wenig Raum.

Die Leitung einer Universität stellt heute eine Managementaufgabe dar, für deren Ausübung die organisatorischen und personellen Voraussetzungen an der Humboldt-Universität zu schaffen waren und noch zu schaffen sind. Insbesondere die Einrichtung von Informations- und Controlling-Systemen wird von der Leitung als eine vordringliche Aufgabe für die Zukunft gesehen. Die Unzufriedenheit mit der Arbeit der Verwaltung wurde von der Leitung sehr ernst genommen. Abhilfe war leider noch nicht immer zu schaffen, weil die Fülle der anstehenden Aufgaben und eine ganze Reihe von Rahmenbedingungen diese erschweren. Nachhaltig wird den Mängeln nur durch eine umfassende Verwaltungsreform beizukommen sein. Die Leitung hofft, diese mit finanzieller Unterstützung der VW-Stiftung durchführen zu können.

Innerhalb der Universität darf für die Vorgaben der Leitung insgesamt der Eindruck einer erfreulichen Akzeptanz angemerkt werden, angesichts der Fülle der konsequenzenreichen Entscheidungen erstaunlich. Gleichwohl hat sich die Leitung Akzeptanz erarbeiten müssen. Ausschließlich durch Humboldt-Angehörige aus dem Osten gewählt zu sein, erschien manch einem keine hinreichende demokratische Legitimation. So mag z. B. das häufige Umgehen/Verletzen von Dienstwegen der Umbruchsituation geschuldet gewesen sein, die Schärfe vieler Schreiben und Anweisungen an die Hochschulleitung spiegelten Mißtrauen und Herablassung wider. Glücklicherweise ist die Zusammenarbeit mit Verwaltungen, der Politik und öffentlichen wie privaten Einrichtungen nun in ruhigere Fahrwasser geraten, mit Ausnahme der Innenverwaltung.

Formgebung war wesentlicher Bestandteil der Tätigkeit der Universitätsleitung. Unendlich viele Reformwege waren zu einem Ganzen zusammenzufügen. Zu den Hauptakteuren zählen die Landeshochschulstrukturkommission, 32 Struktur- und Berufungskommissionen, Fusionsgründungskomitees, der Politische Senat und das Abgeordnetenhaus von Berlin. Die Vorstellungen, Anweisungen, Eingriffe einer gestaltungsfreudigen Senatsverwaltung für Wissenschaft und Forschung waren umzusetzen oder auch zurückzuweisen. Der Verzicht von Senator Erhardt auf politisch motivierte Berufungen im Namen von Qualität ist dem Neuaufbau der Universität zugute gekommen, sein Handeln ist selbst bei Nichtübereinstimmung von Positionen berechenbar geblieben. Zu bedauern ist allerdings, daß er sich auf die Dimension der Umsetzung von politischen Beschlüssen oder finanziellen Vorgaben kaum eingelassen hat, die Mühen der Ebene sind ihm so erspart geblieben.

Einzufügen hatte sich die Universität auf der Basis häufig nicht passender, weil nicht für die deutsche Einigung entworfener Gesetze. Doch selbst die für den Vereinigungprozeß konzipierten Rechtsgrundlagen gaben für die auftretenden Fragen oft nur unzureichende Antworten und schufen eine Fülle von neuen Zuständigkeiten. Viele individuelle Eingaben von Mitarbeitern und Mitarbeiterinnen haben deutlich gemacht, daß subjektiv manches als persönliches Unrecht empfunden wird, was nichts anderes war als eine für die deutsche Einigung unpassende Tarif- oder Rechtskonstellation.

Neben Legislative und Exekutive kommt der Judikative hohe Bedeutung bei der Neugestaltung der Humboldt-Universität zu. Verwaltungs- und Arbeitsgerichte aller Instanzen erzwangen ständig Veränderungen von Handlungsgrundlagen infolge von Streitigkeiten auf Hochschul-, Landes- oder Bundesebene. Die so häufig wechselnden Entscheidungsparameter haben der Universitätsleitung große Flexibilität abverlangt.

Außerordentlich schwierig war die Bewältigung der fragilen Abhängigkeiten, die sich durch das Fehlen von westlichen Organisationsstrukturen in der Humboldt-Universität immer wieder ergeben haben. Bis zur sehr voraussetzungsreichen Fertigstellung eines Soll-Stellenplanes nach westlichem Vorbild im Sommer 1994 war die Leitung zum Teil zu weitreichenden Zugeständnissen gezwungen, um den Haushalt der Universität nicht zu gefährden.

Eine weitere, von außen nicht recht sichtbare Aufgabe der Universitätsleitung hat im Zusammenhalten der Institution bestanden. Umfang und Konsequenzen der unzähligen Personalentscheidungen sind Außenstehenden kaum vermittelbar. Stattgefunden hat die Reduzierung des Personals um die Hälfte, gleichzeitiges Ziel war eine Durchmischung von Ost und West. Die hierfür zuständige Verwaltung hatte selbst Personalmangel und Veränderungen zu verkraften und war vom Arbeitsvolumen weit über das normale Maß hinaus belastet. Die Universitätsleitung hatte es mit immer wieder neuen Ansprechpartnern in den Instituten und Gremien zu tun. Zeitweilig bestand die paradoxe Situation, daß der Präsidentin Biographien der zu Kündigenden wesentlich besser bekannt waren als die verbleibenden oder neu hinzukommenden Menschen.

Die personelle Erneuerung der Humboldt-Universität fand in einem Spannungsfeld statt, bei dem auf der einen Seite zuviel und auf der anderen Seite zu wenig Abbau an Personal beklagt wurde. Die Vorgänge um die versäumten Kündigungen haben Ressentiments ans Licht kommen lassen. Erstaunlich erscheint im Nachhinein, daß nicht die Kündigung von mehr als 1.000 Menschen (davon die meisten mangels Bedarf ohne politische Belastung) der Skandal gewesen ist, sondern die Tatsache, daß 170 Menschen drei Monate später als vorgesehen in die Dauerarbeitslosigkeit entlassen wurden. Hinweise auf die große Überlastung der Verwaltung oder die Erwirtschaftung der zusätzlichen Mittel aus dem Haushalt der Humboldt-Universität verschwanden unter Häme und Gehässigkeit, deren Ausmaß im Vergleich zu öffentlichen Reaktionen auf andere, wesentlich höhere vereinigungsbedingte Fehlkosten für den Landes- oder Bundeshaushalt erklärungsbedürftig bleiben.

Mit dem Abschluß von rund 550 Berufungsverfahren und den Personalübernahmevorgängen sowie der Neustrukturierung der Verwaltung gibt es erkennbare Anzeichen von Zufriedenheit mit der neuen Situation. Auf die Universität und ihre Leitung kommen jedoch neue Belastungsproben durch auslaufende Beschäftigungsverhältuisse im Jahre 1996 zu. Die ungeklärte Zukunft des WIP-Programms und nachhaltige Forderungen der Landesregierung nach Abbau des Personalüberhangs sowie Hoffnungen ehemals dauerbeschäftigter Mitarbeiter auf Weiterbeschäftigung und die dringende Nachwuchsförderung kollidieren scharf mit der Stellenknappheit.

Hoffnungen, mit dem Neuaufbau der ostdeutschen Universitäten könnten überfällige Reformchancen ergriffen werden, erwiesen sich weitgehend als falsch. Verlangt war die Einpassung der Humboldt-Universität in das reformbedürftige Hochschulsystem der Bundesrepublik. Es waren darüber hinaus Maßnahmen umzusetzen, deren Auswirkungen in Form von Verschlechterung der Studiensituation vorhersehbar sind, z. B. die Reduzierung der Studienplatzzahlen in der Medizin auf der Basis des Universitätsmedizingesetzes, bei dem Personalreduzierung und Kapazitätsverordnung sowie verfassungsmäßige Rechte miteinander in Gegensatz geraten müssen. Zur Zeit weist die Humboldt-Universität noch wesentlich kürzere Studienzeiten auf als andere Universitäten, gleichwohl wird die Umkehrung des Verhältnisses von befristeten/unbefristeten Beschäftigungsverhältnissen im Mittelbau mit Sicherheit zur Verschlechterung der Betreuungssituation und damit zur Verlängerung des Studiums führen.

Die Aufgabe der Leitung in diesem Dilemma bestand darin, falsche Richtungsentscheidungen zu vermeiden. Reformdiskussionen waren aufzunehmen und entsprechende Schritte in der Struktur anzulegen, um sie später umsetzen zu können. Dies betrifft. z. B. die Planung von Studienbüros in den Fakultäten. Wenig Unterstützung wurde in diesem Bemühen um antizipatorische Berücksichtigung von Reformen durch die Senatsverwaltung für Wissenschaft und Forschung gegeben. Zuarbeiten wären z. B. bei den Anstrengungen der Vizepräsidenten aller Universitäten hinsichtlich der Reformen zur Lehrerbildung zu erwarten gewesen, Vorarbeiten werden vermißt beim Aufbau eines einheitlichen Bibliothekssystems für Berlin und Brandenburg. Erstaunlicherweise haben die Neuansätze der Berliner Verwaltungsreform im Verhältnis zwischen Universität und Senatsverwaltung bislang keine Rolle gespielt. Deren konsequente Umsetzung würde den Kuratorialhochschulen erheblich mehr Handlungsspielräume gewähren und die sich jetzt als Aufsichtsbehörde verstehenden Senatsverwaltungen zur Neudefinition von Verantwortlichkeiten veranlassen.

Bei allem Stolz auf das Erreichte ist abschließend der Befürchtung Ausdruck zu geben, daß die Hochschulen in Berlin die Modernisierung verpassen könnten. Sehr viel Kraft wurde in den vergangenen drei Jahren auf die Rege-

lung von Verfahren verwendet, Prüfungsberatung beispielsweise droht an die
Stelle von gründlichen Studienreformen zu treten. Notwendig ist die Stärkung der Rolle der Universitäten in der Region, die Profilierung von Bildung
und Wissenschaften im veränderten Weltgefüge.

II. Zu den Reformchancen der Wende: Nachwort vom Februar 1998

Wir vom Reformelan der Wende Beflügelten haben tatsächlich eine Weile
geglaubt, daß die Umwandlung der ostdeutschen Hochschule eine Gelegenheit zur Erneuerung westlicher Einrichtungen hätte sein können. Im Nachhinein erweist sich dies als ein romantischer Blick weit über die Verhältnisse
hinweg, aus denen west- wie ostdeutsche Reformer kamen.

Hochmotivierte Ostreformer hatten im täglichen Umgang gegen die Demüti-
gungen und Kränkungen zu kämpfen, die sich aus den Folgen des ökonomischen Zusammenbruchs der DDR ergaben. Die Osthochschulen selbst boten
ein wenig anregendes Beispiel für künftige Reformen: Universitäten, die den
Zugang der Studierenden streng limitiert und selektiert hatten, mit einer
Doppelstruktur von Partei und Akademikern agieren mußten und die den
internationalen Kontakt ihrer Wissenschaftler und Studierenden abgeschnit-
ten hatten. Dazu kam der erschreckend marode bauliche und apparative Zustand der Einrichtungen, deren Ästhetik ebensowenig akademischen Eros
ausstrahlte wie die heruntergekommenen Hörsäle westlicher Massenuniversitäten.

Das westliche Hochschulsystem hat vermutlich dank der Wende seinen
Dornröschenschlaf noch ein paar Jahre länger fortsetzen können, fortschritt-
liche Kräfte des Westens konnten den trüben westlichen Verhältnissen in die
Aufbauarbeit des Ostens entfliehen. Die seit einigen Jahren in der Gesamt-
bundesrepublik in Gang gekommene Reformdebatte hat bis heute nicht zu
einer klaren Diagnose der Ursachen des vielbeklagten Zustandes deutscher
Hochschulen geführt. Worin die Krise der deutschen Universitäten besteht,
darüber gibt es eine Fülle von Polemiken, Annahmen, Vermutungen, die
bislang aber alle nicht den großen Ansehens- und Legitimationsverlust erklären können, unter denen Wissenschaft, Bildung und Hochschulen derzeit
leiden. Hochschulinterne Faktoren und externe Rahmenbedingungen bedürfen der Analyse, um das Scheitern des autonomen Systems Hochschule
plausibel zu machen.

Als Ergebnis fehlender Reformvorstellungen in Ost und West muß die Humboldt-Universität heute mit Reformen von vorn beginnen, einen doppelten Preis für die Einpassung in die westliche Normalität zahlen. Gerade erst geschaffene Strukturen müssen in der neuen Reformwelle wieder in Frage gestellt werden, während der Wende vorgelegte, vom Westen damals zurückgewiesene Vorschläge werden erneut aufgegriffen, bereits eingerichtete Neuerungen wieder abgeschafft. Dies bedeutet einen immensen Verschleiß der Kräfte von früheren und neu hinzugekommenen Universitätsangehörigen, eine Mißachtung ihrer vollzogenen Reformarbeitsleistungen und eine deutlich absehbare Produktivitätssenkung.

Es wäre eine verkürzte Sicht, die Transformationen der Osthochschulen/der Humboldt-Universität lediglich unter der Perspektive gradliniger oder nicht vollzogener Reformverläufe zu betrachten. Eine Fülle von Faktoren haben das Handeln der Akteure der Wende bestimmt, viel Energie mußte darauf verwendet werden, einerseits den laufenden Hochschulbetrieb aufrechtzuerhalten und andererseits das Chaos von Politik, menschlichen Angelegenheiten und Finanzen zu organisieren, das in vielfältiger Form den Neuaufbau der Universität berührt und bedingt hat. Nicht nur Konzepte bzw. das Fehlen von Konzepten haben den Umbau der Universität vorangetrieben oder verhindert, die Bemühungen waren immer eingebunden in ein weit gefächertes Netz von sachfremden Aktionen und vielfältig interessierten Akteuren.

Das Durcheinander der Rechtsvorschriften ist der westlichen Rechtsnormalität gewichen. Eilig erlassene Übergangsvorschriften oder Regelungen des Einigungsvertrages kollidierten mit bestehenden besitzstandswahrenden Rechten des Westens und schufen oft ein in den Folgen nicht absehbares oder manchmal sogar bereits vor Anwendung absehbares Handlungschaos. Entscheidungen waren zu treffen, bei denen voraussehbar war, daß sie durch westlich denkende Arbeitsgerichte wieder aufgehoben würden. Selbstverständlich nahmen die Bürger aus dem Osten die ihnen nun zustehenden Rechte in Anspruch, was ihnen nicht selten arg verübelt wurde. Rechtsansprüche Studierender standen quer zum Zwang der Auflösung von fast 30 Studiengängen (deren Auflösungskosten im übrigen nicht finanziert wurden).

Das aus heutiger Sicht für mich erstaunlichste Phänomen ist die starke Außenpolitisierung der Wendevorgänge an der Humboldt-Universität. Im Vergleich zu anderen Institutionen des öffentlichen Dienstes, etwa der Polizei, den Schulen und den Kindergärten, wurde den Vorgängen um die Vergangenheitsbewältigung ein schier unglaubliches öffentliches Interesse entgegengebracht. Die Skandalierung politischer Vorgänge an der Universität halte ich im Nachhinein durchaus für ein Ablenkungsmanöver von anderen öffentlichen Einrichtungen, in denen der politische Wandel wesentlich stiller und unbemerkter vor sich ging. Ein Blick in die politische Vergangenheit der Friedrich-Wilhelms-Universität zeigt, daß sich diese immer im Zentrum staatlich politischer Aktivitäten befunden hat. Aber anders als 1848, 1933 und 1946 war hier bei der Wende von den Humboldt-Angehörigen ein Anspruch auf Selbstbestimmung durchzusetzen. So war beispielsweise der Widerstand der Universität gegen die staatlich verordnete Abwicklung von sechs Fächern durchaus ein Bestehen auf selbstbestimmter politischer Erneuerung, dem die Westberliner Regierung nicht nachgeben wollte und das sie mit mißtrauischen Aktivitäten begleitete.

Es zeigt sich im Nachhinein, daß die politische Belastung von Universitätsangehörigen nicht stärker war als die anderer Einrichtungen. Eine Universität westlichen Zuschnittes ist in ihren Strukturen transparenter als andere Institutionen, und dies ermöglichte wohl, daß sich so viele Berufene und Unberufene in die Prozesse der politischen Erneuerung eingemischt haben. Anders als etwa bei der Treuhandanstalt, die schon in ihrer Konstruktion sich gegen äußere Eingriffe und Einblicke weitgehend abgeschottet hatte, ließ die Humboldt-Universität durch die Beteiligung vieler auch viele Einblicke zu. Dieses war richtig, doch der daraus entstandene Eindruck, in der Universität hätten besonders viele Belastete gearbeitet oder die Humboldt-Universität sei eine besonders hartleibige Institution im Vergleich zu anderen Einrichtungen gewesen, ist falsch. Dieser Eindruck läßt sich jedenfalls nicht aus der politischen Vorderbühne heraus belegen und bedarf intensiver Forschung auf dem Hintergrund der politischen Strukturen der DDR.

Das vom Westen oktroyierte System politischer Erneuerung hat funktioniert um den Preis fehlender Ermutigung zur offenen Auseinandersetzung und mit dem gewollten Ergebnis westlicher Prioritäten. Erstaunlich finde ich, wie wenig ehemalige Humboldt-Angehörige, die PDS oder Angehörige der Bürgerrechtsbewegung versucht haben, auf die Umgestaltungsprozesse der Universität Einfluß zu nehmen, abgesehen von Aktivitäten direkt kurz nach der Wende. Es gab nicht viele Veranstaltungen in der Universität zum Thema der politischen Umgestaltung, Aktivitäten in Richtung Erneuerung oder Erneuerungskritik gingen überwiegend von wenigen studentischen Gruppierungen aus.

Heute darf behauptet werden, daß nur durch die gemeinsamen Bemühungen von Humboldt-Angehörigen einerseits und westlichen „Aufbauhelfern" andererseits die beachtlichen Ergebnisse hervorgebracht werden konnten.

Die von der Präsidentin eingenommene Haltung der Unvoreingenommenheit war manchen Belastungen ausgesetzt, gleichwohl aus meiner Sicht die einzige Chance, das Dickicht gegenseitiger politischer Diffamierung und Verdächtigung einigermaßen unbehelligt zu durchschreiten. Am eigenen Leibe habe ich dabei die Unangemessenheit, wenn nicht gar Skurilität von politischem Dogmatismus erfahren. Heftige Bemühungen, der Präsidentin einerseits eine enge Verbindung zu Seilschaften aus dem Osten anzudichten und sie andererseits entschieden kalten Kriegern aus dem Westen zuzurechnen, haben mir die Unsinnigkeit solcher Polarisierungen vor Augen geführt.

Die Problemfülle, der hohe Handlungsdruck und gesetzliche Fristen verlangten oft improvisierte Problemlösungen mit hohem Risiko und Gratwanderungen. Das Berliner Modell der Kuratorialhochschule mit allmählich wiedererlangter eigener Verantwortlichkeit der Universität und ihrer Leitung begünstigte eine Haltung von Politik und Verwaltung, die nur als Verantwortungsentlastung zu bezeichnen ist. Ein nachträglicher Blick auf die Vorgänge in anderen neuen Bundesländern hinsichtlich des Personalabbaus zeigt beispielsweise ähnliche Komplikationen und die gleiche arbeitsgerichtliche Prozeßfülle, nur scheiterten hier die jeweiligen Landesregierungen als Dienstherren und nicht die Universität selber. Entsprechend verlief dann später auch die Würdigung der Akteure: Stillschweigen über die entstandenen Probleme beim Personalabbau beispielsweise in Brandenburg, disziplinarische Vorermittlungen gegen Verantwortliche der Humboldt-Universität, Beförderungen beteiligter Beamter in Berlin und gar von vornherein Verzicht auf jegliche Haftung bei leitenden Mitarbeitern der Treuhand.

Der allmählich einsetzende Finanzdruck veränderte die Erneuerungssituation grundlegend. Innerhalb von 7 Jahren hat die Humboldt-Universität drei massive Kürzungswellen verarbeiten müssen. Zum ersten haben von 1990 bis 1996 ca. 3.500 Personen die Universität verlassen. Noch während des Vollzuges dieser Prozesse kam es zu einer weiteren Einsparauflage in Höhe von 20 Mio. DM, die zu einer Reduzierung der zugesagten Stellenstruktur führte und die gerade vorgenommenen Planungen wieder über den Haufen warf. Zur Zeit befindet sich die Universität in der Beschlußfassung über weitere dauerhafte Absenkungen des Haushaltes als Folge des Haushaltsstrukturgesetzes in Höhe von rund 50 Mio. DM. Zu diesen strukturellen Belastungen wurden der Universität Folgekosten aus anderen universitären Bereichen auferlegt, beispielsweise die Übernahme von übergangsweise durch das Max-Planck-Institut finanzierten Professuren oder die geisteswissenschaftlichen Zentren. Gescheitert ist schließlich der Versuch, auch noch das WIP-Programm den Universitäten als zusätzliche Personalbelastung aufzudrängen, womit die Halbherzigkeit des Programms dann zu einem traurigen Ende kam.

Für Enttäuschungen der Mitarbeiter und Mitarbeiterinnen sorgten beispielsweise auch nicht eingehaltene Versprechungen, etwa die gesetzlich fixierte Zusicherung einer Westtarifbezahlung für die Veterinärmediziner nach erfolgter Fusion mit der Freien Universität. Bei den Fusionen und Zusammenführungen mit Einrichtungen aus Westuniversitäten gab es unerwartete Ereignisse für die Humboldt-Universität zu bewältigen. So wurde vor der Verlagerung der Rehabilitationswissenschaften der dazu notwendige Stellenbestand von der Freien Universität zur Einsparung angemeldet, die zur Fusion notwendigen Stellen mußten aber von der Humboldt-Universität bereitgestellt werden. Der gegen den Willen der Universität an die Hochschule der Künste verlagerte Kunst- und Musikstudiengang wurde mit 16 Stellen nach kürzester Frist wieder eingestellt und die an die Hochschule der Künste übergegangenen Stellen von dieser zur Einsparung angemeldet.

Bitter haben einige Angehörige der Universität empfunden, daß zahlreiche wertvolle Grundstücke, die von der Universität in das Gesamtvermögen der Bundesrepublik eingebracht wurden, dieser sozusagen selbstverständlich weggenommen wurden und nun zur Sanierung der Universität fehlen. Im Bereich der Finanzen waren viele Vorgänge wenig einsichtig für die Akteure der Universität: Dies war zum einen die häufige Eingriffsfrequenz, die die Konsolidierung in einzelnen Bereichen äußerst schwierig gemacht und unendlich viel Kreativität für immer neue Einsparüberlegungen in den Gremien der Universität verlangt hat. Der entschiedene Wille zur inhaltlichen Neugestaltung der Universität ist hierdurch immer wieder verstört worden. Die Bereitschaft der Universitätsangehörigen und auch der Berliner Bevölkerung zum Sparen ist von politischer Seite unterschätzt worden. Was diese Bereitschaft allerdings auf eine starke Probe gestellt hat, war der häufige ad hoc-Charakter von Sparentscheidungen, denen so gut wie niemals eine nachvollziehbare Kosten-Nutzen-Analyse vorangegangen war. Niemand kann beurteilen, wieviel wertvolles wissenschaftliches Potential durch die Pauschalität von Finanzentscheidungen zerstört wurde, wieviel neue Pflänzchen der Kreativität schnell wieder zertreten wurden.

Bis heute unannehmbar für Angehörige der Humboldt-Universität ist die mangelnde Anerkennung des hohen Personalabbaus direkt nach der Wende. Wenn Vergleiche zwischen Einsparleistungen von Freier Universität, Technischer Universität und Humboldt-Universität vorgenommen werden, basieren diese immer auf dem bereits reduzierten Konzept nach der Wende und ignorieren die mehr als 3.000 Menschen, die schon früher in die Arbeitslosigkeit entlassen wurden. Die Freie Universität präsentiert sich heute als Verlierer der Wende und muß dennoch insgesamt wesentlich weniger Personal abbauen als es die Humboldt-Universität in den drei genannten Abbauwellen tun muß. Gleichzeitig sind bei den heutigen Abbauvorgängen im Westen zur Zeit noch betriebsbedingte Kündigungen ausgeschlossen, die an der Humboldt-Universität nach dem Einigungsvertrag praktiziert werden mußten. Allerdings zeigt sich, daß die Existenzangst der Westberliner und der Westberliner Hochschulen nach der Wende berechtigt war, das belegen heutige dramatische Finanzvorgänge in der Hauptstadt Berlin. Die Ursachen dafür werden allerdings noch weniger in der allgemeinen weltwirtschaftlichen Entwicklung als beispielsweise auf dem Universitätssektor in der Existenz einer dritten Universität gesehen. Bis heute können manche Angehörige von Freier Universität und Technischer Universität nicht die Tatsache einer weiteren Universität, der ältesten der Stadt und eines um ein Drittel gewachsenen Berlin akzeptieren.

Schon während des Umbaus der Humboldt-Universität war spürbar, daß hier eine Antizipation gesamtdeutscher Veränderungen passiert. Der Arbeitslosigkeit der Ostwissenschaftler folgt die Arbeitslosigkeit vor allem des wissenschaftlichen Nachwuchses im Westen. Die während der Wende wahrgenommene Geringschätzung von Bildung und Wissenschaft in den Umbauprozessen bestätigt sich als eine allgemeine Haltung in der Bundesrepublik Deutschland. Als Beispiel der derzeit herrschenden ökonomischen Starre und Phantasielosigkeit können Entwicklungen um den Wissenschaftspark Adlershof gesehen werden, wo gute Pläne der Zusammenarbeit von Wissenschaft, Hochschule und Wirtschaft hart verteidigt werden mußten und immer wieder versucht wurde, diese Stück für Stück herunterzubrechen statt sie zu fördern.

Für Wissenschaftler und Wissenschaftlerinnen aus den neuen Ländern schmerzhaft, aber dennoch wohl richtungsweisend für die gesamtdeutsche Entwicklung war die Evaluation der entsprechenden Einrichtungen durch den Wissenschaftsrat. Hier wurden die Tabus um die Leistungsbewertungen zum ersten Mal aufgebrochen. Mittlerweile hat sich auch im Reformdenken der Bundesrepublik der Gedanke an eine leistungsbezogene Beurteilung in Lehre und Forschung durchsetzen können. Wobei natürlich noch immer sehr deutliche Unterschiede bei den Schließungen von Einrichtungen in Ost und West zu verzeichnen sind.

Viele, die nach der Wende aus dem Westen in östliche Einrichtungen gegangen sind, haben positive Lebensäußerungen entdecken können, die sie gar nicht erwartet hatten und die im Westen längst verlorengegangen waren. Die starke Bindung der Angehörigen an die Universität war für mich an der Humboldt-Universität eine sehr beeindruckende Erfahrung. Heute müssen wir uns um die Stärkung der sogenannten Corporate Identity mühen, um einstmals vorhandene Bindungen zu erhalten oder bei den neu hinzugekommenen Westlern ein entsprechendes Bewußtsein zu etablieren.

Umwälzungen wie die deutsche Wende setzen Handlungsräume frei, ermöglichen mitmenschliche und politische Konstellationen, die in festgezurrten östlichen oder westlichen Verhältnissen nicht möglich gewesen wären. Das wird als wertvolle Erfahrung bleiben. Eine weitere Bereicherung war hinter allem politischen Ballast die Entdeckung der Tradition der deutschen Universität im guten Humboldtschen Sinne vor Ort. Hier wurde die Ahnung zur Gewißheit, daß das Humbodtsche Ideal der Einheit von Forschung und Lehre längst noch nicht verwirklicht worden ist. Dieses Ideal darf nicht einfach zu Grabe getragen werden, bevor es denn überhaupt zum Leben erweckt worden ist. Selten wird daran gedacht, daß Wilhelm von Humboldt gar nicht mehr im Amte war, als die Universität 1810, in einer Zeit sich erneuernder Reaktion gegründet wurde.

Schädlich war die Eile! Müssen neue Handlungsspielräume so schnell ausgefüllt, zubetoniert werden? Was hat die deutschen Hälften so zueinander gedrängt, daß zu wenig nachgedacht und abgewogen werden konnte? Existenzängste, Versteinerungen und Besitzstände sind schlechte Ratgeber, das zeigt sich jetzt aufs Neue in der gesamtdeutschen Hochschulreformdebatte.

Rückblick

Mitchell G. Ash

1933, 1945, 1989.
Drei Bruchstellen in der Geschichte der deutschen Universität[1]

Die Wandlungen in Politik, Wirtschaft und Gesellschaft in Europa nach 1989 sind für Historiker eine Herausforderung ersten Ranges, handelt es sich doch, so wird immer wieder gesagt, um ein einmaliges und in diesem Sinne historisches Ereignis, dem man sich vorerst nur beschreibend annähern könne. Die deutsche Variante dieses Transformationsprozesses ist allerdings doppelt einmalig, wenn man sie mit anderen Ländern des ehemaligen Ostblocks vergleicht. Dort gibt es ja, wie mittel- und osteuropäische Kollegen nicht müde werden zu betonen, kein Westungarn oder Westpolen, das als Geldgeber und politischer Promotor - oder aber als Bremser - wirken konnte.

Angesichts dieser doppelten Einmaligkeit fragt es sich, ob und wie eine historische Betrachtungsweise zum Verständnis dieser Vorgänge beitragen kann. Im Folgenden möchte ich versuchen, im Verhältnis zwischen längerfristigen historischen Entwicklungen und der politischen Ereignisgeschichte eine Richtschnur für die Beantwortung dieser Frage zu finden. Diese bislang zumeist auf wirtschafts- oder sozialhistorischem Gebiet geläufige Fragestellung gilt es, für die Wissenschafts- und Universitätsgeschichte fruchtbar zu machen. Konkret geht es darum, die in den Jahren seit der deutschen Vereinigung vor allem in den neuen Bundesländern sichtbar gewordenen Wandlungen der Universitätslandschaft mit den Entwicklungen nach 1933 und nach 1945 zu vergleichen und danach zu fragen, welche Gemeinsamkeiten *und Unterschiede* festzustellen sind.

Gleich vorneweg möchte ich zweierlei klarstellen:

Erstens: Es steht außer Frage, daß die politischen Triebkräfte dieser Wissenschaftswandlungen in den jeweiligen Zeiträumen sehr unterschiedlich waren. Welchen konkreten Einfluß solche Unterschiede auf den Wandlungprozeß jeweils hatten, gehört zum Thema. Es geht dabei allerdings nicht um Regimevergleiche, sondern um die Analyse *von Wandlungen im Wissenschafts- und Hochschulbereich in und nach politisch verursachten Extremsituationen.*

---

1 Vortrag am 25. Juni 1996 im Rathaus der Stadt Chemnitz, überarbeitet im Herbst 1997.

Zweitens: Auch dann, wenn von politisch verursachten Extremsituationen die Rede ist, soll das nicht heißen, daß politische Machtstrukturen als externe Größen gegenüber dem Wissenschafts- und Hochschulbereich betrachtet werden können. Daß Institutionen wie Universitäten oder wissenschaftliche Disziplinen ihre eigenen Strukturen besitzen, in denen auch um Macht und Einfluß gekämpft wird, dürfte hinreichend bekannt sein. Wichtiger in diesem Zusammenhang ist aber der Hinweis darauf, daß die Hochschulen auf dem europäischen Kontinent, im Gegensatz beispielsweise zu den USA, praktisch ausschließlich staatlich getragene Institutionen und ihre Angehörigen demnach entweder Beamte oder Staatsangestellte sind; allein deswegen ist eine einfache Trennung von „Wissenschaft" und „Politik" fragwürdig.

Auch sonst ist m. E. eine allzu strenge Trennung von Politik und Wissenschaft bzw. Universität kaum durchführbar. Das Verhältnis dieser Bereiche in unserer Zeit ist ganz offensichtlich von einer immer stärker werdenden Interaktion gekennzeichnet. Vor allem seit der Entstehung der institutionalisierten Laborforschung an den Universitäten sind insbesondere Natur-, Technik- und Medizinwissenschaftler in zunehmendem Maße auf staatliche Unterstützung angewiesen und damit in einem gewissen Sinne zu Akteuren der Politik geworden. Mit dieser Politisierung von Wissenschaft verzahnt sich eine zunehmende Verwissenschaftlichung der Politik bzw. der Gesellschaft, einerseits durch das verstärkte Interesse der Verwaltungen an Expertisen der verschiedensten Art sowie an fachlich qualifiziertem Personal, andererseits durch die vielfache Verwendung von Metaphern aus der Physik oder der Biologie im politischen Diskurs.[2] Rein historisch betrachtet ist die vielgepriesene, aber immer nur relative Autonomie der Wissenschaften und der Hochschule kein Wert an sich, sondern *Verhandlungssache*. Es genügt also nicht, lediglich danach zu fragen, ob die Autonomie „der" Wissenschaft oder eines Faches in politisch schwierigen Zeiten aufrechterhalten wurde oder nicht, vielmehr muß auch danach gefragt werden, was Autonomie im jeweiligen Zeitraum überhaupt hieß und vor allem, zu welchem Preis diese wie immer geartete „Autonomie" erkauft - oder ausverkauft - wurde.

Folglich brauchen wir eine Begrifflichkeit, die Wissenschaftler und Universitätsangehörige nicht nur als Duldende, sondern auch als Handelnde ausweist. Auch wenn die Herausforderungen zunächst einmal von der Politik ausge-

---

2 Vgl. hierzu Weingart, Peter: Verwissenschaftlichung der Gesellschaft - Politisierung der Wissenschaft, in: Zeitschrift für Soziologie, 12 (1983), S. 225 - 241, sowie Bruch, Rüdiger vom: Autonomie der Universität - Gelegentliche Bemerkungen zu einem Grundproblem deutscher Universitätsgeschichte (Beiträge zur Geschichte der Humboldt-Universität zu Berlin, Nr. 31), Berlin 1993.

gangen sind, traten die Universitätsangehörigen nicht nur als Bedrängte oder Verfolgte, sondern durchaus auch als geschickte Verhandler in Erscheinung, die es verstanden, auf den verschiedensten Wegen ihre eigenen Interessen mit den jeweiligen politischen Erfordernissen in Einklang zu bringen.

1. Vor 1933

Das Stichwort dieses Vorspanns lautet „Mythos Humboldt". Mit der Gründung der Berliner Universität im Jahre 1810 leiteten die preußischen Gelehrten Wilhelm von Humboldt, Friedrich Daniel Schleiermacher und andere eine grundlegende Wende in der Geschichte nicht nur der deutschen Universitäten ein. Ihnen schwebte eine Hochschule vor, die etwas Anderes und Besseres sein sollte als eine „Spezialschule" für die Ausbildung von professionellen Staatsdienern. In dieser erneuerten Universität würden - so hofften sie - vor allem in einer reformierten Philosophischen Fakultät, aber nicht nur dort - die Einheit der Wissenschaften, die Einheit von Lehre und Forschung und die Freiheit der Lehre und des Lernens realisiert und dadurch eine wissenschaftlich gebildete Elite von einmaligem Rang hervorgebracht werden.

Tatsächlich spielten die deutschen Universitäten in der Entstehung des modernen Systems der wissenschaftlichen Forschung und Ausbildung im 19. Jahrhundert eine zentrale Rolle. Doch spätestens um 1900 hatte sich die Lebenswirklichkeit an deutschen Universitäten von den Hoffnungen und Idealen der preußischen Reformer schon weit entfernt. Rüdiger vom Bruch spricht in diesem Zusammenhang von einem „langsamen Abschied von Humboldt".[3] Die Stichworte, die vor dem Ersten Weltkrieg im Umlauf waren, mögen uns seltsam bekannt vorkommen - man redete von der „Überfüllung" der Hörsäle, Seminare und Labors, von der Gefahr eines „geistigen Proletariats", von einer „Überfremdung" der heiligen Hallen durch Ausländer und Juden, sowie vom „Auszug der Forschung aus der Universität". Dabei besuchten in jenen Jahren trotz der allseits konstatierten „Frequenzexplosion" lediglich ein bis drei Prozent der männlichen Jugendlichen der jeweiligen Altersstufe diese „überfüllten" Universitäten. Als Weg zur sozialen Mobilität erwies sich die Universitätsausbildung damals ledig-

---

3   Bruch, Rüdiger vom: Langsamer Abschied von Humboldt? Etappen deutscher Universitätsgeschichte im 20. Jahrhundert, in: Forschung und Lehre, 12 (1995), S. 667 - 673.

lich in der Chemie und in Teilen der Medizin; ansonsten diente sie der sozialen Reproduktion des Bildungsbürgertums.[4]

In Reaktion auf die Klagen führender Professoren gegen eine Überlast in der Lehre, die die Heranbildung hervorragender Forscher beeinträchtige, schufen der preußische Hochschulreferent Friedrich Althoff und akademische Alliierte wie der Theologe Adolf von Harnack die Grundstrukturen des modernen deutschen Wissenschaftssystems. Ihre Strategie basierte vor allem auf einer planmäßigen Wissenschaftlerförderung innerhalb der Universitäten sowie der Etablierung außeruniversitärer und postgradualer Forschung in der im Jahre 1911 gegründeten Kaiser-Wilhelm-Gesellschaft und in den staatlichen Großforschungseinrichtungen.[5] Dieses Wissenschafts- und Universitätssystem wurde Anfang der 20er Jahre aus der Finanzmisere der frühen Weimarer Jahre heraus u. a. durch die Gründung der Notgemeinschaft der deutschen Wissenschaft (der Vorgängerin der Deutschen Forschungsgemeinschaft) auf eine neue institutionelle Basis gestellt. Diese Neuformierung war die Antwort auf eine politische Umwälzung und zielte nicht etwa auf eine Reform der universitären Lehre, sondern auf die Hinüberrettung der Forschung. Das Ergebnis war die Wiederherstellung der schon vor 1914 ausgebauten korporatistischen Machtverteilung und Organisationsformen im Wissenschafts- und Hochschulbereich, mit einem wesentlichen Unterschied: Statt zur Ehre und zur Macht des Deutschen Reiches beizutragen, sollte Wissenschaft nun einen Ersatz für verlorengegangene Macht leisten.[6]

Die zentralen sozialen Merkmale des deutschen Universitätssystems - die Hausmacht der Ordinarien und die Selbstrekrutierung der Bildungseliten unter einer nur teilweisen Öffnung für andere Schichten - blieben dabei trotz beachtlicher Reforminitiativen von Politikern wie Carl Heinrich Becker, der Öffnung der Universitäten für Lehrer aller Schultypen in Sachsen und Thüringen und der wachsenden Zahl von sogenannten „Werksstudenten" aus den

---

4 Vgl. hierzu Jarausch, Konrad: Deutsche Studenten 1800-1970, Frankfurt/M. 1984, insbesondere Kap. 6.

5 Brocke, Bernhard von (Hrsg.): Wissenschaftsgeschichte und Wissenschaftspolitik im Industriezeitalter: Das „System Althoff" in historischer Perspektive, Marburg 1991.

6 Am überzeugendsten analysiert diese Lage Forman, Paul: The Financial Support and Political Alignment of Physicists in Weimar Germany, in: Minerva, 12 (1974), S. 39 - 66. Siehe auch Heilbron, John: Dilemmas of an Upright Man: Max Planck as Spokesman for German Science, Berkeley 1986.

unteren Mittelschichten weitgehend bestehen.[7] Seitens der Professoren forderten Gelehrte wie Eduard Spranger eine Rückbesinnung auf die Ideale Humboldts. Gemeint war jedoch nicht der Humboldtsche Begriff von Wissenschaft als ein nie erreichtes, als stets neu zu suchendes Ziel, sondern eine neuhumanistische Weltanschauung, die mit der Ablehnung der Weimarer Demokratie und der Behauptung einherging, daß diese zur kulturellen „Fragmentierung" und zum Sinnverlust bei den traditionellen Bildungseliten führe. Die fehlende Unterstützung, sogar der offene oder verdeckte Kampf gegen die Republik machte viele Professoren für die Verlockungen der „Nationalen Revolution" nach 1933 anfällig.

2. Nach 1933

Für die Universitäten stehen am Anfang der nationalsozialistischen Zeit die enormen personellen Verluste, die durch das sogenannte „Gesetz zur Wiederherstellung des Berufsbeamtentums" vom 7. April 1933 verursacht wurden. Wie neuere Forschungen zeigen, beträgt die Gesamtzahl der davon Betroffenen an den Hochschulen 1.100 bis 1.500, das sind ca. 15 Prozent aller Professoren und Dozenten.[8] Von diesen emigrierten die allermeisten; hinzu kam eine noch nicht genau gezählte, aber wahrscheinlich noch größere Gruppe von Privatdozenten, Lehrbeauftragten und Nachwuchswissenschaftlern, sowie von Angehörigen der Kaiser-Wilhelm-Institute und anderer außeruniversitärer wissenschaftlicher Einrichtungen.

Bemerkenswert ist jedoch, daß die verschiedenen Universitäten und Disziplinen in ungleichem Maße von dieser Politik betroffen waren. Aus einer im November 1934 für das neue Reichserziehungsministerium zusammengestellten Aufstellung von 614 Entlassenen geht hervor, daß allein die Universitäten in Berlin (mit 136), Frankfurt (mit 69) und Breslau (mit 43) 44 Prozent der entlassenen Hochschullehrer aufwiesen, während die Universitäten in Rostock und Tübingen nur zwei und die Universität Erlangen lediglich einen

---

7   Ringer, Fritz K.: Die Gelehrten: Der Niedergang der deutschen Mandarine, 1890 - 1933. Stuttgart, 1983, S. 62 ff.; vgl. Jarausch, Konrad: Deutsche Studenten, a. a. O., Kap. 10 - 11.
8   Fischer, Klaus: Die Emigration von Wissenschaftlern nach 1933: Möglichkeiten und Grenzen einer Bilanzierung, in: Vierteljahreshefte für Zeitgeschichte, 39 (1991), S. 535 - 549; Strauss, Herbert A.: Wissenschaftsemigration als Forschungsproblem, in: ders. u. a. (Hrsg.): Die Emigration der Wissenschaften nach 1933, München 1991, S. 10.

Entlassenen verzeichneten.[9] Somit wird diese Statistik auch zu einem Indikator der ungleichen Verteilung von Wissenschaftlern jüdischer Herkunft und/oder sozialistischer Gesinnung in Deutschland. Ähnlich differenzierte Befunde sind aus Untersuchungen einzelner Wissenschaften wie der Physik, der Biologie und der Psychologie hervorgegangen. Kurz zusammengefaßt, variierte die Anzahl der Emigranten in den jeweiligen Disziplinen um die schon angegebene Proportion von 15 Prozent; aber die größeren und international bedeutenderen Institute waren am stärksten betroffen.[10] Wenn wir uns die Entlassung bzw. die Rücktritte beinahe aller der um James Franck versammelten Physiker und Mathematiker in Göttingen vergegenwärtigen, dann verstehen wir, was sich hinter diesen Zahlen verbirgt.

War das alles eine „Abwicklung"? Der Gedanke scheint von vornherein absurd zu sein, auch wenn die damals wie die heute mit dem Namen 'Abwicklung' belegten Vorgänge durch Gesetzgebungen legitimiert waren. Aufgrund der gegenwärtigen Befindlichkeit einiger betroffener ostdeutscher Wissenschaftler, die in solchen Gleichstellungen noch immer zum Ausdruck kommt, muß aber klargestellt werden, daß es etwas anderes ist, als Jude, also aus rassistischen Motiven, gebrandmarkt, verfolgt und schließlich tödlich bedroht oder gar ermordet zu werden, als aufgrund einer wie auch immer

---

9 Liste der auf Grund des Gesetzes zur Wiederherstellung des Berufsbeamtentums verabschiedeten Professoren und Privatdozenten (für das Auswärtige Amt), 11. Dezember 1934. Politisches Archiv des Auswärtigen Amtes, Bonn. Vgl. Gerstengarbe, Sybille: Die erste Entlassungswelle von Hochschullehrern deutscher Hochschulen aufgrund des Gesetzes zur Wiederherstellung des Berufsbeamtentums vom 7.7.1933, in: Berichte zur Wissenschaftsgeschichte 17 (1994), S. 17 - 40. Für detaillierte Auflistungen vertriebener Wissenschaftler aus einzelnen Universitäten siehe z. B. Becker, Heinrich/Dahms, Hans J./Wegeler, Cornelia (Hrsg.): Die Universität Göttingen unter dem Nationalsozialismus, München 1987, S. 489ff.; Schottlaender, Rudolf: Verfolgte Berliner Wissenschaft. Ein Gedenkwerk, Berlin 1988; Mussgnug, Dorothee: Die vertriebenen Heidelberger Dozenten: Zur Geschichte der Ruprecht-Karls-Universität nach 1933, Heidelberg 1988; Krause, Eckart/Huber, Ludwig/Fischer, Holger (Hrsg.), Hochschulalltag im „Dritten Reich". Die Hamburger Universität 1933 - 1945, Berlin 1991, Bd. 1.

10 Nach Fischer, Klaus: Die Emigration deutschsprachiger Physiker nach 1933: Strukturen und Wirkungen, a. a. O., sind von insgesamt 325 habilitierten Physikern 50, d. h. 15,4 Prozent, emigriert. Von den durch Deichmann, Ute: Biologen unter Hitler. Vertreibung, Karrieren, Forschung, Frankfurt/M. 1992" untersuchten 337 Biologen wurden 45 (13 Prozent) aus rassistischen oder politischen Gründen entlassen; 34 (10 Prozent) emigrierten. Von den 308 in deutschsprachigen Ländern wohnhaften Mitgliedern der Deutschen Gesellschaft für Psychologie im Jahre 1932 emigrierten 45 (14.6 Prozent); siehe Ash, Mitchell G.: Disziplinentwicklung und Wissenschaftstransfer-deutschsprachige Psychologen in der Emigration, in: Berichte zur Wissenschaftsgeschichte 7 (1984), S. 208f.

definierten „Staatsnähe" zum DDR-Regime oder nach möglicherweise zwei-
felhaften „Bedarfs"-Kriterien entlassen zu werden. Noch klarer wird der
Unterschied, wenn beachtet wird, daß sich sehr viele, vielleicht die Mehrheit
der nach 1933 Entlassenen gar nicht als Juden, sondern als Deutsche begriffen; die Identität als Fremde ist ihnen also förmlich aufgezwungen worden,
während den heutigen „Abgewickelten" ihre Identität als Deutsche von niemandem aberkannt wird.[11]

Insgesamt ist festzustellen, daß die rassistische NS-Beamtenpolitik empfindliche quantitative aber vor allem qualitative Risse im Gewebe deutscher wissenschaftlicher Institutionen verursachte. Mindestens gleichbedeutend damit
sind strukturelle, in Zahlen kaum zu messende Brüche in dieser Anfangsphase der NS-Herrschaft. An erster Stelle steht das, was Herbert Mehrtens den
'Grundkompromiss' nennt - die fehlende Zivilcourage der meisten deutschen
Wissenschaftler, ihre passive oder aktive Kollaboration durch Hinnahme
oder gar Befürwortung der Vertreibung der jüdischen Kollegen bei gleich-
zeitigem ideologischen oder pragmatischen Angebot an das Regime - aus
Überzeugung, aus mißverstandener Staatsloyalität oder aus Opportunis-
mus.[12]

Die Universität Köln machte im März 1933 den Anfang. Um den Behörden
zuvorzukommen, legte sie sich aus eigenen Stücken einen neuen Rektor und
neue Dekane zu, die politisch genehm zu sein schienen.[13] Im Herbst 1933
veröffentlichten der neu eingesetzte Rektor der Berliner Universität, der
eugenisch orientierte Anthropologe Eugen Fischer, zusammen mit hundert
anderen Hochschullehrern eine Loyalitätserklärung zu Adolf Hitler und dem
NS-Staat. Dort verwendete er zur Deutung der mit der NS-Machtübernahme
eingeleiteten wissenschaftlichen Wende u. a. die folgenden Worte: „Wir

---

11 Das Wort „Abwicklung" wurde allerdings schon damals verwendet und erfuhr zu jener
    Zeit eine beklemmende Bedeutungswandel. Das Wort kam aus dem Bankgewerbe und
    bezeichnete vor 1933 die routinemässige Zuendeführung eines schon abgemachten Ge-
    schäfts. In diesem Sinne kommt es auch 1933 vor, und zwar als Beschreibung für die
    Entfernung der Namen jüdischer Gelehrter von den Herausgebergremien bedeutender
    Fachzeitschriften. Erst später wurde das Wort „Abwicklung" Teil des Amtsjargons der
    SS, als sie bei der „Arisierung" jüdischen Eigentums zu Werke ging.
12 Mehrtens, Herbert: Kollaborationsverhältnisse. Natur- und Technikwissenschaften im
    NS-Staat und ihre Historie, in: Meinel, Christoph/Voswinckel, Peter: (Hrsg.), Medizin,
    Naturwissenschaft, Technik und Nationalsozialismus - Kontinuitäten und Diskontinui-
    täten, Stuttgart 1994, S. 13 - 32.
13 Mommsen, Wolfgang J.: Die Geschichtswissenschaft und die Soziologie unter dem
    Nationalsozialismus, in: Wissenschaftsgeschichte seit 1900. 75 Jahre Universität
    Frankfurt, Frankfurt/M. 1992, S. 58.

lehnen ab, was fremd ist, weil wir auf rein völkischem Boden und völkischer Grundlage, auf alter Väter Scholle das neue Reich neu aufbauen, das jetzt geboren ist".[14]

Solche Gesten mußten nicht notwendigerweise durch einen Eintritt in die NSDAP bekräftigt werden; Fischer selbst z. B. trat der Partei erst nach Kriegsbeginn bei. Das Stichwort für all dies bleibt trotzdem „Selbstgleichschaltung". Personenbezogene, moralisierende Deutungen können das volle Ausmaß dessen, was sich hier ereignet hat, kaum erfassen. Mit diesen Entscheidungen und Handlungen ging ein wesentliches Stück der ohnehin spät entwickelten Zivilgesellschaft in Deutschland verloren. Mit Recht kann man - statt wie der Philosoph Martin Heidegger in seiner berüchtigten Freiburger Rektorrede von der „Selbst*be*hauptung" - von einer Selbst*ent*hauptung der deutschen Universitäten sprechen.[15] Der kulturelle Führungsanspruch der deutschen Professorenschaft, sofern er überhaupt noch eine Berechtigung hatte, zerbrach ab 1933 am grundlegenden Konflikt zwischen den Grundsätzen des Humanismus und der politischen Loyalität sowie dem Eigeninteresse von Staatsdienern.

Insbesondere unter den Studenten waren nicht alle lediglich Befehlsempfänger. Schon vor 1933 hatten NS-Studentenschaften an vielen Universitäten die Studentenwahlen für sich entscheiden können. Diese NS-Studenten und nicht das Goebbelsche Propagandaministerium initiierten die berüchtigte „Aktion wider den undeutschen Geist", d. h. die Bücherverbrennung vom April 1933.[16] Sie waren es auch, die mit der Hilfe von Opportunisten unter der Dozentenschaft zahllose Hetzkampagnen gegen jüdische und vermeintlich kommunistische Hochschullehrer betrieben. Diese „Exzesse" der „revolutionären" NS-Studentenschaften kamen ab 1935 wieder zum Erlie-

---

14 Bekenntnis der Professoren an den deutschen Universitäten und Hochschulen zu Adolf Hitler und dem nationalsozialistischem Staat, Dresden o. J., S. 9f.

15 Beyerchen, Alan D.: Anti-Intellectualism and the Cultural Decapitation of Germany under the Nazis, in: Jackman, Jarrel C./Borden, Carla M. (Hrsg.): The Muses Flee Hitler: Cultural Transfer and Adaptation 1930 - 1945,.Washington D. C., 1983.

16 Strätz, Hans-Wolfgang: Die studentische „Aktion wider den undeutschen Geist" im Frühjahr 1933, in: Vierteljahreshefte für Zeitgeschichte, 16 (1968), S. 347 - 372; Giles, Geoffrey J.: Students and National Socialism in Germany, Princeton 1985, Kap. 4.

gen, denn dem neuen Reichserziehungsministerium war daran gelegen, die Hochschulen selbst unter Kontrolle zu bringen.[17]

Wie ging es nach diesem Umbruch weiter? Wissenschaften sind dynamische und offene, keine geschlossenen Systeme. Wie viele neuere Forschungsarbeiten inzwischen gezeigt haben, ließen sich für die meisten, wenn nicht für alle entlassenen bzw. emigrierten Wissenschaftler Nachfolger finden. Durch die polykratische Herrschaftsstruktur des NS-Staates blieben einzelne Bereiche wissenschaftlicher Tätigkeit relativ unangetastet. Es war deshalb in vielen Fällen möglich, Grundlagenforschung weiter voranzutreiben. Das bloße Weitermachen wie bisher ist jedoch nicht automatisch als Widerstand oder „innere Emigration" zu verstehen. Um die Forschungsförderung und ihr eigenes Fortkommen zu sichern, blieben Wissenschaftler auf ihre Verbindungen und auf Strategien im Gestrüpp der Instanzen angewiesen. Deshalb kam es vielfach doch noch zu Angeboten an das Regime; Mehrtens hat sie „Selbstmobilisierungen" genannt.[18]

So wurden strukturelle Entwicklungen, die schon lange vor 1933 einsetzten, in der NS-Zeit nicht etwa aufgehalten, sondern eher beschleunigt und umgelenkt. Eine solche, für unsere Fragestellung besonders wichtige Entwicklung ist die Auslagerung von Forschungsgebieten aus der Universität in die Industrie und in staatliche bzw. halbstaatliche Forschungseinrichtungen.[19] Die Beispiele der Luftfahrt- und der Raketenforschung zeigen dabei mit großer Deutlichkeit, daß diese Verlagerung der Forschung aus der Universität keinesfalls mit einer Erlangung wissenschaftlicher Autonomie oder der Befreiung von ideologischen Zwängen gleichzusetzen ist.

Als ideologisches Pendant hierzu tendierten Wissenschaftler zunehmend dazu, entweder von Kritik an den Zielsetzungen der Forschung abzusehen oder die eigenen Zielsetzungen als gleichbedeutend mit denen des Staates zu propagieren. Mit der Einführung des Vierjahresplanes ab 1936 und der damit zusammenhängenden Ausrichtung von Wirtschaft und Gesellschaft auf die Kriegsvorbereitung hatten sie damit immer mehr Erfolg. Peter Lundgreen unterscheidet zwei Phasen, die jeweils von verschiedenen Zielsetzungen

---

17 Giles, Geoffrey J.: Students and National Socialism a. a. O.; Jarausch, Konrad: Die Vertreibung der jüdischen Studenten und Professoren von der Berliner Universität unter dem NS-Regime. Vortrag, 15. Juni 1993, Berlin 1995.

18 Mehrtens, a. a. O. Dabei bezieht er sich allerdings auf bewußte propagandistische und praktische Einsätze von Wissenschaftlern während des Krieges.

19 Hierzu siehe Lundgreen Peter u.a.: Staatliche Forschung in Deutschland 1870 - 1980, Frankfurt/M. 1986.

beherrscht waren. In den ersten Jahren des Regimes dominierte das Streben nach einer „völkischen Universität". In diese Phase gehören die meisten der schon besprochenen Säuberungen, es gab eine offensive Rekrutierung von Dozenten und Professoren nach parteipolitischen Kriterien und bestimmte Änderungen im Fächerkanon wie z. B. die Einführung der Fächer „Wehrwissenschaften" und „Rassenseelenkunde". Spätestens ab 1936 wurde dieses Streben nach einer ideologisch konformen Hochschule jedoch von der immer dringender werdenden Mobilisierung der „normalen" Wissenschaft für die praktischen Bedürfnisse der Kriegsführung überlagert.[20]

Es wäre aber verkürzt, die erste Phase ausschließlich als Ideologisierung und die zweite als Instrumentalisierung der Universitäten und der Wissenschaften zu charakterisieren. Vielmehr tobte ein Kampf zwischen den Machtzentren während der gesamten Geschichte des Regimes. Die Bedeutung der Parteieinrichtungen, etwa der Hitler-Jugend oder des NS-Dozentenbundes an den Hochschulen ließ kaum nach, auch wenn Neugründungen wie die von Walter Frank forcierten Adolf-Hitler-Hochschulen weitgehend fehlschlugen. Ebenso verkürzt wäre es, die Selbstmobilisierung von Wissenschaftlern und anderer Universitätsangehöriger im Dienste der Kriegsführung allein als entideologisierte Instrumentalisierung verstehen zu wollen. Der Einsatz von Wissenschaft im Kampf für das Vaterland war kaum „unideologisch" und schon gar nicht „wertneutral" möglich. Vielmehr belegen zahlreiche Beispiele die Plausabilität einer anderen, weit beunruhigenderen These: viele Wissenschaftler und Hochschullehrer haben dem NS-Regime gerade dadurch am besten gedient, daß sie in dessen Rahmen die bestmögliche Forschung und Lehre zu produzieren versuchten, vor allem in den Gebieten, die für die Kernprojekte des Nationalsozialismus - der Erringung der Herrschaft über Europa und der Schaffung eines „reinrassigen" Herrenvolkes - am nützlichsten zu sein schienen.[21]

---

20 Lundgreen, Peter: Hochschulpolitik und Wissenschaft im Dritten Reich, in ders: (Hrsg.): Wissenschaft im Dritten Reich, Frankfurt/M. 1985.

21 Siehe u.v.a. Geuter, Ulfried: Die Professionalisierung der deutschen Psychologie im Nationalsozialismus, Frankfurt/M. 1988; Weingart, Peter u. a.: Rasse, Blut und Gene. Geschichte der Eugenik und Rassenhygiene in Deutschland, Frankfurt/M. 1988; Deichmann, Ute: Biologen unter Hitler, Frankfurt/M. 1992; Renneberg, Monika/Walker, Mark (Hrsg.): Science, Technology and National Socialism, Cambridge 1994.

3. Nach 1945

Nach dem Sieg der Alliierten setzte eine gewaltige Umverteilung wissenschaftlicher Ressourcen ein. Gelegentlich nahm das recht grobe Züge an:
z. B. nahm das amerikanische Militär im Sommer 1945 mehr als hundert
Chemiker und andere Naturwissenschaftler aus den Universitäten in Halle
und Leipzig sowie viele führende Forscher aus der Firma Zeiss in Jena
zwangsweise mit, damit sie nicht in die Hände der heranrückenden
Sowjettruppen fallen konnten.[22] Ebenso dramatisch war die Demontage
ganzer Forschungsanlagen bzw. die Abführung ganzer Forscherteams mitsamt technischer Belegschaften durch sowjetische Kräfte.[23] Auf amerikani-
scher Seite sprach man diesbezüglich von „intellektuellen Reparationen";
mangels eines Friedensvertrags gingen diese „Transferleistungen" aber weitgehend ohne rechtliche Regelung vonstatten.[24]

Der alliierte Griff nach den deutschen Wissenschaftlern und Technikern
basierte im Grunde auf einer Vorannahme, die ich ein wenig tendenziös mit
dem Begriff „technokratische Unschuld" umschreiben möchte.[25] Weil Wissenschaft universelle Validität habe und Technik ein neutrales Werkzeug sei
- so die meist unausgesprochene Annahme -, können sich Wissenschaftler
und Techniker als wertneutral begreifen bzw. können andere über sie und
über die von ihnen entwickelten Apparate wie eine Art beliebig verwendba-
res menschliches Kapital verfügen.

22 Universitätsarchiv Halle, Rep. 6, Nr. 2638; Rupieper, Hermann J.: Wiederaufbau und
    Umstrukturierung der Universität, 1945-1949, in Berg, Gunnar/Hartwich, Hans-
    Hermann (Hrsg.): Martin-Luther-Universität. Von der Gründung bis zur Neugestaltung
    nach zwei Diktaturen, Opladen, 1994, insbes. S. 100; Feige, Hans-Uwe: Vor dem Ab-
    zug: Brain Drain. Die Zwangsevakuierung von Angehörigen der Universität Leipzig
    durch die US Army und ihre Folgen, in: Deutschlandarchiv, 24 (1991), S. 1302 - 1313;
    zur Gesamtproblematik siehe Gimbel, John: Science, Technology and Reparations:
    Exploitation and Plunder in Postwar Germany, Stanford 1990.
23 Albrecht, Ulrich/Heinemann-Gruder, Andreas/Wellmann, Andreas: Die Spezialisten.
    Deutsche Naturwissenschaftler und Techniker in der Sowjetunion nach 1945, Berlin
    1992 geben eine Anzahl von 2370 ihnen bekannten deutschen Naturwissenschaftler und
    Techniker, die zwischen 1945 und 1959 in der UdSSR tätig waren, an (S. 178). Davon
    seien 84 Prozent (also 1990) allein im Oktober 1946 in die Sowjetunion gegangen bzw.
    gebracht worden (S. 181).
24 Gimbel, John: Science, Technology and Reparations, a. a. O.
25 Albrecht u.a. sprechen von einem „apolitischen Technizismus" seitens der
    „Spezialisten", der ermöglichte, daß sie sich „erstaunlich bruchlos" in die Forschungs-
    und Entwicklungsarbeit der von ihnen vorher bekämpften Alliierten einfügen könnten
    (a. a. O., S. 17). Daß diese Einstellung aber auch von den jeweiligen Arbeitgebern ge-
    teilt wurde, liegt auf der Hand.

Zur gleichen Zeit versuchten die Alliierten auf je eigene Weise auch die Hochschulen zu entnazifizieren und - nach anfänglichem Zögern - den Wiederaufbau auf verschiedenen Wegen voranzutreiben. Wichtig ist es dabei, die Mehrdeutigkeit des Wortes „Entnazifizierung" zu betonen. Auch die gerade beschriebene Überführung von „Spezialisten" durch die Alliierten könnte man eine Art Entnazifizierung ohne Verfahren nennen! Im damaligen Sprachgebrauch bezeichnete der Terminus aber in Hinblick auf die Universitäten einerseits die politische Säuberung des Hochschulpersonals, deren Reichweite und inhaltlichen Kriterien von vornherein umstritten war. Andererseits intendierte man auch eine institutionelle Umgestaltung und Neuausrichtung der Universitäten. Inwiefern die zweite, weitergehende Zielsetzung allein durch eine Säuberung des Lehrkörpers erreicht werden könnte, blieb lange Zeit in allen Besatzungszonen unklar.

Die neuere Forschung zeigt, daß die Ergebnisse der Entnazifizierung, als politische Säuberung verstanden, an den Universitäten differenzierter ausgefallen sind, als lange Zeit angenommen wurde.[26] So stimmt die aus dem Kalten Krieg stammende Behauptung, „im Westen" sei man milder mit ehemaligen NSDAP-Mitgliedern umgegangen, während man in der sowjetischen Besatzungszone (SBZ) rigoros reinen Tisch machte, in dieser einfachen Form nicht. Richtig ist vielmehr, daß im Hochschulbereich wenigstens in den ersten beiden Jahren der Besatzung sowohl die Amerikaner als auch die Sowjets viel strengere Säuberungen als die Franzosen und Briten vornahmen. Auch innerhalb der sowjetischen Zone fielen die Säuberungen an den jeweiligen Universitäten und Ländern verschieden streng aus. So reichte die Zahl der Entlassenen von über 78 Prozent in Berlin bis zu lediglich 55 Prozent in Rostock und 46 Prozent in Jena; aber selbst die niedrigsten dieser Zahlen sind höher als die der westlichen Zonen.[27] Geht man nur ein wenig weiter in der Zeit voran, so stellt man fest, daß in allen Besatzungszonen, auch dort, wo die Säuberungen anfangs am durchgreifendsten waren, die frühe, strenge Entnazifizierungspolitik schon Ende der 40er, spätestens Anfang der 50er

---

26 Siehe Ash, Mitchell G.: Verordnete Umbrüche, Konstruierte Kontinuitäten: Zur Entnazifizierung von Wissenschaftlern und Wissenschaften nach 1945, in: Zeitschrift für Geschichtswissenschaft, 43 (1995), S. 903 - 923, sowie die dort zitierten Literaturangaben.

27 Für Zahlenangaben zu Leipzig, Berlin, Greifswald und Dresden, siehe Feige, Hans-Uwe.: Aspekte der Hochschulpolitik der Sowjetischen Militäradministration in Deutschland (1945-1948), in: Deutschlandarchiv, 25 (1992), S. 1169 - 1180; hier S. 1174; für Jena und Rostock, sowie für leicht abweichende Zahlen für die anderen Universitäten, siehe Köhler, Roland: „Zur antifaschistisch-demokratischen Reform des Hochschulwesens der DDR 1945-1950", Diss. A, Leipzig, 1969, S. 94.

Jahre einer kontrollierten Integration ehemaliger NSDAP-Mitglieder weichen mußte, und zwar aus praktischen Gründen. Sowohl kommunistische als auch nichtkommunistische Politiker mußten früher oder später mit Widersprüchen zwischen hochtrabenden politischen Säuberungszielen und dem Bedarf an Spezialisten für den Wiederaufbau einer funktionsfähigen Wirtschaft und Verwaltung umgehen.

So konnten viele Wissenschaftler, die im Nationalsozialismus mit Erfolg gearbeitet hatten, sowohl in der Bundesrepublik als auch in der DDR durch die Mobilisierung kollegialer Netzwerke und durch Verbindungen zu staatlichen Instanzen neue Chancen für sich nutzen oder gar aushandeln. Im Jahre 1954 war der Anteil ehemaliger NSDAP-Mitglieder unter den Professoren der DDR mit 28,4 Prozent in etwa so hoch wie der schon Ende der 40er Jahre erreichte Anteil in den westlichen Zonen - und auch so hoch wie der der SED-Mitglieder (28,7 Prozent).[28] Leider weist diese Statistik nicht aus, wie viele Doppelzählungen vorliegen, d. h., wie viele SED-Mitglieder in diesem Stichjahr zugleich ehemalige NSDAP-Mitglieder waren. Die Angabe bedarf auch einer Differenzierung nach Disziplinen. Entsprechend der Politik der SED, die vor allem in den Gesellschaftswissenschaften und der Philosophie den Hort einer neuen Intelligenz sah, war der Anteil ehemaliger NSDAP-Mitglieder in diesen Fächern erheblich niedriger als der oben angegebene. Die Ziffern sind bedeutend höher für die Naturwissenschaften (31,2 Prozent); für die Technikwissenschaften und die Medizin sind es sogar 41,9 Prozent bzw. 45,9 Prozent. In diesen Disziplinen war also, wie Ralph Jessen schreibt, „eine braune Vergangenheit in den fünfziger Jahren an den Hochschulen der DDR durchaus kein unüberwindliches Karrierehindernis" mehr.[29]

Geht man von der personellen zur strukturellen Ebene über, so ist festzustellen, daß die nur partielle Entnazifizierung von Wissenschaftlern auch schwerwiegende Folgen für die Entnazifizierung der Wissenschaften hatte. Ich meine damit ihre Entflechtung von früheren Kollaborationsverhältnissen und ihre Einordnung in neue Rahmenbedingungen. Dabei handelte es sich in vielen Fällen weder um eine mühelose Fortsetzung des Vergangenen, noch um einen Neuanfang vom Nullpunkt an, sondern um etwas, das ich „konstruierte Kontinuitäten" nennen möchte. Zu den hierzu verwendeten

---

28 Jessen, Ralph: Professoren im Sozialismus. Aspekte des Strukturwandels der Hochschullehrerschaft in der Ulbricht-Ära. In: Kaelble, Hartmut u. a. (Hrsg.), Sozialgeschichte der DDR. Stuttgart 1994, S. 241.
29 Ebenda, S. 226.

Mobilisierungsstrategien gehörten sowohl institutionelle bzw. Karrierestrategien als auch diskursive bzw. rhetorische Strategien.

1. Die *institutionellen bzw. Karrierestrategien* bauten größtenteils auf geschicktem Sozialverhalten auf. So versuchten Wissenschaftler entweder frühere Arbeitszusammenhänge wiederherzustellen oder neue zustande zu bringen, also z. B. die Apparate und Daten von vor 1945 mit Hilfe kollegialer Netzwerke, oder aber durch kurzfristige Verbindungen mit der jeweiligen Besatzungsmacht sowie mit den betreffenden deutschen Behörden wiederzuerlangen.[30]

2. Die *diskursiven bzw. rhetorischen Strategien* standen zuweilen in engem Zusammenhang mit den institutionellen. Diese zielten häufig darauf, die Vergangenheit bzw. die eigene Verstrickung umzuinterpretieren bzw. neu darzustellen. Hierzu gehören Konstruktionen nach dem Muster: die „gute" Wissenschaft mit ihren „sauberen" Wissenschaftlern hier, die 'bösen' Nazis dort. Eine ähnliche Strategie der Ausgrenzung der offensichtlichen Nazis und der rhetorisch/moralischen Bereinigung bzw. der Neutralisierung der eigenen Arbeit kommt in mehreren Disziplinen vor.[31] So wurde ausgeblendet, wie gerade die Ressourcen der modernsten Entwicklungen in der Physik, in der Biologie und in anderen Disziplinen im Nationalsozialismus mobilisiert worden waren; und so konnten eben diese Entwicklungen, von ihren früheren Verstrickungen rhetorisch „bereinigt", für eine Neuverwendung in anderen politischen Zusammenhängen bereitgestellt werden.

Erst nachdem solche Strategien erfolgreich waren, konnte versucht werden, die vor 1933 oder auch während der NS-Zeit begonnenen Forschungsprogramme fortzusetzen, dabei wenn nötig Modifizierungen in der Fragestellung oder der Darstellung der Ergebnisse vorzunehmen, bzw. neuen Problemstel-

---

30 Ein prominentes Beispiel hierfür sind die überaus zähen und verzwickten Verhandlungen mit mehreren Beteiligten, die zur Hinüberrettung der institutionellen Strukturen der Luftfahrtforschung führten. Trischler, Helmuth: Luft- und Raumfahrtforschung in Deutschland. Die politische Geschichte einer Wissenschaft. Frankfurt/M. 1992, Teil 3.

31 Siehe z. B. Walker, Mark: Legenden um die deutsche Atombombe, in: Vierteljahreshefte für Zeitgeschichte, 38 (1990), S. 45 - 74; ders.: Selbstreflexionen deutscher Atomphysiker. Der Farm-Hall-Protokolle und die Entstehung neuer Legenden um die „deutsche Atombombe", ebenda, 41 (1993), S. 519 - 542; Wise, Matthew N.: Pascual Jordan: Quantum Mechanics, Psychology, National Socialism, in: Renneberg u. Walker, a. a. O., insbes. S. 250 ff.; Weingart, Peter u. a.: Rasse, Blut und Gene, a. a. O., insbes. Kap. VI; Mehrtens, Herbert: 'Mißbrauch'. Die rhetorische Konstruktion der Technik in Deutschland nach 1945. In: Kertz, Walter (Hrsg.): Technische Hochschulen und Studentenschaft in der Nachkriegszeit, Braunschweig, 1995.

lungen anzupassen, und zwar in beiden deutschen Staaten. In vielen Disziplinen, wenn nicht in allen, hielt man weitgehend an früheren, teils veralteten
Ansätzen, Projekten und Vorgehensweisen fest. Diese konstruierten Kontinuitäten hatten zur Folge, daß in vielen Fällen die nunmehr an internationalen Maßstäben ausgerichteten, als „modern" geltenden Ansätze erst um 1960
und auf Betreiben einer jüngeren Forschergeneration zum Zuge kamen. Gerade der Erfolg, der diesen Kontinuitätskonstrukten beschert war, stand
einem Wissenschaftswandel längere Zeit im Wege.

Trotz dieser nicht unbeachtlichen Gemeinsamkeiten entwickelten sich die
Universitätssysteme in den beiden deutschen Staaten im Laufe der Nachkriegszeit weit auseinander. In den westlichen Besatzungszonen waren schon
bald Aufrufe zu einem Neubeginn im Hochschulbereich zu vernehmen. So
forderte der Philosoph Karl Jaspers eine „geistige Erneuerung" der Universität durch eine Rückbesinnung auf die Grundwerte „Wissenschaft und Humanität". Er nannte dies selbst eine „konservative Revolution".[32] Andere
hatten allerdings einfachere Ziele. So erinnert sich der Frankfurter Jurist
Helmut Coing zwar daran, daß damals „eine tiefe innerliche Glücksstim-
mung" und „eine Offenheit für alle geistigen Inhalte" und neue Möglichkeiten herrschten.[33] Doch „fragt man nach den Zielen, die bei dem Wiederaufbau der Universitäten verfolgt wurden, so kann man sie dahin zusammenfassen, daß uns vorschwebte, die Verhältnisse der Weimarer Zeit wiederherzustellen. Es gab keine Tendenzen zu einer grundsätzlichen Umgestaltung der
Hochschulen, weder in ihrer Verfassung noch in den Methoden der Ausbildung gegenüber dieser Weimarer Zeit".[34]

Dies lag seiner Meinung nach zunächst einmal einfach daran, daß die führenden Professoren der Nachkriegszeit alle schon in den 20er Jahren Professoren gewesen waren. Darüber hinaus war das Bild, das man sich von der
deutschen Universität in der Weimarer Zeit machte, durchaus positiv; sie war
„im wesentlichen noch nach den Ideen Wilhelm von Humboldts und Althoffs
gestaltet und hatte damals auch international einen guten Ruf genossen".[35]
Man beachte die bewußte oder unbewußte Verklärung oder gar Ausblendung
gewisser Aspekte der Weimarer Zeit, insbesondere der antidemokratischen
Haltung der großen Mehrheit der Professorenschaft!

---

32 Jaspers, Karl: Erneuerung der Universität. Reden und Schriften 1945/1946, Heidelberg
    1986, insbes. S. 100.
33 Coing, Hans: Der Wiederaufbau und die Rolle der Wissenschaft, in: Mommsen, Wolf-
    gang J. (Hrsg.): Wissenschaftsgeschichte seit 1900, a. a. O., S. 86.
34 Ebenda, S. 87.
35 Ebenda, S. 88.

Gewisse Innovationen aus der unmittelbaren Nachkriegszeit, wie z. B. die Gründung der Freien Universität Berlin mit einer anderen Organisationsform und studentischer Vertretung in den Gremien, sind nicht zu leugnen.[36] Aber im Großen und Ganzen wurde in der Bundesrepublik der 50er Jahre die alte Ordinarienuniversität wieder hergestellt. Was den Zugang zum Studium betrifft, war von einer sozialen Öffnung in der Adenauer-Zeit ebenfalls kaum etwas zu spüren. Zwar stieg der Anteil der Studenten an der Gesamtzahl der 18- bis 25-Jährigen erheblich gegenüber der NS-Zeit, doch die soziale Rekrutierung der Studentenschaft war erheblich elitärer als selbst in den Weimarer Jahren.[37] Selbst die Westalliierten spielten bei alledem mit, aus politischem Kalkül im Kalten Krieg, aber auch deshalb, weil sie im Netz der eigenen Besatzungspolitik gefangen waren. Vor allem die Amerikaner und die Briten übergaben die Hochschulverwaltung und auch die Entnazifizierung nicht nur aus pragmatischen Gründen schnell in deutsche Hände; sie waren auch der Meinung, daß die Deutschen die Grundsätze „demokratischen" Regierens nur dann lernen würden, wenn sie sich diese selbst aneigneten. Als sich jedoch das Ergebnis im Hochschulbereich anders herausstellte als einige aus dem Exil zurückgekommene deutsche Sozialwissenschaftler, die für die Besatzungskräfte gearbeitet hatten, wünschten oder hofften, konnten sie nichts mehr dagegen tun.[38]

An den Universitäten der SBZ und der DDR zeigt sich vor dem Mauerbau ein merkwürdiges Mischbild von Ideologisierung und pragmatisch bedingter Kontinuität. Die später sogenannte „Erste Hochschulreform" im Jahre 1951 beinhaltete die Einführung des Pflichtstudiums des Marxismus-Leninismus, aber auch die der Aspirantur und damit einer systematischen Nachwuchsförderung, die im Westen zu jener Zeit noch unbekannt war. Die ideologische Begleitmusik hierzu war eine zynische Vereinnahmung des Humboldtschen Bildungsideals für den „sozialistisch-humanistischen" Versuch, eine „neue Intelligenz" wenigstens in bestimmten Fächern wie der Philosophie und der Pädagogik heranzubilden.[39] In den Natur- und den Technikwissenschaften,

36 Lönnendonker, Siegfried: Freie Universität Berlin. Gründung einer politischen Universität, Berlin 1988; Tent, James F.: Die Freie Universität Berlin, Berlin 1988.

37 Jarausch, Konrad: Deutsche Studenten. a. a. O., S. 215-216; ders.: The Humboldt Syndrome: West German Universities 1945-1989, in: Ash, Mitchell G. (Hrsg.): German Universities Past and Future: Crisis or Renewal?, Oxford/Providence 1997.

38 Für Beispiele siehe Söllner, Alfons (Hrsg.): Zur Archäologie der Demokratie in Deutschland, Band 2: Analysen von politischen Emigranten im amerikanischen Außenministerium, Frankfurt/M. 1986, Teil III.

39 Connelly, John: Humboldt Co-opted: East German Universities, 1945 - 1989, in: Ash, Mitchell G. (Hrsg.), German Universities Past and Future, a. a. O., ders.: Stalinistische

sowie in der Medizin verfuhr man anders. Sehr wohl gab es Ideologisierungsversuche, darunter die Einführung der Prinzipien der Sowjetwissenschaftler Lysenko und Mitschurin in die Genetik, den Angriff auf die vermeintlich „idealistische" Zellenlehre Virchows in der Medizin und die Pawlowismus-Diskussion in der Neurologie und der Psychologie; doch diese Versuche scheiterten allesamt. Spätestens in den späten 50er Jahren war man endgültig zur Devise 'Wissenschaft als Produktivkraft' übergegangen. Gemeint war jedoch alles andere als die Befürwortung einer wertneutralen Wissenschaft; vielmehr sollte mit diesem Slogan die „wissenschaftliche" Planbarkeit der Produktion und deren planmäßige Erhöhung mittels Wissenschaft und Technik behauptet und damit eine andere, die sozialistisch-technokratische Moderne begründet werden.[40]

Durch dieses Vorgehen blieben Reste eines 'bürgerlichen' Wissenschaftshabitus sowohl in den Natur- und Technikwissenschaften als auch in den „ideologisierten" geisteswissenschaftlichen Disziplinen, die nun „Gesellschaftswissenschaften" hießen, erhalten. Auch hier, wie in der frühen Bundesrepublik, gab es in den 50er Jahren Versuche einer konstruierten Kontinuität; dabei konnten einige Forscher dank des bis zum Mauerbau noch bestehenden „freien Marktes" für sich bemerkenswerte Bedingungen aushandeln.[41] Doch auf Dauer war dies kaum zu halten; viele (wie z. B. der Physiker Friedrich Hund) gingen schon früh in den Westen.

4. Nach 1989

Nach 1989 bzw. 1990 geht, wie nach 1933 und nach 1945, eine bis dahin beispiellose Umverteilung der Ressourcen, vor allem des wissenschaftlichen Humankapitals vor sich, wobei die institutionellen Zusammenhänge ihrer früheren Verwendung zerschlagen werden. Die grundsätzlichen Asymmetrien sind aber in diesem Falle wesentlich anders gelagert.

Vielfalt: Hochschulpolitik im östlichen Mitteleuropa 1945 - 1955, in: Hoffmann, Dieter/Mackralis, Kristie (Hrsg.): Naturwissenschaften und Technik in der DDR, Berlin 1997.

40 Ash, Mitchell G.: Wissenschaft, Politik und Modernität in der DDR: Ansätze zu einer Neubetrachtung, in: Weisemann, Karin/Kroener, Peter/Toellner, Richard (Hrsg.): Wissenschaft und Politik - Genetik und Humangenetik in der DDR (1949-1989), Münster 1997, S. 1 - 26.

41 Jessen, Ralph: Zur Sozialgeschichte der ostdeutschen Gelehrtenschaft (1945-1970), in: Sabrow, Martin/Walter, Peter Th. (Hrsg.): Historische Forschung und sozialistische Diktatur, Leipzig, 1995.

Es handelt sich erstens offensichtlich weder um die Folgen der Etablierung einer Diktatur im ganzen deutschen Reich, wie nach 1933, noch um die versuchte Beseitigung der Folgen dieser Diktatur durch fremde Mächte wie nach 1945, welche u. a. die Etablierung einer neuen Diktatur in einem Teil Deutschlands mit sich brachte. Statt dessen ging und geht es um die demokratisch (genauer: plebizitär) legitimierte, aber in vielerlei Hinsicht technokratisch-administrative Einführung der Rechtsnormen und Organisationsformen des einen deutschen Nachkriegsstaates auf das Gebiet des anderen.

Die Folgen davon haben zweitens - selbstredend nicht nur im Hochschulbereich, aber gewiß auch dort - vor allem in den ersten Jahren nach der Vereinigung die Ostdeutschen auszutragen.

Drittens ereignen sich personalpolitische Veränderungen im Wissenschafts- und Hochschulbereich in den neuen Bundesländern, die rein quantitativ weitreichender und strukturell auch tiefgreifender sind, als die Veränderungen nach 1933 und 1945. Sie blieben jedoch weitgehend regional begrenzt und - von einigen wenigen prominenten Beispielen abgesehen - praktisch ohne internationale Dimension.

Viertens kommen gewichtige Differenzierungen nach Disziplinen und Hochschulform hinzu, auf die gleich zurückzukommen sein wird.

Der fundamentale Meinungsstreit im Hochschul- und Wissenschaftsbereich wie auch sonst läßt sich mit den Schlagworten 'Kolonialisierung' und 'Erneuerung' trefflich umschreiben. Auf dem ersten Blick spricht vieles für die erste Betrachtungsweise. In den 80er Jahren herrschte an den Universitäten in beiden deutschen Staaten weitgehend ein Bewußtsein von Stagnation und Krise, wenn auch aus jeweils aus ganz verschiedenen Gründen. Schon 1991 sprach der sächsische Wissenschaftsminister Hans-Joachim Meyer in einer in den USA gehaltenen Rede ironisch, aber recht treffend von einer „Umwertung der Werte" im Hochschulbereich; so wurde ein Universitätssystem, das man 1988 allenthalben als krisenhaft bezeichnet hatte, plötzlich in den neuen Ländern als „das einzig mögliche", d. h. ohne Rücksicht auf keimende Innovationsversuche vor Ort oder auf mögliche Vorzüge einzelner Aspekte des DDR-Systems eingeführt.[42] Jens Reich hat diesen Vorgang mit einer Metapher aus seiner eigenen Disziplin als „das Klonen eines Dino-

---

42 Meyer, Hans-Joachim: Higher Education Reform in the New German States. Vortrag vor der Jahrestagung der German Studies Association, Los Angeles, den 24. September 1991.

sauriers" bezeichnet.[43] Daß sich vom Standpunkt des früheren DDR-Hochschulwesens vieles durchaus zutreffend als „Erneuerung" (im neutralen Sinne von der Einführung neuer Strukturen) beschreiben läßt, ist ebenso deutlich. Beim näheren Hinsehen ist meines Erachtens weder die eine noch die andere Betrachtungsweise ganz zutreffend.

Die Entwicklung der Hochschulpolitik in den neuen Bundesländern nach 1989 kann in drei Etappen eingeteilt werden.[44] In der *ersten* Phase zwischen dem Kollaps der DDR im Herbst 1989 und dem Sommer 1990 fand *ein Kampf um die Definitionsmacht* über das Wort „Erneuerung" statt. Dabei standen kleine, zumeist aus dem Mittelbau und aus der Studentenschaft kommende reformorientierte Gruppierungen den noch amtierenden, alten Universitätsleitungen gegenüber. Für die einen hieß „Erneuerung" die Umgestaltung der Universitätsstrukturen von unten her, mit einer demokratisch gewählten Instituts- und Universitätsleitung und einer verstärkten Vertretung des Mittelbaus und der Studenten, wobei man sich damals noch uneins darüber war, ob man sich am Organisationsmodell der alten Bundesrepublik orientieren sollte oder nicht. Erst im Sommer 1990 und dann endgültig mit dem Inkrafttreten des Einigungsvertrags setzte sich eine Definition der „Erneuerung" von oben und außen durch, die eine Übernahme des westdeutschen Musters ohne wenn und aber vorsah.[45] Dabei sollte aber betont werden, daß in diesem Fall „oben" und „außen" nicht allein „aus dem Westen" bedeutet. Vielmehr wurde diese „Erneuerung" getragen von einer Allianz westdeutscher Hochschulpolitiker und Wissenschaftler und ostdeutscher Landespolitiker, die von der inneren Reformfähigkeit der ostdeutschen Universitäten wenig hielten.

Bezeichnend für die *zweite* Phase - ich möchte sie die „heroische" Phase nennen -, die von dem Inkrafttreten des Einigungsvertrags im Oktober 1990

---

43 Reich, Jens: Die Einheit: gelungen und gescheitert, in: Die Zeit vom 15.9.1995, S. 58.

44 Zum folgenden vgl. ausführlicher Ash, Mitchell G.: Unification in German Higher Education: „Renewal" or the Importation of Crisis?, in ders. (Hrsg.): German Universities. Past and Future, a. a. O.

45 Vgl. z. B. Maes, Gerhard: Die Universität Rostock auf dem Weg in die Bundesrepublik Deutschland, in: Mayntz, Renate (Hrsg.): Aufbruch und Reform von oben: Ostdeutsche Universitäten im Transformationsprozeß. Frankfurt/M. 1994; Pasternack, Peer: Studentisches Bewegtsein in der DDR/in Ostdeutschland 1989/90, in: ders. (Hrsg.): IV. Hochschulreform: Wissenschaft und Hochschulen in Ostdeutschland 1989/90 - Eine Retrospektive. Leipzig, 1993; Mehlig, Jürgen: Die „Wende" von 1989/90 aus der Sicht der Nicht-Etablierten, in: Berg, Gunnar/Hartwich, Hans-Hermann (Hrsg.): Martin-Luther-Universität: von der Gründung bis zur Neugestaltung nach zwei Diktaturen, Opladen 1994.

bis zur Verabschiedung der letzten „Hochschulerneuerungsgesetze" im Sommer 1991 dauerte, war der Versuch, die gesamte Hochschul- und Wissenschaftslandschaft der ehemaligen DDR mit einigen wenigen umfassenden Maßnahmen umzustrukturieren. Darunter fallen sowohl die Auflösung der Akademie der Wissenschaften der DDR - die einzige wissenschaftspolitische Maßnahme, die im Einigungsvertrag explizit genannt wird - als auch die Abwicklung und Neugründung ganzer Hochschulen und Disziplinen. Die zweite Gruppe von Maßnahmen wurde von einer zumindest fragwürdigen Auslegung des Artikels 13 des Einigungsvertrags abgeleitet; dort ist von Einrichtungen des Staatsdienstes im allgemeinen, aber nicht von den Universitäten und schon gar nicht von Teilen von ihnen die Rede, die bis zum 31. Dezember 1990 abgewickelt werden sollen.[46]

In dieser sogenannten „Abwicklungsphase" des Hochschul- und Forschungsbereichs herrschte eine unreflektierte und vorurteilsbeladene Fehleinschätzung des Verhältnisses von Ideologie und Wissenschaften vor. Nach ihren eigenen Presseerklärungen betrachteten die jeweiligen Entscheidungsträger die Naturwissenschaften und die Medizin nach dem bereits erwähnten Muster der 'technokratischen Unschuld' als grundsätzlich wertneutral und bestimmte andere Disziplinen als grundsätzlich ideologisch „verseucht", schlug also die Tatsache in den Wind, daß die Verpflichtung zur Erziehung „sozialistischer Persönlichkeiten" durch die sogenannte Dritte Hochschulreform der 60er Jahre allen Disziplinen auferlegt wurde. Dies zur Kenntnis zu nehmen, hätte die Entscheidung für eine durchgehende Einzelfallüberprüfung in allen Fächern nach sich gezogen; dies ist jedoch nur in Mecklenburg-Vorpommern geschehen. Das - sicherlich so nicht intendierte - Ergebnis in den anderen östlichen Bundesländern war statt dessen eine Schonfrist für wichtige Funktionäre im naturwissenschaftlich-medizinischen Bereich, während eine nach fragwürdigen Kriterien ausgesuchte Liste geisteswissenschaftlicher Disziplinen mehr oder weniger ganz „abgewickelt" werden sollte. Fragwürdig waren diese Listen u. a. deshalb, weil die sogenannten „Kulturwissenschaften" weitgehend ausgenommen wurden, obwohl sie nach dem gängigen Muster kaum weniger „ideologisiert" waren als beispielsweise die Pädagogik.[47]

---

46 Für eine vortreffliche Analyse der juristischen Auseinandersetzung siehe Quint, Peter: The Imperfect Union: Constitutional Structures of German Unification, Princeton 1997, Kap. 13.

47 Für eine frühe Warnung vor dieser Fehleinschätzung und den hier beschriebenen Folgen siehe Lepenies, Wolf: Folgen einer unerhörten Begebenheit. Die Deutschen nach der Vereinigung, Berlin 1992.

Diese Asymmetrie sollte in einer darauffolgenden dritten Phase - die ich die „prosaische" Phase nenne - wenigstens teilweise aufgehoben werden. In dieser Phase sollten die bis zum Sommer 1991 verabschiedeten provisorischen „Hochschulerneuerungsgesetze" durch eine längerfristige Hochschulgesetzgebung ersetzt und die Hochschulen dadurch endgültig auf rechtsstaatliche Basis gestellt, ihr Personal mit der Hilfe von rechtlich gesicherten Einzelfallüberprüfungen durchwegs gesäubert und die Hochschullandschaft in den neuen Ländern „erneuert", d. h. weitgehend nach westdeutschem Muster grundlegend umstrukturiert werden.[48]

Häufig wird diese Phase als ein in sich geschlossener, aus der genannten Gesetzgebung linear und logisch abgeleiteter Vorgang dargestellt. Es braucht kaum eigens betont zu werden, daß es so einfach nicht war bzw. ist. Denn in Wirklichkeit verliefen die Überprüfung des Personals und die institutionellen Umstrukturierungen an den Hochschulen, die die Auflösung vieler bestehenden Hoch- und Fachschulen der DDR bzw. ihre Überführung in Fachhochschulen oder Universitäten bzw. Technische Universitäten in sich schloß, *parallel* zur Verabschiedung der Gesetze, die diese Vorgänge legitimieren sollten. Zur gleichen Zeit machte die immer enger werdende Finanzlage in den neuen Ländern tiefe Einschnitte nicht nur im Hochschulbereich notwendig. Gerade aus dem zeitlichen Zusammenstoß dieser drei Vorgänge wird verständlich, daß und auch warum die - zum Teil erst jetzt sichtbaren - Ergebnisse dieser Phase in den verschiedenen Ländern jeweils andere Formen annahmen. Auch wenn diese Sachlage jede Verallgemeinerung zum Abenteuer werden läßt, möchte ich aus meiner Sicht einige der Hintergründe und Hauptergebnisse kurz zusammenfassen; ich rekurriere wieder auf die für die anderen beiden Bruchstellen verwendete Unterscheidung zwischen Struktur- und Personalebene.[49]

1. Auf der Strukturebene kann m. E. die fundamentale Bedeutung des zweifachen Spannungsverhältnisses von Bund und Ländern einerseits und zwischen den alten und neuen Bundesländern andererseits nicht genug herausgestrichen werden. Nach dem Grundgesetz sowie nach geschichtlicher Tradition sind Hochschulfragen in Deutschland Ländersache. Seit den 70er Jahren, also schon lange vor der Vereinigung, hatte sich aber in der alten Bundesrepublik der Bund eine immer stärkere Rolle angeeignet, beispielsweise

---

48 Hall, Karl Heinrich: Die Hochschulgesetzgebung der neuen Länder als Rahmenbedingung der Neustrukturierung, in: Mayntz, Renate (Hrsg.): Aufbruch und Reform von oben, Ostdeutsche Universitäten im Transformationsprozeß, Frankfurt/M. 1994.
49 Vgl. ausführlicher: Ash, Mitchell G.: Unification in German Higher Education, a. a. O.

über die im HRG festgelegte Richtlinienkompetenz sowie über das Junktim zwischen dem Hochschulbauförderungsprogramm und den dementsprechenden Empfehlungen des Wissenschaftsrats. Wegen der Abhängigkeit von den Transferzahlungen des Bundes, sowie durch die anfängliche Weigerung der alten Bundesländer, die neuen Länder am Finanzausgleich teilnehmen zu lassen, potenzierte sich die Rolle des Bundes in den neuen Ländern. Dies ist m. E., zusammen mit dem politischen Willen der Gesetzgeber in den Länderparlamenten, ein wesentlicher Faktor für die Festschreibung des Primats der HRG-Konformität in der Hochschulgesetzgebung in den neuen Ländern, beispielsweise bei der Zusammensetzung von universitären Gremien. Ironischerweise führte dies zur Aufhebung früherer Demokratisierungsbestrebungen.

Konterkarierend zur Rolle des Bundes wirkten die Rektorenkonferenzen in den neuen Ländern, sowie eine Reihe von informellen oder festgeschriebenen Verbindungen zwischen einzelnen alten und neuen Ländern. Letztere hatten für die Besetzung der verschiedenen Hochschulstruktur- und Berufungskommissionen und auch für die Beratung, teilweise sogar für die personelle Besetzung der zuständigen Ministerien eine wichtige Funktion. Ein ganz entscheidendes Gegengewicht zum Bund, aber auch zuweilen zum Land stellten regionalpolitische Interessen dar, die die angeblich von „Rationalität" geleiteten Empfehlungen des Wissenschaftsrats mehrfach durchkreuzten, beispielsweise bei der Beibehaltung der Medizin und der Zahnmedizin an beiden Universitäten in Mecklenburg-Vorpommern, oder bei der Gründung von drei Universitäten in Brandenburg - gewiß eine politische Tat in einem armen Bundesland. Spätestens hier wird eine Grundproblematik sichtbar, von der bislang in der Literatur nur selten und verhalten die Rede ist - *die Vermischung von Arbeits- und Sozialpolitik mit Wissenschafts- und Hochschulpolitik.*

2. Auf der Ebene der personellen „Erneuerung" zeitigte die Umstrukturierung der ostdeutschen Hochschulen nach bundesdeutschem Muster unter Bedingungen extremer Finanzknappheit überall tiefgreifende Folgen, trotz z. T. beträchtlicher Unterschiede im gesetzlich vorgeschriebenen Verlauf der Einzelfallüberprüfungen in den verschiedenen Ländern. Das für einen Vergleich mit den anderen Umbruchzeiten der jüngsten deutschen Geschichte wichtigste Ergebnis kann in aller Kürze wie folgt umrissen werden: Sowohl die Anzahl der politisch verursachten Entlassungen im Hochschulbereich nach 1990 als auch der Anteil der Betroffenen (gemessen am gesamten ostdeutschen Lehrkörper im Jahre 1989) übersteigt erheblich die politisch bedingten Entlassungen nach 1933 und 1945. Dabei waren die sogenannten

„Bedarfskündigungen" rein quantitativ weitreichender als alle politischen
Entlassungen im engeren Sinne, ob diese wegen Stasi-Mitarbeit oder wegen
wie auch immer ausgelegter „Staatsnähe" erfolgten.[50] Sicherlich sind viele
Stasi- und SED-Mitarbeiter gegangen, ohne sich einem Ausleseverfahren zu
stellen. Trotzdem handelt es sich im radikalen Unterschied zur Situation nach
1933 bzw. 1945 *um eine strukturelle Wandlung, die durch die Rhetorik einer
politischen Säuberung gedeckt werden sollte, aber nicht gedeckt wird.*

Rektor Cornelius Weiss hat die Folgen für die Leipziger Universität im Jahre
1994 wie folgt festgehalten: „das Klima verschlechterte sich enorm. Es kam
zu verstärkten Schuldzuweisungen [...] (und) Denunziationen, zu einem
Kampf aller gegen alle. [...] Es wurde auch neues Unrecht geschaffen, das
muß ich leider sagen, als wissenschaftlich und politisch wie moralisch positiv
evaluierte Hochschullehrer mit den eigenen Kollegen sowie gegen Westdeutsche konkurrieren mußten".[51]

Aber ich warne davor, diesem quantitativ meßbaren Stellenabbau eine qualitative Bedeutung beizumessen. Auf westdeutscher Seite hieß und heißt es
noch, der Hochschul- und Wissenschaftsbetrieb, wie viele Institutionen in der
DDR, sei hoffnungslos übersetzt gewesen; aber die Qualitätsmaßstäbe,
nach denen dies beurteilt wird, sind nicht immer eindeutig. „Weniger" mag
nicht in jedem Falle besser, nur leichter finanzierbar sein! Auf ostdeutscher
Seite spricht man zuweilen von einem Verlust an „Wissenschaftspotential"
und verwendet damit anscheinend dieselbe Ressourcensprache, die ich schon
mehrmals zitiert habe. Dabei wird aber meist jegliche qualitative Beurteilung
ausgespart mit der Behauptung, daß die beiden Wissenschaftssysteme un-
vergleichbar gewesen seien.[52] Doch so weit auseinander gingen die Beurtei-
lungsmuster nicht.

Angesichts der vorhin erwähnten disziplinären Asymmetrien sowie der schon
thematisierten Unterscheidung zwischen wertneutralen und ideologisierten

---

50 Erste Indizien hierfür kamen schon 1993 zum Vorschein. Vgl. z. B. die Zahlenangaben
    in: Scherer, Doris: Personalbestand an den ostdeutschen Hochschulen 1989, 1990,
    1991, in: Schramm, Hilde (Hrsg.): Hochschule im Umbruch. Zwischenbilanz Ost, Ber-
    lin 1993, S. 154 - 160; Jahnke, Ulrich/Otto, Hans: Stellen- und Personalabbau an den
    Hochschulen 1989 bis 1993 - Zwischenbilanz 1992, ebda., S. 414 - 418; und: Zimmer,
    Dieter E.: Wunder im Osten, in: Die Zeit vom 20.. Mai 1994, S. 56 - 57.
51 Weiss, Cornelius: Der Erneuerungsprozeß an der Universität Leipzig, Nova Acta
    Leopoldina NF 71, Nr. 290 (1994), hier: S. 97.
52 Vgl. z. B. Melis, C.: Was ist von dem DDR-Forschungspotential übriggeblieben?, in:
    Hochschule im Umbruch, a. a. O., S. 350 - 364.

Disziplinen mag es von Interesse sein, kurz einige Ergebnisse aus meiner eigenen Forschung über die Folgen der Personalumstrukturierung an den Hochschulen wiederzugeben.[53] Das Stichwort dabei heißt „Durchmischung": Es handelt sich um Zahlen für die Martin-Luther-Universität Halle-Wittenberg von Oktober 1994 und für die Humboldt-Universität Berlin von April 1995. Es zeigt sich, durchaus erwartungsgemäß, daß der höchste Anteil von Hochschullehrern aus dem Westen in den „abgewickelten" Geisteswissenschaften - Philosophie, Geschichte, Erziehungswissenschaft, Jura und Wirtschaftswissenschaft - liegt, während in den Natur-, Medizin- und Ingenieurwissenschaften ein höherer Anteil von Hochschullehrern aus dem Osten zu verzeichnen ist. Interessanterweise findet sich aber auch ein vergleichsweise höherer Anteil von Ostdeutschen bei den nichtabgewickelten Geisteswissenschaften - z. B. in den Sprach- und Literatur- bzw. in den Kunst- und Kulturwissenschaften. Diese Wissenschaften waren jedoch, wie oben schon bemerkt, keineswegs frei von einer ideologischen Einflußnahme der SED. Somit wird klar, daß die heutigen „Durchmischungs"-Verhältnisse an den ostdeutschen Universitäten *weniger mit den Gegebenheiten der Wissenschaftstypen per se als mit Artifakten der ersten Abwicklungsentscheidungen* zu tun haben.

Werden aus diesen Bemühungen wissenschaftliche Neuansätze entstehen? Im Moment scheint ein Spannungsverhältnis zwischen dem Import von Personal, Organisationsformen, Arbeitsweisen und Themenstellungen aus den westlichen Bundesländern einerseits und dem Beharren der verbliebenen oder wieder eingesetzten ostdeutschen Wissenschaftler auf ihren früheren Positionen und Arbeitsweisen andererseits vorzuherrschen. In den Naturwissenschaften ist es durchaus möglich, daß positiv evaluierte Wissenschaftler bei der Einführung neuer Themen durch eine neue Institutsleitung plötzlich eine Einschränkung ihrer Forschungsmöglichkeiten feststellen müssen; andere mögen darin wiederum die Chance zu einer innovativen Umorientierung sehen. Selbst in den Sozialwissenschaften oder der Geschichtsschreibung, wo sich neue Themenstellungen wie z. B. die Frage nach einem Wertewandel im Transformationsprozeß oder die Aufarbeitung der Geschichte der SBZ und der DDR geradezu aufdrängen, werden diese vorwiegend mit den tradierten Methoden bearbeitet. Gerade weil die Wissenschaften keine geschlossenen, sondern offene Systeme sind, *können* Veränderungen in den institutionellen Rahmenbedingungen innovative Entwicklungen auch dann fördern, wenn dies nicht so beabsichtigt ist; sie können aber ebensogut konstruierte Konti-

---

53 Ash, Unification in German Higher Education, a. a. O., hier: S. 102 f.

nuitäten, d. h. die Fortsetzung älterer Forschungsprogramme mit neuen Mitteln nach sich ziehen.

An den Hochschulen sind Versuche, diesen tiefgreifenden Veränderungen Innovationen abzugewinnen, nicht zu leugnen. Als besonders innovativ für die Geisteswissenschaften hervorzuheben sind die Gründungen der Europa-Universität „Viadrina" in Frankfurt/Oder und der Universität Erfurt.[54] Andere, weniger kostspielige und deshalb vielleicht auch weniger kritisierte Initiativen sind die an vielen Hochschulen eingeführten interdisziplinären Forschungszentren und Studiengänge, Kooperationsvereinbarungen mit Max-Planck- und Blaue-Liste-Instituten usw. Im Allgemeinen herrscht der Eindruck einer vorsichtigen, konservativen Modernisierung vor; dies gilt wohl auch für den Ausbau der Technischen Universitäten in Dresden und Magdeburg zu Volluniversitäten. Der in den neuen Ländern und ganz besonders in Sachsen verstärkte Ausbau der Fachhochschulen könnte ein wenig Druck von den Universitäten, jedenfalls in einigen Fächern nehmen. Der bislang ausgebliebene Ansturm der Studenten auf die ostdeutschen Universitäten könnte dabei als Chance für weiterreichende Reformansätze begriffen werden.

Kaum etwas von der „Erneuerungs"-Diskussion im Osten scheint aber gegenwärtig auf die Universitäten der alten Bundesrepublik zurückzuwirken. Dort ist die Kluft zwischen den allgegenwärtigen Krisendiagnosen und den tatsächlichen, timiden Veränderungen eklatant, besonders wenn man den Vergleich zwischen überfüllten Hörsälen im Westen und massenhaften „Bedarfskündigungen" im Osten anstellt. Vielleicht ist die Situation der Universitäten im westlichen Deutschland doch nicht so schlimm, wie rhetorisch suggeriert wird; oder vielleicht haben die westdeutschen Akteure in Anbetracht der Tatsache, daß selbst Studentenstreiks keine nennenswerten Mittelaufstockungen nach sich ziehen, schlichtweg resigniert. Jedenfalls ist man versucht, zu fragen, welche Sprache man finden wird, wenn eine wirkliche Krise eingetreten ist.

---

54 Weiler, Hans N.: The Changing World of Knowledge and the Future of Higher Education: Reflections on the Creation of a New University, in: Muller, Steven (Hrsg.): Universities in the Twenty-First Century, Oxford/Providence 1995.

5. Schluß

Zurück zur eingangs vorgeschlagenen Gegenüberstellung von Ereignisgeschichte und *longe durée*. Die politischen Umwälzungen, die Deutschland im
20. Jahrhundert erlebte, waren und sind spektakulär, und dementsprechend
tiefgreifend waren und sind die von ihnen verursachten Änderungen im
Hochschulbereich. Wie die vorangegangenen Ausführungen zeigen, können
die Ergebnisse kaum als linearer Fortschritt beschrieben werden. Vom Ende
her gesehen ergibt sich m. E. statt einer Erfolgsstory vielmehr eine Geschichte nach dem *Challenge-Response-Modell*. Ein solches Modell sieht in der
Vielfalt von wissenschaftlichen und hochschulpolitischen Ansätzen die Antworten auf die durch politische Umbrüche aufgeworfenen Problemstellungen. Politische Umwälzungen sind demnach für einen extremen Veränd-
erungsdruck im Hochschul- und Wissenschaftsbereich verantwortlich. Der
tatsächliche Verlauf der Wandlungsprozesse und die Ergebnisse im Einzelnen können aber nicht in einer linearen Kausalbeziehung zur Politik begriffen werden; vielmehr handelte es sich um *Ermöglichungs- bzw. Verunmögli-
chungsverhältnisse.*

Eine Hymne auf die Wahrung der Wissenschafts- oder Hochschulautonomie
wird man aus alledem nicht komponieren können. Vielmehr sind immer neue
Formen der gegenseitigen Abhängigkeit, der Annäherung und Verwobenheit
von Politik und Wissenschaft - der Inanspruchnahme oder Anwerbung staatlicher Ressourcen zur Ermöglichung wissenschaftlicher Projekte bei gleichzeitiger Selbstmobilisierung von Wissenschaftlern und wissenschaftlicher
Arbeit als Ressourcen für politische Projekte - zum Vorschein gekommen.
Solche Verwicklungen von Wissenschaft, Hochschule und Politik sind nicht
nur in Deutschland zu beobachten, sondern sie bilden zentrale Entwick-
lungsmomente der Moderne schlechthin. Die deutsche Variante dieser modernen Geschichte erweist sich jedoch als eine höchst eigentümliche, vielfach
gebrochene und kontingente Geschichte.

Der bereits erwähnte Aufruf von Karl Jaspers zur Rückbesinnung auf die
Grundwerte von Wissenschaft und Humanität scheint mir heute genauso
aktuell zu sein wie im Jahre 1946. Zwar ist er damals zur Rechtfertigung
einer Restauration des Hochschulregimes der 20er Jahre verwendet worden;
doch sind die Herausforderungen in Hinblick auf ein menschenfreundlicheres
Zusammenwirken von Wissenschaft, Technik und Politik vor und nach dem
Ende des Kalten Krieges gleich geblieben. Nach wie vor versuchen ehrgeizi-
ge Wissenschaftler ihre Forschungsziele als identisch mit den Zielen des
Staates bzw. der Gesellschaft darzustellen, beispielsweise im Genom-Projekt.

Doch die Forderung nach ethischen Kriterien für die Evaluierung solcher
Projekte wird zunehmend lauter; ihr werden letztlich auch die Natur- und
Technikwissenschaften, trotz aller Befürchtungen um den „Standort
Deutschland", nicht ausweichen können. Ebenso stark sind die Herausforderungen einer sich globalisierenden Marktwirtschaft an den Sozialstaat; auch
in diesem Fall werden von den Hochschulen Antworten erwartet, die sich mit
der bloßen Übernahme einer ökonomistischen Metaphorik in die Bildungspolitik nicht begnügen. Es ist zu hoffen, daß der in diesen Bemerkungen
erbrachte Nachweis, daß die politischen Umwälzungen der neueren deutschen Geschichte nicht immer nur destruktiv gewesen sind, sondern manchmal auch ungeahnte Chancen und vielfache Veränderungsmöglichkeiten mit
sich brachten, einer hoffnungsvolleren und vor allem einer flexibleren Her-
angehensweise an die Herausforderungen der Gegenwart dienlich sein können.

Die Autoren

Mitchell G. Ash
Ph. D., Professor für Geschichte der Neuzeit an der Universität Wien.

Marlis Dürkop
Dr. phil., Professorin für Kulturelle Praxis und Geschlechterstudien und von 1992 bis 1996 Präsidentin der Humboldt-Universität zu Berlin, Staatsrätin der Behörde für Wissenschaft und Forschung in Hamburg.

Peter Glotz
Dr. phil., Professor für Kommunikationswissenschaft und Rektor der Universität Erfurt.

Günther Hecht
Dr. rer. nat. habil., Professor für Technische Physik, von 1991 bis 1997 Rektor der Technischen Universität Chemnitz.

Hans Joachim Meyer
Dr. phil. habil., Professor für Angewandte Sprachwissenschaft an der Humboldt-Universität zu Berlin, von April bis Oktober 1990 Minister für Bildung und Wissenschaft der DDR, seit Nov. 1990 Sächsischer Staatsminister für Wissenschaft und Kunst.

Jürgen Mittelstraß
Dr. phil., Professor für Philosophie und Wissenschaftstheorie, Direktor des Zentrums Philosophie und Wissenschaftstheorie an der Universität Konstanz.

Peer Pasternack
Dipl.-Politologe, nach 1989 Studentensprecher der Leipziger Universität und Sprecher des ostdeutschen Studentenverbandes KdS, seit 1997 Wiss. Mitarbeiter am Institut für Hochschulforschung an der Martin-Luther-Universität Halle-Wittenberg.

Alfons Söllner
Dr. phil., Professor für Politikwissenschaft, von 1994 bis 1997 Prorektor für Bildung der Technischen Universität Chemnitz.

Günter Spur
Dr. Ing., Dr. h.c. mult., Professor emeritus für Werkzeugmaschinenbau und Fertigungstechnik an der Technischen Universität Berlin, von 1991 bis 1996 Gründungsrektor der Brandenburgischen Technischen Universität Cottbus.

Ralf Walkenhaus
Dr. rer. soc., von 1994 bis 1997 Wissenschaftlicher Mitarbeiter im Fachgebiet Politikwissenschaft, Technische Universität Chemnitz, z. Zt. Wissenschaftlicher Mitarbeiter an der Fakultät für Sozialwissenschaften der Universität der Bundeswehr, München.

Hans N. Weiler
Dr. phil., Professor für Politikwissenschaft, seit 1994 Rektor der Europa Universität Viadrina, Frankfurt/Oder.

Klaus D. Wolff
Dr. jur., Dr. h.c., von 1973 bis 1991 Präsident der Universität Bayreuth, von 1990 bis 1996 Gründungsbeauftragter der Universität Erfurt, seit 1994 Kuratoriumsvorsitzender der Technischen Universität Chemnitz.